高校图书馆
创新建设与管理

陈长英 著

吉林出版集团股份有限公司

图书在版编目（CIP）数据

高校图书馆创新建设与管理 / 陈长英著. — 长春：吉林出版集团股份有限公司，2020.5
ISBN 978-7-5581-8469-7

Ⅰ．①高… Ⅱ．①陈… Ⅲ．①院校图书馆—图书馆工作—研究 Ⅳ．① G258.6

中国版本图书馆CIP数据核字（2020）第060059号

高校图书馆创新建设与管理

著　　者	陈长英
责任编辑	齐　琳　李晓华
封面设计	林　吉
开　　本	787mm×1092mm　1/16
字　　数	240千
印　　张	10.75
版　　次	2021年6月第1版
印　　次	2021年6月第1次印刷
出　　版	吉林出版集团股份有限公司
电　　话	总编室：010-63109269
	发行部：010-82751067
印　　刷	炫彩（天津）印刷有限责任公司

ISBN 978-7-5581-8469-7　　　　　　　　　　定　价：58.00元

版权所有　侵权必究

前 言

随着计算机、网络和信息存储等现代信息技术的发展，社会网络化、信息化的不断推进，图书馆正由传统图书馆向数字图书馆过渡。在新时代的信息环境下，高校图书馆如何在现代化管理建设中加快步伐，不断提高图书馆的管理水平，充分发挥馆藏作用，适应现代化经济建设与人民文化发展的需要，已成为高校图书馆人的一项紧要任务。

管理创新是提高高校图书馆管理水平的重要途径。从国内外图书馆的发展历程来看，在信息时代，图书馆已经发展到一个集有形的印刷媒体、无形的非印刷媒体和全新的网络信息的综合载体于一体的新阶段。在此阶段，图书馆原有的管理模式已逐步丧失活力，不能适应现代图书馆的发展需要。近年来，各地高校图书馆逐渐形成以计算机、网络等现代化技术设备应用为依托，以符合数字时代文献信息科学管理为保证，以满足不同类型读者高层次、高质量信息需求为目标的管理模式。在新的信息环境下，高校图书馆已成为文化知识储存和传播的中心，承担着为社会收集、存储、管理和传播公共知识的责任。因此，提高高校图书馆的管理水平和服务质量至关重要。

本书分析了当前高校图书馆管理及服务存在的问题，在此基础上提出了相应的管理建设，以期更好地改善高校图书馆的管理及服务，切实提高校图书馆的管理水平和服务质量。全书共包含八章，阐述了图书馆概述、图书馆管理概述、高校图书馆管理创新的必要性、高校图书馆管理创新的方向和措施、高校图书馆业务管理创新、高校图书馆服务管理创新、高校图书馆管理系统创新、高校图书馆管理信息系统创新。

本书在写作和修改过程中，查阅和引用了网络、书籍以及期刊等相关资料，在此谨向本书所引用资料的作者表示诚挚的感谢。由于编者水平有限，书中难免出现纰漏，恳请读者同仁和专家学者批评指正。

编 者

2020 年 4 月

目 录

第一章 图书馆概述 ... 1
第一节 图书馆基础知识 ... 1
第二节 图书馆的产生及其发展 ... 5
第三节 图书馆的类型及其职能 ... 8
第四节 高等学校图书馆基础知识 ... 13

第二章 图书馆管理概述 ... 21
第一节 图书馆管理的历史沿革 ... 21
第二节 图书馆管理的含义与特点 ... 28
第三节 图书馆管理的职能 ... 30
第四节 图书馆管理的方法 ... 33

第三章 高校图书馆管理创新的必要性 ... 37
第一节 高校图书馆管理现状分析 ... 37
第二节 高校图书馆管理现存的主要问题 ... 38
第三节 高校图书馆管理创新适应高等教育改革 ... 43
第四节 高校图书馆管理创新实现自身发展 ... 45

第四章 高校图书馆管理创新的方向和措施 ... 53
第一节 高校图书馆管理理念的创新 ... 53
第二节 高校图书馆管理战略的创新 ... 55

  第三节 高校图书馆组织机构的创新 ·············· 58

  第四节 高校图书馆管理制度的创新 ·············· 62

  第五节 高校图书馆信息资源管理的创新 ············ 68

  第六节 高校图书馆文化的创新 ·················· 72

第五章 高校图书馆业务管理创新 ······················ 76

  第一节 传统图书馆的业务流程及其缺陷 ············ 76

  第二节 高校图书馆业务流程重组 ·················· 78

  第三节 图书馆业务组织机构变革 ·················· 84

  第四节 高校图书馆业务外包 ······················ 88

  第五节 高校图书馆业务统计 ······················ 96

第六章 高校图书馆服务管理创新 ······················ 102

  第一节 高校图书馆信息服务变革 ················ 102

  第二节 高校图书馆信息服务类型和服务手段 ········ 104

  第三节 高校图书馆信息服务创新 ················ 113

  第四节 高校图书馆信息服务质量与绩效评估 ········ 116

  第五节 高校图书馆的知识服务 ·················· 121

  第六节 高校图书馆的人本服务 ·················· 126

第七章 高校图书馆管理系统创新 ······················ 128

  第一节 高校图书馆管理系统创新相关问题概述 ······ 128

  第二节 高校图书馆管理系统创新相关技术介绍 ······ 132

  第三节 高校图书馆管理系统主要功能 ············ 137

  第四节 高校图书馆管理系统的设计 ·············· 139

第八章 高校图书馆管理信息系统创新 143
第一节 高校图书馆管理信息系统相关问题概述 143
第二节 高校图书馆管理信息系统经历的主要阶段 150
第三节 高校图书馆管理信息系统的主要技术 152
第四节 高校图书馆管理信息系统的开发工具及开发平台 158

参考文献 161

第一章 图书馆概述

第一节 图书馆基础知识

图书馆是人类文明的产物。随着社会的进步和科技的发展,图书馆的形态不断演变,类型不断增多,职能不断发展、深化和完善。

大学图书馆是大学的重要组成部分,是大学改革发展与建设的三大支柱之一,担负着为教学、科研服务的重要任务。因此,人们都把大学图书馆喻为大学的"心脏"。大学图书馆是大学的文献信息中心,是知识的宝库,是大学生寻求知识、追求理想的良师益友。所以,人们也把它称为大学生的"第二课堂"。

一、文献的定义

文献是人类千百年积累的重要财富,也是人类赖以进步和发展的重要物质基础。文献与图书馆的发展紧密相连,是影响图书馆发展的重要因素。

一般地讲,人们将图书以及图书以外的记载信息、知识的载体称之为文献。人类知识的存在形式基本上有三种:其一是存在于人脑中,所以我们可以通过与人的交往得到知识;其二是存在于实物中,这样我们就可以通过研究实物而得到知识;其三是以一定的符号记录在一定的载体上,如刻在甲骨上、铸在铁铜器上、刻在简册上、写在纸上、摄在感光胶片上、录在唱片上、存储在磁性材料上等。最后一种记录知识的形式就是我们通常说的文献。

对文献这个概念的解释,古今有很大差异。我国"文献"一词,最早见于《论语》"夏礼吾能言之,杞不足征也;殷礼吾能言之,宋不足征也;文献不足故也。足,则吾能征之矣。"我国南宋哲学家、教育家朱熹解释说:"文,典籍;献,贤也。"典籍指国家重要的典藏和书籍;贤指贤人,即修养高的人。也就是说,我国古代,人们把具有史料价值的书籍称为"文献"。

近百年来,随着科学技术的发展、文献类型越来越复杂。现代的文献,从狭义上讲,专指具有历史保存价值和现实使用价值的书刊文物资料;从广义上讲,是指多种物质资料的知识信息载体,包括纸质型、缩微品、音像制品等。所以,完整地说,凡是人类所获得的知识信息以一定的方式(文字、图表、符号、声频、视频等手段)记载在一定载体(竹简、纸张、胶卷、光盘、磁盘等）上的每一件记录，统称为文献。

文献与人们通常所讲的"图书"是两个有密切联系的不同概念。两者既有相互联系的一面，又有严格区别的一面。"图书"在我国是一个多义词。目前，图书信息界所使用的"图书"这一概念，主要泛指书籍、期刊、画册等出版物。因此，从内涵看，"图书"显然是包括在"文献"之中。

如果说信息和知识是人类社会生存和发展的基本因素，那么，文献的交流则是人类社会阔步前进的必不可少的需要。图书馆肩负着文献交流的使命，这是图书馆的基本职能之一。

二、图书馆的定义

什么是图书馆？这个问题似乎非常简单，有人甚至会脱口而出："图书馆就是借阅图书的地方"。这样的回答不能算错，因为出借图书是图书馆工作的一个重要内容。可是这种回答不是对图书馆所做出的科学定义。因为它没有把"图书馆是什么"这样带有质的规定性的问题表达清楚。要准确地、科学地回答这个问题，我们必须指出它的内涵，找出图书馆的实质——对图书馆的全面系统的规定，从而形成图书馆的概念。这样，我们才能真正理解图书馆活动的全部内容及其意义，能真正从理性认识的高度把握图书馆，认识图书馆。

对图书馆的科学定义，由于认识问题的角度不同，因而表述也不相同。到目前为止，国内外的学者、专家对图书馆的定义进行不同的表述，比较有代表性的有以下几种：

法国的《大拉鲁斯百科全书》定义：图书馆的任务是保存各种不同文字写成的、用多种方式表达的人类思想资料……图书馆收藏各种类别、按一定方法组织起来的图书资料，这些资料用于学习、研究或属于一般信息。

《苏联大百科全书》定义：图书馆是组织社会利用出版物的文化教育和科学辅助机关。图书馆系统地从事收集、保存、宣传和向读者借阅出版物以及进行图书信息工作。

《英国百科全书》定义：图书馆是收藏图书并使人们阅读、研究或参考的设施。

《美国百科全书》定义：图书馆出现以来，经历了许多世纪，一直担负着三项主要职能：收集、保存和提供资料。图书馆是使书籍及其前身发挥固有潜力的重要工具。

日本《图书馆用语词典》定义：图书馆是收集、组织、保存各种图书和其他资料、信息，并根据使用者的要求予以提供的公共性服务机构。

在我国，从20世纪30年代开始就有学者相继探讨过图书馆是什么，并在探讨中不断将图书馆的概念深化、完善。

刘国钧先生认为，图书馆乃是以搜集人类一切思想与活动之记载为目的，用最科学、最经济的方法保存它们、整理它们，以便社会上的一切人利用的机关。

黄宗忠先生在其《图书馆学导论》一书中指出，图书馆是对以信息、知识、科学为内容的图书文献进行搜集、加工、整理、存储、选择、控制、转化和传递，提供给一定的社会读者使用的信息系统。简言之，图书馆是文献信息存储与传递的中心。

吴慰慈先生在其《图书馆概论》中指出，图书馆是收集、整理、保管和利用书刊资料，为一定的社会经济服务的文化教育机构。

《图书馆百科全书》将其定义为：图书馆是收集、整理和保存文献信息，并向读者提供利用的科学、文化、教育机构。

尽管对图书馆的定义众说纷纭，但从这些解释中我们可以看出有两点是共同的：其一，图书馆是收藏图书资料的地方，其二收藏的图书资料是供人们利用的。

综上所述，可以这样回答图书馆是什么：图书馆是收集、整理、存储和利用文献信息，并为社会的政治、经济服务的文化教育机构。

这样解释有三层意思：①图书馆是科学、教育、文化机构；②图书馆是对文献进行收集、整理、存储和开发利用的机构；③图书馆是为社会的政治、经济服务的机构。

1. 图书馆是科学、教育、文化机构

科学事业的主体是科学研究。每项科学研究都会产生一系列科研成果。科研成果的传播，科学知识的继承和借鉴，则离不开科学交流。利用文献传播科研成果，是现代图书馆的重要使命之一。所以，图书馆工作是科研活动中不可缺少的重要环节。同时，随着社会的发展，图书馆工作越来越复杂，图书馆员本身就是科学工作者，他们从事着对文献信息的收集、加工、存储和开发。因此，图书馆是科学事业的重要组成部分。图书馆通过传递科学知识及信息对广大人民开展社会教育。它同学校一样，向读者传道、授业、解惑。正如人们常说的，图书馆是一所"没有围墙的大学"，是社会每一个成员终身学习的"社会大学"。列宁曾经说过，图书馆是"各种机关和企业的国民教育中心"，是文化事业的一个组成部分，它是人类文化财富的宝库。

2. 图书馆是对文献进行收集、整理、存储和开发利用的机构

事实上，在人类社会的发展过程中，图书馆一直扮演着这样的角色——不断收集、整理古今中外各种文献信息，以其特有的传递手段，将信息和知识传递到社会成员中，供全社会使用。

3. 图书馆是为一定社会的政治、经济服务的机构

图书馆作为一种社会现象，在阶级社会中，它总要受到人为的控制，不可避免地带有一定的阶级性，为一定的阶级利益服务。

以上三个方面是互相联系、互相依存、不可分割的。

图书馆的概念是抽象的，但图书馆的形态则是具体的；图书馆的形态在不断变化，图书馆的概念也在发展、变化，处于不断完善过程中。因此，随着社会的发展和科技的进步，对于图书馆的概念还要进行再认识。

三、图书馆的构成要素

现在一般认为图书馆包括藏书、人（馆）员、读者、建筑和设备、技术方法和管理六个要素，这六个要素相互结合，构成了图书馆这个发展着的有机体。

1. 藏书

所谓藏书是图书馆所收藏的各种类型文献的总称，既包括传统的印刷型文献，如图书、期刊、科技报告、会议论文、学位论文、专利文献、标准文献等，也包括缩微制品、光盘、视听资料、网络数据库等。藏书是图书馆基本要素之一，是图书馆赖以生存并开展各项服务的物质基础。随着社会和科学事业的发展，藏书体系和藏书结构已发生了极大变化，如何提高藏书系统的输出功能已成为现代图书馆的重要任务之一。

2. 读者

读者是图书馆的服务对象。读者工作是图书馆的一线工作，也是图书馆其他工作的出发点和归宿。读者指的是凡具有利用图书馆文献信息条件的一切社会成员，既可以为个人，也可以是团体。发展读者、研究读者、服务读者是图书馆读者工作的重要内容，读者的存在和需求决定图书馆服务工作的价值。读者对图书馆的依赖程度，决定了读者服务工作的发展方向和水平。读者不仅是图书馆服务工作的受益者，也是推服务工作前进的动力和检验服务质量的标尺。

3. 人（馆）员

人（馆）员是指图书馆的工作人员，包括各层次的领导干部、行政管理人员和专业技术人员。他们是图书馆各项工作的管理者和组织者，是藏书与读者发生关系的媒介，也是藏书由潜在价值变为现实价值的关键。因此，人（馆）员是构成图书馆系统诸因素中最活跃、最重要的因素。图书馆工作开展的好坏，图书馆社会作用发挥得如何，在很大程度上取决于图书馆人（馆）员的政治素质和业务水平。

4. 技术方法

技术方法是做好图书馆工作的主要手段。图书馆能不能发挥作用，主要决定于人（馆）员能不能掌握正确的技术方法。现代图书馆作为社会知识信息的交流工具，必须以各种物质技术手段、工具和方法作为自己存在的基础。藏书的收集、整理和开发利用的技术方法、读者服务的技术方法、图书馆组织管理的技术方法以及以计算机技术为代表的现代信息技术，构成了图书馆科学的方法系统。这个方法综合地应用于图书馆实践活动中，促使图书馆工作不断向前发展。

5. 建筑与设备

建筑与设备是图书馆开展各项业务工作必不可少的物质条件，包括馆舍和技术设备、阅读设备、办公设备、水电设备等。图书馆建筑的功能要与图书馆的职能相适应。馆舍建筑如果不能适应工作需要，馆内各种设备不齐全、不符合标准都将阻碍图书馆工作的开展，降低图书馆的社会功能。

6. 图书馆的管理

图书馆的管理就是应用系统论的科学方法，按照图书馆的工作和图书馆事业发展的规律，合理地计划、组织和最大限度地发挥图书馆的人力、物力、财力等各种资源的作用，达到以最少的消耗实现图书馆的既定目标，完成图书馆任务的过程。

图书馆管理是其工作顺利进行的基础。没有科学的管理，必然导致图书馆工作的分散、重复、混乱和低效。

图书馆管理是有效利用图书文献资源的需要。在海量信息的当今社会里，图书馆必须对数量庞大、内容复杂的文献信息进行准确筛选和科学地整理加工，以便及时地将用户所需的信息传递到读者手中。

图书馆管理是实现图书馆工作现代化的需要。不实行科学管理，就不能提高管理水平，即使有了先进的技术和设备，也不能充分发挥作用。现代化图书馆网络的建设，不仅取决于现代化的技术设备，而且也取决于科学的管理水平。

上述六个要素的相互依存、相互促进，使图书馆成为一个有机的整体。

第二节　图书馆的产生及其发展

图书馆是人类生产和社会活动发展到一定阶段的产物。它的产生是人类历史上的一件大事。它从一开始，就与人类的文明紧紧联系在一起，其发展与演变始终是人类文明的标志。

一、图书馆产生的条件

1. 文字和文献是图书馆产生的前提

人类在征服自然、改造自然的社会实践中，需要表达思想、沟通信息、交流经验、传递知识，进行多方面的信息交流。没有社会的信息交流，人们就无法进行共同的社会活动，可见这种交流是人类社会得以存在和发展的不可缺少的基本条件。

语言是社会交流必需的工具。但是，由于语言自身的局限性，给交流带来某种不便，其中最主要的是语言一经说出就成为过去，受到时间与空间的极大限制。而随着社会实践活动的日益扩大和知识积累的日益增多，人们仅凭大脑记忆和口耳相传的原始方法交流信息、积累知识，已难以满足需要。于是在长期社会实践中，人类从利用原始的"结绳记事""契刻记事"等方法帮助记忆和进行信息交流，进而发展到用图形和符号来表达思想。随着社会的发展和人类思维能力的提高，终于创造出了一种能有效地用来记忆和交流感情的符号——文字。

文字的产生，必然伴随着相应载体的出现。文字与载体的结合，就产生了文献。文献是图书馆赖以产生、存在和发展的物质基础，没有文献，就不会有图书馆。

综上所述可以看出，文字是使人类社会发展到目前程度的必要条件。没有文献，也就没有现代社会的文明。而文字的功用是通过文献体现出来的，文献又是通过图书馆收藏、加工和利用的。所以说，文字和文献是图书馆产生的基础。

2. 社会的需要是图书馆产生的根本原因

文字及文献的产生和发展，大大提高了人类对信息、知识的存储效率。随着人类社会的发展，文献数量日益增多，个人和社会集团都难以靠自身的能力和条件去有效地收藏和利用文献，因此就产生了新的社会分工，出现了收集、整理、保存各种文献的专职人员，也出现了保存文献的专门场所，这就是最初形态的图书馆，它是作为人类信息、知识的存储技术而出现的。

在奴隶社会，由于生产力的低下以及知识垄断于王公贵族种，只有最高的统治者才需要保存文献，也只有最高统治者才有能力保存文献。因此，社会生活对保存文献的需要主要是通过最高统治者去实现的。从考古的情况看，最早的图书馆都出现在王国的首都，而地方的图书馆则是在图书馆事业有了一定的发展之后才出现的。

上述叙述说明，图书馆是人类生存的需要，是社会进化过程中的必然产物。图书馆使人类得以将一个时代积累的经验、知识、思想保存下来，留给后世。所以，图书馆从其诞生之日起就担负着存储与传递人类精神财富的社会职能，没有这样一种社会机构，人类文明的延续和发展是不可能的。

3. 生产力水平的提高是图书馆产生的基本保证

图书馆产生于人类文明的萌芽时期——农业社会，由于生产力的发展，为图书馆的产生提供了必要条件。

随着社会生产力的不断发展，人们创造了越来越丰富的社会财富，从而为图书馆的产生提供必要的物质基础。图书馆文献的书写和载体形式以及馆舍和设备等，就是在生产力水平有了一定发展的条件下才出现的。

另外，社会生产力的提高也为图书馆专职人员的出现创造了条件。图书馆活动并不直接创造物质财富，这种精神领域的活动之所以能够产生，只能是在社会生产力有了一定的提高，社会的物质产品除了满足人类维持生存的基本需要之外还有剩余的条件下，部分人能够脱离物质生产劳动去生存，即去从事精神领域的劳动。因此，图书馆专职人员正是全社会需要与生产力发展水平提供可能的条件下产生的。

二、图书馆的发展

1. 影响图书馆发展的因素

首先，社会生产力的发展是图书馆发展的基础。

人类社会进步，离开生产力水平的发展，是不可能实现的。生产力的发展是推动社会前进的动力，也为图书馆的发展提供了必要的物质条件。生产力的发展使人们生产出了较之甲骨、铜器、简册、绨帛更为轻便而廉价的纸张、胶片、磁带和光盘等，使文献的生产技术有了巨大的发展，文献的数量也迅猛增长。从古代的藏书楼到现代的图书馆，从图书馆原始的简单而繁杂的手工劳动到图书馆自动化的实现以及电子计算机、光学技术、声频技术及现代通信技术在图书馆的应用等，无一不是与生产力发展紧密相连的。因此，图书馆的发展，在很大程度上是由社会生产力的发展水平所决定的，图书馆的发展，是随着人类社会发展的进程而发展的。

其次，科学技术的发展是图书馆发展的基本动力。

科学技术作为第一生产力，其发展从一开始就与图书馆有着极为密切的联系。一方面，科学技术的发展有赖于图书馆为其提供前人及当代人的著述及数据；另一方面，科学技术的发展又为图书馆的发展提供了新的文献信息、技术和方法。两者相辅相成，互相促进。

人类知识是历史长河的积累，是一代又一代人认识和改造社会、改造自然的经验的总结。每一代人都是把前人或别人认识的终点作为自己认识的起点，然后通过自己的再实践获得新的认识，探索出新的成果。到目前为止，文献的生产技术大致经历了手工抄写、机械印刷、电子传递等阶段；记录载体也由自然物体（龟甲、兽骨、石头等）发展到人工物体（泥板、纸等），再发展到电子装置。每经历一个阶段，文献的数量都会随之剧增。尤其是伴随着工业革命而出现的机械化印刷设备使文献的产生成倍增长。这对于近代图书馆的发展，无疑起到了巨大的推动作用。

在当今信息社会里，由于科学技术的飞速发展，文献的形态也发生了巨大的变化。因而在图书馆的发展进程中，也必然会发生显著的变化，甚至与现实意义上的图书馆完全两样。对于这一点，从现在起，我们就应当有所认识。

未来的图书馆将通过互联网通向世界各地的用户。"知识"将在社会发展的进程中起到越来越重要的作用。而知识的传播、积累和学习与图书馆工作紧密相关。图书馆的作用将不断扩展，其任务将更加繁重。此外，数字化和网络化以及互联网的发展，将从根本上推动图书馆现代化的进程。图书馆工作的内容、手段和服务方式都将会发生重大变革。

2. 图书馆发展的特点

图书馆作为人类社会的特殊产物，它一出现就有其自身的发展特点。

（1）就世界范围看，图书馆的发展具有不平衡性

图书馆在数量上的分配是以国家的经济实力和文化水平为基础的。发达国家，图书馆的数量较多；反之亦然。

图书馆的最初形成，距今已有3000年的历史，但图书馆的发展却极为缓慢。到近代工业革命之后，图书馆才有了突飞猛进的增长，这不过是近百年的历史。图书馆在发展过程中，与社会的政治、经济、科学、文化、教育等有着紧密的联系，并受其制约和影响。

（2）图书馆由封闭式向开放式发展

在古代，图书馆被少数皇家贵族所把持，只为他们提供服务，对社会则是封闭的。而

现在图书馆是对全社会开放的。随着计算机等现代信息技术在图书馆的应用，图书馆收藏形式多元化，传播方式网络化，图书馆的管理也逐步走向现代化，极大提高了服务能力，使人类的精神财富能够在更广阔的范围内实现资源共享。

（3）图书馆的职能在不断扩大

图书馆已经由最初的藏书楼发展成为收集、整理、存储、加工、利用、传播知识信息，并为社会经济文化服务的信息中心，并肩负社会教育职能，向全社会开放，是社会的教育中心和学习中心。

（4）图书馆的发展始终与人类文明的发展同步

图书馆的发展已成为社会进步与文明的重要标志。

第三节 图书馆的类型及其职能

图书馆的类型通常指具有共同特征、实现特有的共同功能的图书馆的种类。

划分图书馆类型，主要有三方面的意义：其一，有助于把握不同类型图书馆的特点，科学制定各类图书馆的方针任务，从而更好地发挥各类型图书馆的作用；其二，有利于从全国或一个地区范围内对图书馆事业的发展进行全面规划和统筹安排，促进图书馆网络建设；其三，按照图书馆类型来研究图书馆活动，科学地总结不同类型的图书馆特点及其发展规律性。

根据不同的划分标准，图书馆可划分为不同的类型。目前，在不同国家根据本国具体情况提出了一些划分标准。在我国，划分图书馆类型通常采用三条标准：其一，按图书馆领导系统；其二，按图书馆的性质和职能；其三，按读者对象。

为了便于国际图书馆的交流和对世界图书馆事业做出统计，1974年国际标准化组织颁布了《ISO2789—1974（E）国际图书馆统计标准》，其中《图书馆分类》中将图书馆分为六大类：国家图书馆、高等院校图书馆、其他主要的非专门图书馆、学校图书馆、专门图书馆、公共图书馆。

目前我国根据上述标准划分出的图书馆的类型有：国家图书馆、公共图书馆、高等学校图书馆、科学和专业图书馆、工会图书馆、儿童图书馆、军事图书馆等。

一、国家图书馆

国家图书馆是指凡按照法律规定和其他安排，负责收集和保管本国所有的主要出版物的副本，并起储藏文献作用，不管其名称如何，都是国家图书馆。概括起来讲，国家图书馆是由国家创建的面向全国的中心图书馆，它担负着国家总库的职能，是一个国家图书馆事业发展的推动者和各类型图书馆的指导者。

1. 国家图书馆的类型

据统计，全世界约有国家图书馆148所，大致分为五种类型：公共图书馆类型的国家图书馆、议会图书馆类型的国家图书馆、大学图书馆类型的国家图书馆、科学与专业图书馆类型的国家图书馆、档案馆类型的国家图书馆。

2. 国家图书馆的职能

根据有关规定以及世界上大多数国家图书馆实际担负的职责来看，国家图书馆的职能归纳为以下六方面：

（1）完整、系统地收集本国主要出版物，成为国家图书总库。

（2）重点采选外国出版物，使国家图书馆有一个丰富的外文馆藏。

（3）编制全国总书目、全国新书目以及联合目录等书目，承担国家书目信息中心职能。

（4）面向全国的读者用户，尤其是国家重点科研项目和重点工程，提供文献信息服务，承担全国文献信息服务中心的职能。

（5）开展图书馆学、信息学研究以及组织图书馆现代化技术装备的研究、试验、应用和推广工作，使国家图书馆在推动图书馆学研究的发展和图书馆现代化建设中起中心和枢纽作用。

（6）代表本国图书馆界利益，参加国际图书馆组织及国际交流，成为本国图书馆对外交流的中心和窗口。

3. 世界著名的国家图书馆

世界各国的国家图书馆在馆藏规模、技术设备以及服务等方面各有特色，其中中国国家图书馆、美国国会图书馆、法国国家图书馆、英国不列颠图书馆、俄罗斯国家图书馆是世界最著名的五大国家图书馆。

（1）中国国家图书馆

这是亚洲最大的图书馆。其前身是清代末年筹建的京师图书馆，始建于1909年，1912年正式对外开放。1928年京师图书馆改名为国立北平图书馆，1951年改称北京图书馆，1998年12月经国务院批准，北京图书馆更名为中国国家图书馆。中国国家图书馆新馆建筑面积14万平方米，加上旧馆共计17万平方米，设有46个各具特色、满足读者不同需求的阅览室，其中23个实行开架阅览。中国国家图书馆以丰富的馆藏，尤其是拥有代表中华民族悠久历史和辉煌成就的珍贵文献典籍而享誉世界。截止到1998年年底，馆藏文献已达2160万件，而且每年增长的速度很快。除全面入藏中文文献外，还有重点地收藏外文书刊，是国内典藏外文书刊最多的图书馆。国家图书馆的外文书刊购藏始于20世纪20年代，是国内典藏外文书刊最多的图书馆，并大量入藏国际组织和政府出版物，是联合国资料的托存图书馆。国家图书馆不仅收藏缩微制品、音像制品，还入藏了国内外光盘数据库近百种，电子出版物8000余种。

（2）美国国会图书馆

美国国会图书馆创建于1800年,是当代世界上规模最宏大、藏书最多、设备最先进的图书馆。该馆现拥有馆藏总数1.3亿件,其中0.29亿件书籍、0.12亿张照片、0.58亿件手稿(包括23位美国总统的手稿),地图400万幅,中文图书45万册,其中善本书2000种,中国地方志4000种。国会图书馆的主要任务是为国会服务,其所属的国会研究服务部每年可为国会各委员会、议员等提供信息资料、解答有关咨询30余万件。同时也为全国的作家、学者、研究人员和居民服务。此外,还负责为全国70余万名各类残疾人发放盲人书籍、唱片、磁带等资料。

美国国会图书馆于20世纪60年代开始试验采用计算机进行文献编目,1969年正式发行机读目录磁带MARC-1,对世界图书馆的自动化产生了极大的影响。现在,美国国会图书馆有庞大的自动化系统和网络设施,是用先进技术装备起来的最具现代化水平的图书馆。

（3）法国国家图书馆

法国国家图书馆被称为现代国家图书馆的鼻祖,它建于1386年。当时的法国国王查理五世亲自命令把历代皇室收藏的图书、文稿集于卢浮宫内,成立了皇家图书馆。为丰富它的藏书,弗朗索瓦一世于1537年颁布了著名的蒙彼利埃法令,规定凡是在法国境内出版的图书,必须送一本样书交皇家图书馆保存。此项法令在法国文化史上有着重要的意义,它奠定了法国国家图书馆呈缴本制度的基础。经过几个世纪的积累,该馆已成为宏大的法兰西文化宝库,现有馆藏8000余万件。收藏丰富的手稿是该馆的特色,共有22.5万份。另外,收藏多种纪念章、货币以及其他古代文物80万件。法国国家图书馆新馆于1995年3月30日在巴黎塞纳河岸落成,建筑面积385万平方米,公共阅览室有座位4125个,研究阅览室有座位2000个。

（4）英国国家图书馆——不列颠图书馆

英国不列颠图书馆成立于1973年,它是由英国不列颠博物院图书馆、国家科学与发明参考图书馆、国家科技外借图书馆、国立中央图书馆、英国国家书目公司等五个单位合并组成的一个大规模的国家图书馆。这个图书馆的许多工作,如特藏、外借、书目、国际合作等著称于世界图书馆界。到2003年,不列颠图书馆藏量达到5000万件,书架总长651英里。主要通过外借、阅览、参考咨询和书目工作等为国内外用户服务,并生产本国出版物的计算机机读目录、书本式目录和印刷卡片目录,供国内外图书馆利用。

（5）俄罗斯国家图书馆

俄罗斯国家图书馆的前身是1962年建立于莫斯科的鲁勉采夫博物院图书馆。十月革命后先后改名为"全俄列宁公共图书馆""苏联国立列宁图书馆",1992年命名为俄罗斯国家图书馆。俄罗斯国家图书馆的主要任务是积极利用本馆丰富的馆藏,促进科学、文化和国民经济的发展。目前,该馆藏书达3500余万件,设有22个阅览室,2500多个座位,平均每天接待读者达1401319余人次。

俄罗斯国家图书馆藏书不仅数量大,而且语种齐全,共247种文字的文献,其中国内民族文字有 91 种，外文藏书约占 1/3。该馆同世界上 100 余个国家和地区，约 4000 个单位建立了联系，进行图书文献交换、馆际互借和学术交流。

二、公共图书馆

由于历史传统和文化背景的不同，人们对公共图书馆含义的理解也不一致。根据国际标准化组织颁布的《ISO2789-1974（E）国际图书馆统计标准》的规定，公共图书馆是那些免费或只收轻微费用为一个团体或区域的公众服务的图书馆，它们可以为一般的群众服务或为专门类别的用户如儿童、工人等服务，它们全部或大部分是接受政府资助的。

在我国，公共图书馆是面向社会公众开放并为广大社会读者服务。这一类型的图书馆是按行政区域建立的，受当地政府文化部门的领导，均建立在各级政府的所在地。

目前，我国公共图书馆包括以下几个层次：国家图书馆、省（直辖市、自治区）图书馆、市（省辖市、地区）图书馆、县（市辖区）图书馆以及各级少年儿童图书馆等。

1. 省（直辖市、自治区）图书馆

省（直辖市、自治区）图书馆（以下简称省级馆）是我国公共图书馆的骨干力量，是全省藏书、目录和图书馆协作以及业务研究、交流的中心，是全国图书馆事业的重要组成部分。

它的藏书具有综合性和地方性。形成有地方特色的藏书体系，满足不同层次、不同职业的读者的广泛需要。省级图书馆的丰富藏书及地方文献特藏对于本地区经济和文化建设都起着重要的作用。

省级图书馆既要为全社会的普通读者服务，又要为本地区的科学研究和经济建设服务。同时，还要对本地区下层的图书馆进行业务辅导，担任本地区中心图书馆委员会和图书馆学会的日常工作。

2. 省级以下公共图书馆

省级以下图书馆是指地、市、区、县等图书馆及其下层各级图书馆。它们是公共图书馆系统中数量最大的一部分，是国家最重要的基层图书馆，联系着最广泛的读者。它们都具有一定的规模，藏书基础也较好，服务工作有一定的水平，并积累了丰富的经验，在普及科学文化知识、丰富群众文化生活、满足群众阅读需求等方面，发挥着十分重要的作用。

3. 少年儿童图书馆

少年儿童图书馆是少年儿童课外接受科学文化教育的场所，是学校教育的补充。少年儿童图书馆在向广大少年儿童进行思想和道德教育、普及科学文化知识、配合学校教学等活动中，发挥着重要的作用。

三、高等学校图书馆

高等学校图书馆是学校的文献信息中心，是为教学和科学研究服务的学术性机构，也

是学校信息化和社会信息化的重要基地。现代化的图书馆、先进的试验设备以及高水平的教师队伍被视为现代化高等学校的三大支柱。因此,为教学和科学研究服务是高等学校图书馆工作的出发点和归宿,并贯穿于全部工作的各个环节。

1. 高等学校图书馆的职能

高等学校图书馆的职能是由高校图书馆的性质决定的。高校图书馆与教学和科研紧密相连,是学校教育中不可缺少的。高校图书馆主要履行两个职能,即教育职能和信息职能。

2. 高等学校图书馆的任务

高等学校图书馆作为高等学校的重要组成部分,担负着教学和科研双重任务,是培养人才和开展科学研究的重要基地之一。根据国家教育部关于《普通高等学校图书馆规定(修订)》要求,高等学校图书馆的主要任务是:建设包括馆藏实体资源和网络资源在内的文献信息资源。对资源进行科学加工整序和管现维护;做好流通阅览、资源传递和参考咨询工作,积极开发文献信息资源,开展文献信息服务;开展信息素质教育,培养读者的信息意识和获取、利用文献信息的能力;组织和协调全校的文献信息工作,实现文献信息资源的优化配置;积极参与文献保障体系违设,实行资源共建、共知、共享,促进事业的整体优化发展。开展各种协作、合作和学术活动。

3. 高等学校图书馆的特点

根据高等学校类型的不同,其图书馆也有所差异,但它们也有共同的特点:

服务对象主要是教师和学生,读者的文化程度比较整齐,读者的需要随着教学和科研的进度而变化,阅读需求有明显的规律性。藏书适应教学和科研需要。以本校所设专业和科研项目为依据,全面系统地收集国内外有较高水平的基本理论著作,并适当收藏相关学科、边缘学科的相关书刊。与系(所)资料室共同组成校内图书信息网,图书馆为该网的中心,在为本校教学科研服务的总目标下,与资料室互相配合,各负其责,有效地保证师生员工对文献信息的需要。

四、科学和专业图书馆

科学和专业图书馆属于专门图书馆。它是指政府部门、议会、协会、科学研究机构(大学研究所除外)、学术性学会、专业性协会、事业单位、社会群众组织、博物馆、商业公司、工业企业等或其他有组织的集团所属的图书馆。它收藏的大部分是某一特殊领域或课题的图书资料。

在我国,科学和专业图书馆类型复杂,数量多,是图书馆事业的重要组成部分。我国科学和专业图书馆包括中国科学院系统的、中国社会科学院系统的、国务院各部委办所属的以及各省市政府厅局所属的研究院图书馆、报刊社和广电系统的、医院系统的、工交系统与金融系统的、厂矿企业的技术图书馆等。

第四节 高等学校图书馆基础知识

我国的《普通高等学校图书馆规程》（修订）指出："高等学校图书馆是学校的文献信息中心，是为教学和科学研究服务的学术性机构，是学校信息化和社会信息化的重要基地。高等学校图书馆的工作是学校教学和科学研究工作的重要组成部分。高等学校图书馆的建设和发展应与学校的建设和发展相适应，其水平是学校总体水平的重要标志。"这一论述明确了大学图书馆的性质，同时也指出了大学图书馆工作任务与方向，这对于大学图书馆的发展与提高，有着极为重要的意义。

一、大学图书馆的性质

教育性是大学图书馆最基本的性质。大学图书馆是为学校教学服务的，一切以教学为中心而开展工作，是大学图书馆全部工作的出发点，并贯穿于全部工作过程和各个工作环节。它的一切工作都体现在为学校教学服务之中。学生的学习、教师备课和科研都离不开图书馆。图书馆是学校教学的补充的重要场所。教师利用图书馆丰富的书刊文献资料，充实、完善补充和更新自己的知识。

学生们除了在课堂上获取知识以外，还需要利用图书馆丰富自己的知识，排疑解难，巩固加深课堂所学知识。

图书馆是对学生进行思想教育的文化阵地。利用图书资料向学生传播先进的科学文化知识及马克思列宁主义、毛泽东思想、习近平新时代中国特色社会主义思想，使学生不断地接受新思想、新知识，从而使其树立远大的理想和高尚的情操，这是对大学生进行思想教育的重要手段之一，是其他教学手段所不能替代的。因此，大学图书馆要认真组织好导读，推荐好书、抵制坏书，使图书馆作为思想阵地的作用得到更好的发挥。

图书馆工作有很强的科学性。就大学图书馆的工作而言，无论是文献资料的搜集整理，还是服务工作的组织管理以及现代化手段的运用等，都是一个科学的工作过程，具有很强的科学性，大学图书馆还直接担负着为学校的科学研究服务的任务，为科学研究提供文献资料，属于科学研究的前期劳动，也有着明显的科学性；另外，在图书的采编、流通、阅览以及情报资料服务等各个工作环节，也都有着一套科学的工作规范，否则，就不能充分发挥图书馆应有的作用。

大学图书馆的服务性也是通过为教学、科研人员和学生服务来体现的。图书馆的中心工作，就是将书刊资料提供给读者利用。

图书馆的收集、整理、加工、保管藏书等工作，是间接地为读者提供服务。而图书馆的借阅、流通、咨询、辅导等则直接为读者提供服务。因此，可以说，大学图书馆不但是为教学服务的服务性机构，也是为学校科研服务的服务性机构。

图书馆工作人员应树立全心全意为读者服务的精神和兢兢业业、踏踏实实、埋头苦干的工作作风，想读者之所想，急读者之所急，一心为读者。图书馆工作的好坏，直接影响到读者，对读者起着潜移默化的作用。因此，图书馆工作人员应不断提高服务质量，提高服务技能，熟悉业务知识，了解读者需要，真正做到为学校教学、科研服好务，成为读者的良师益友。

二、大学图书馆的任务

一定的社会教育目的，是由一定的社会政治、经济制度所决定的。在社会主义条件下，高等学校的根本任务就是为社会主义现代化建设服务，培养德、智、体、美全面发展的建设事业接班人。围绕这个根本任务，国家教育部在《普通高等学校图书馆规程》（修订）中明确了高校图书馆的主要任务是：高等学校图书馆必须贯彻国家的教育方针，履行教育职能和信息服务职能，为培养德、智、体、美等方面全面发展的人才，发展教育科学文化事业，建设社会主义物质文明和精神文明服务。高等学校图书馆应积极采用现代技术，实行科学管理，不断提高业务工作质量和服务水平，最大限度地满足读者的需要，为学校的教学和科学研究提供切实有效的文献信息保障。为了履行图书馆的职责，需要完成以下具体工作：

1. 根据学校的专业设置与教学任务采购图书

图书资料是图书馆工作的物质基础。图书资料的采集必须坚持以学校的专业设置为依据，以教学需要为出发点，有目的而不是盲目地采集图书。既要考虑学校长远的需要，也要考虑学校近期的需要；既要采集教学需要的参考书、工具书，也要兼顾采集适合读者需要的其他方面书刊。真正做到重点采集，适量兼顾，藏书丰富，全面提高。一个图书馆只有收藏较为丰富的图书资料，才能更好地为学校教学和科研服务。

2. 认真开展借阅工作，满足读者需求

书刊借阅，就是书刊的流通。图书馆收藏的图书资料是通过外借和阅览来满足读者对文献资料需求的。这是图书馆一项经常性的、最基本的任务。图书资料的外借，是读者获取文献资料信息的一个重要手段。通过借阅传递有关馆藏文献的信息，可以更为广泛地满足读者需要，读者在查阅馆藏目录以后，可以充分了解该馆是否藏有自己所需文献，这样读者就可以有的放矢地借到自己所需要的图书资料，从而达到获取文献信息内容的目的。因此，图书馆工作人员应积极主动地为读者提供文献内容信息和馆藏信息。

3. 根据教学和课外阅读需要，大力开展课程辅导工作

阅读辅导是图书馆对读者的阅读目的、内容、方法进行指导的教育活动。阅读辅导工作主要体现在两个方面。一是读书内容的辅导。这就是要求图书馆有关工作人员，向读者推荐健康向上的优秀书刊，辅导读者正确理解书刊的内容，从而达到使读者吸取有益营养

的目的。二是读书方法上的辅导。图书馆有关工作人员要指导读者如何掌握科学的阅读方法，养成良好的阅读习惯，有计划、有目的地阅读书刊，扭转不良的阅读倾向，克服该过程中的盲目性，提高阅读的自觉性。读者应围绕教学和科研内容掌握阅读重点，形成一定的阅读中心，以达到阅读的目的。

4. 加强参考咨询工作，为读者排疑解难

参考咨询工作是大学图书馆读者服务工作的一项重要任务。参考咨询工作，实际上是以文献检索途径来解决读者在学习中遇到的各种疑难问题。大学图书馆服务的主要对象就是教师和学生，他们在备课和学习过程中，往往会遇到一些问题，这就要求图书馆给予必要的解答或提供一定的有参考价值资料，以帮助他们克服备课和学习上的疑难。因此，参考咨询工作是图书馆工作中最能发挥文献信息潜能和作用的工作，也是最能发挥信息服务职能和教育职能的一项重要工作。

5. 做好文献查阅方法的教育和辅导工作

文献查阅方法的教育工作，是一项重要的文献服务工作，它的任务就是帮助读者学会使用文献检索工具。它是一项重要的文献服务工作，属于科研工作的前期劳动，可以使读者从大量的繁杂的文献查阅劳动中解放出来。

6. 开展馆际互借，实现资源共享

馆际互借，实际上就是馆与馆之间建立起来的一种互相借阅的关系。利用对方的文献资料来满足本馆读者所需要的一种外借形式，以达到互通有无，资源共享的目的。这种互借形式打破了馆藏文献的馆域界线，体现了资源共享的原则。随着时代的不断发展和图书馆现代化手段的应用和提高，馆域之间通过互联网、文献资源的共享已经推动了高校图书馆事业的发展。

三、大学图书馆的职能

现代化的大学图书馆与高水平的教学队伍，先进的实验设备共称为现代化大学的三大支柱；大学图书馆具有教育职能和信息服务职能，随着教育体制的改革与发展，图书馆的职能将会愈来愈充分地显示出来。

1. 大学图书馆的教育职能

大学图书馆是学校的文献情报中心，肩负着教育和情报信息的双重职能，其潜移默化的教育职能具有其他部门无法替代的特殊作用。因此，图书馆应当充分发挥这种独特的优势，使其成为"以科学的理论武装人，以正确的舆论引导人，以高尚的精神塑造人，以优秀的作品鼓舞人"的重要场所，为培养社会主义的建设者和接班人做出应有的贡献。

发挥图书馆的教育职能主要包括以下几个方面的内容。

（1）配合学校教学进行专业知识的教育

高等学校在教学工作中一个中心的环节就是对学生进行专业教育，其教育的方式主要是教师课堂讲授。但根据现代教育和对学生培养目标的要求,仅有课堂教育是远远不够的,还需要依靠图书馆这个"第二课堂",以自学的方式来完善和补充学生的专业知识。图书馆的"教学"不像课堂教学有那么严格的规定性,它可以由学生自己去选择,所以图书馆"教学"在发挥读者的主观能动性上是十分重要的。

课堂的讲授是向学生注入式的灌输知识,图书馆则是通过学术性服务活动,沟通知识与读者之间的联系。主要形式是书刊外借、阅览、推荐参考书目、目录索引、咨询解答、信息服务等形式,以满足读者自学、独立钻研的需要,进而达到补充和巩固学生所学专业知识。图书馆的专业知识教育是课堂教育的继续。因此,加强图书馆教育职能,对提高学生的专业知识水平和理论基础是十分必要的。

(2)拓宽学生知识面,进行综合教育

随着我国社会主义市场经济的建立和发展,对高等教育的人才培养提出了一个需要研究的新课题。过去的那种计划经济体制下单一的仅有书本知识的培养人才模式,也越来越不适应社会主义市场经济的要求。社会主义市场经济条件下,要求培养的人才应该是知识面广、一专多能,既有基础理论知识,又有专业能力和较强的动手能力的复合型人才。这就要求必须在单一课堂教育的基础上,加强课外教育,加强一专多能的教育,培养学生的自学能力,扩大学生的知识视野。

培养这种人才,图书馆有着重要的作用,因为大学图书馆是一座知识的宝库。它所收藏的文献,在学科特点、学术价值和专业范围方面都有特定的要求,并形成了一定的优势。图书馆不断地将信息知识传递给学生,使他们掌握更加丰富的知识,为将来走入市场、走入社会奠定了基础。图书馆这种传递知识的方式除日常的借借还还以外,还应大力向学生推荐课外优秀读物,举办图书展览、读书活动,扩大开放借阅面,等等,为学生的阅读提供优质的服务,以满足他们对知识的渴求。

(3)对读者进行利用文献的教育,提高文献利用率

图书馆收藏有丰富的文献资料,如何提高文献利用率,是图书馆工作中的一个重要方面。藏以致用是图书馆藏书的重要原则,这也是现代图书馆与古代藏书楼的一个根本区别。藏书的目的是为了利用,否则文献资料等于废纸一推。为此,大学图书馆对读者进行利用文献的教育是十分必要的。

要想充分利用文献,就要依靠文献检索。文献检索既是文献利用的条件,又是文献利用的本身。文献检索就是利用一定的检索工具和参考工具书,运用科学的方法和一定的技巧,从浩瀚文献中,找出符合特定需要的文献。因此,图书馆对读者进行文献检索知识的教育,目的是为了更好地让读者充分利用图书馆的文献。

文献检索是图书馆的一门独立的实践性极强的学问。图书馆要教育读者重视检索的方法和技巧的掌握,重视检索的实践,这也就是人们常说的"给人以鱼,不如给人以渔"。这样可以使其终身受益。对读者进行利用文献教育的方法很多,如使用目录辅导、利用工具书介绍、利用图书馆知识讲座以及开设文献检索课等,以提高读者的文献检索能力,从

而掌握打开知识宝库大门的钥匙。

（4）配合学校教学工作，对学生进行文化素质教育

文化素质是整体素质的基础，大学生文化素质如何，直接影响着其他素质的提高。良好的文化素质不但有利于思想政治觉悟的提高，而且也能促进业务素质的提高。大学图书馆和学校其他部门一样，共同担负着提高大学生素质教育的光荣任务。图书馆是学校的文献信息中心，这是图书馆对大学生进行文化教育的物质基础。所以，图书馆要从思想道德教育、文化素质教育、业务素质教育的需要出发，整体考虑书刊的购置。要引导学生能有效地利用图书馆资源提高自己的文化素质；要配合学校文化素质教育，向学生宣传介绍馆藏的有关书籍，引导学生多读书，读好书，形成良好的校园文化氛围，充分发挥图书馆在大学生文化素质教育中的作用。

（5）配合学校思想政治工作，对学生进行思想品德教育

大学图书馆作为学校教学的有机组成部分，不仅是传播知识的场所，同时也是社会主义精神文明建设的重要阵地，对于培养社会主义现代化建设需要的德才兼备的人才有着义不容辞的责任。

图书馆配合学校思想教育，就是不断坚持对学生进行马克思主义、毛泽东思想和邓小平理论、"三个代表"重要思想以及习近平新时代中国特色社会主义思想的教育以及爱国主义和革命传统的教育，理想道德和人生观价值观的教育。教育的方法不是说教，而是要求大学生在提高知识能力的基础上，学会运用马克思主义的方法论，比较客观地、实事求是地分析和观察问题，使其真正成为社会主义现代化建设的有用之才。

2. 大学图书馆的信息服务职能

图书馆的信息服务职能，是指图书馆借助于所收藏的文献信息知识，通过传递和流通、开发和利用，促进教学和科研发展与提高工作。图书馆作为传递文献信息的机构，充分发挥其信息服务职能，就是让广大读者利用人类已有的文化科学知识和最新知识。

图书馆的信息服务职能，要求图书馆把收藏的文献资料看成是信息源，不能把它们视为单纯的收藏品，一定要进行开发和利用，在教学和科研中发挥作用。

要发挥图书馆的信息服务职能，需解决以下三个问题：开展情报教育，开发利用文献，开展情报服务工作。

（1）开展信息素养教育

开展信息素养教育是为了增强读者的信息意识和信息检索知识，使读者学会利用文献信息。大力开展文献信息基础知识教育，有助于培养学生的自学能力、科学研究能力、敏锐的思维能力、组织管理能力，同时有助于培养学生在信息时代的社会主义市场经济竞争中的适应能力。

信息素养教育的内容大致有两个方面：一是向读者普及文献检索知识；二是普及文献信息知识。它是一门工具性的基础课，是在书海中寻求知识的导航员，对学生利用文献能起到事半功倍的作用。

普及文献信息知识,在当今信息社会里,无论对学习、对工作都有重要作用,它可以教会读者获取文献信息的方法和途径。

(2)开发利用文献

图书馆收藏有各类文献,如果不进行开发和利用。只停留在借借还还的工作上,就很难发挥其信息服务职能,必须将丰富的文献资源进行开发利用,才能更好地发挥其信息服务职能。

信息源是信息的来源。它来源于文献资料等,其中包括:图书、报刊、资料、缩微制品、视听资料、网络信息资源等,它们都是信息的原始材料。信息是从信息源中提炼加工和筛选出来的知识,然后才具有信息的特性。所以,要进行信息服务工作,就必须首先对信息资料进行开发和加工整理。

图书馆开发利用文献是有针对性的,主要是根据学校教学内容和科研课题,加工整理成各种形式的信息产品加以利用。信息产品的主要形式有:题录、索引、简介、文摘、综述等。文献的开发利用是高校图书馆工作的一个重要内容,否则,就不能说是很好地完成了工作任务。

(3)信息服务工作

大学图书馆信息服务职能的加强,也标志着读者服务工作内容的深化和文献利用程度的提高。信息服务工作包括以下几个内容:

①咨询服务。咨询服务是以个别解答方式为读者解决查询文献中的疑难问题。它以文献为根据,有针对性地向读者提供具体文献或检索文献的途径。

②书目服务。书目服务是有针对性地对原始文献进行选择和加工整理工作,它属于一种满足读者需求的文献报导。其具体内容包括:编制各种书目索引、进行书目宣传、普及书目知识、进行书目报导,使读者获取检索文献的途径。

③定题服务。定题服务是根据读者研究课题的需要,为其进行文献资料的搜集、筛选、加工整理,定期或不定期地提供给读者,直至课题完成为止,它是一项主动性的服务工作。

四、大学生利用图书馆是人生发展的必要

一个人从中学步入大学,这在人生旅途中是个重大转折。中学时期主要是学习文化基础知识,准备升大学或走向社会从事某项职业。一旦升入大学之后,在心理上就有一个转变,学习目标有了一个更高的境地。就是在国家规定的培养目标下,将个人的前途与国家的发展需要结合起来。为此,一要构建自己合理的知识和智能结构;二要加强自身全面修养,尽量让自己成为国家所需要的某一方面的专业人才。

每个大学生,为了把自己培养成德才兼备的专业人才,他们必须接受专业教育、基础知识教育和综合教育,以适应未来的社会需求。

1. 专业知识教育

大学教育主要是进行专业基础教育。所谓专业教育，是指符合本专业发展方向的专业知识结构，绝不是仅仅几门专业课，而是数十门和本专业相关的专业知识课。此外，为了学好专业基础知识，还要学习大量有关参考书，以巩固、加深和扩展专业知识。

2. 基础知识教育

它是指大学生需要共同学习和掌握的知识课。如汉语、外语、写作、电子计算机、马列主义理论等课程。专业知识教育和基础知识教育都是大学生不可缺少的学习内容。但作为大学生，仅有这些知识还是不够的，还必须接受综合教育。

3. 综合教育

它是指一个大学生应具备的完善知识结构和文化素养。完善的知识结构，如同一棵大树，有主干，有枝、叶，是个网络型的。要成为一个有用之才，他们的知识结构和智能结构应该是完善的。不仅要具备专业知识，还应具备与专业相关的知识，也就是说，知识要渊博，一个人的知识越渊博，在事业上才能越有建树。

一个大学生，要想成为一个牢固掌握专业知识，而又知识渊博，仅有课堂教育是远远不够的，还必须充分利用图书馆这个大课堂，在茫茫书海中勤奋耕耘，才能使自己达到一个更高的境界。

五、大学生要学会利用图书馆

每个大学生，为了适应未来的工作需要和科学的不断发展，他们必须提高获取知识的能力，才能使自己成为所学专业知识扎实、学识渊博、思维敏捷的大学生。

在大学学习生活中，必须学会获取知识的方法与技能，这其中包括以下三个方面：

1. 了解图书馆藏书

图书馆是学生获取知识的主要场所，所以应了解图书馆的藏书结构。也就是了解图书馆收藏有哪些类别的书刊资料，其突出特点是什么，以便于自己选择阅读。

2. 了解和检索图书馆目录

图书馆目录是馆藏书刊的反映和缩影，通过目录可以了解藏书，目录是打开知识宝库的钥匙。了解图书馆目录，也就是了解图书馆有哪些目录以及各种目录的使用方法，把它们作为学习和治学的途径。

3. 掌握工具书使用方法

工具书能为人们迅速提供各类知识和资料线索，为人们读书治学和查找资料提供方便，因而必须学会使用工具书。工具书的种类很多，应学会各类工具书的使用方法，为获取各种知识提供方便。

对图书馆的利用是多方面的，但主要是利用它的文献资料，并掌握其利用方法，为今后走上工作岗位打下一个良好的基础。

六、图书馆为大学生成才创造了有利条件

图书馆保存有大量的古今中外的文献资料，供读者去利用，尤其大学图书馆，它们收藏有符合本校性质的、系统的、历史的及现实的文献，反映了古代和现代科学发展水平，为培养新一代大学生创造了极为有利的条件。图书馆为了充分发挥这些文献资料的作用提供了多种服务项目和内容。

1. 千方百计为读者

图书馆的一切工作都是为读者服务的，始终贯彻"读者第一，服务至上"，千方百计为读者服务的思想，把为读者服务看成至高无上的原则，做到了"为人找书，为书找人"，为读者利用图书馆提供方便。

2. 图书馆的服务活动

图书馆为了更好地配合学校完成教学任务，开展有多种形式的服务活动。除了日常的书刊借阅工作之外，还开展有图书宣传与推荐、阅读辅导、参考咨询等服务活动，都是为进一步深化课堂教学效果，巩固所学专业知识，开阔学生知识视野，为培养新一代专业人才进行的服务活动。

3. 图书馆发挥着教育与信息服务职能作用

高校图书馆有两个职能，即教育职能和信息服务职能。教育职能要求它紧密配合教学任务进行服务工作。一方面为教师提高教学质量优先满足他们对文献资料的需求；另一方面，就是采取多种服务形式来满足学生对书刊资料的需求，帮助他们牢固掌握专业知识和提高他们的文化素养，使其成为合格的专业人才。信息服务职能要求图书馆，配合教学与科研工作为广大师生提供信息资料，同时，对学生要进行信息知识教育，提高学生的信息意识和获取信息的技能，使他们更好地适应信息时代的要求。

第二章 图书馆管理概述

第一节 图书馆管理的历史沿革

图书馆是人类文明发展到一定阶段的产物。图书馆的建立，需要具备一定数量的各类图书、专门的管理人才以及适当的保管场所。纵观图书馆的发展历程，图书馆在管理理念、管理方法等方面经历了不同的发展阶段，显现出不同的特征。并且，西方国家的图书馆事业和中国的图书馆事业经历了不同的发展过程，在图书馆管理方面也呈现出不同的特征。

一、西方图书馆管理的产生与发展

人类进入文明时代后产生了图书馆。西方社会早期，古埃及、古希腊和古罗马的图书馆比较有特色，不过他们对图书馆的管理还处于自发的萌芽阶段。早期的这些图书馆，其建立者一般为王室，管理者多为学者，馆藏内容多为世俗性的图书。

有名的尼尼微（Nineveh）图书馆和亚历山大（Alexandria）图书馆分别是由亚述国王亚述巴尼帕（Ashurbanipal）国王和埃及国王托勒密一世（PtolemyISoter）建立的。与亚历山大图书馆同时期的帕加马图书馆，是由国王阿塔罗斯一世（Attalus I Soter）建造的。早期的图书馆在整理、编目上已开始了探索。亚述王国图书馆所藏的泥版文书已经按不同主题排列，在收藏室的门旁和附近的墙壁上也都注有泥版文书的目录，而且还对篇幅较大的泥版文书做了一些简单地叙述，有的还摘录了书中的重要部分。亚历山大图书馆的馆长卡利马科斯（Callimaehos of Cyrene）编制了该馆的图书目录，该目录叫《皮纳克斯》（Pinakes，又名《各科著名学者及其著作目录》），是一部名著解题目录，长达120纸草卷。

罗马公共图书馆的建立者多为皇帝，初期的管理者都是著名的学者，后来经过多次政府的行政改革，罗马城里的全部公共图书馆都改由行政长官管理，但馆内的业务工作还是由学者负责，一般员工大部分是由国家的奴隶或被解放的奴隶担任。因此，早期罗马图书馆员工的社会地位是相当低贱的。但随着图书馆的增多，员工的地位逐渐提高，分工逐渐趋于专业化，出现了馆长、馆员、副馆员、助理馆员之类的等级，这些员工除了从事图书的采购、修补、摘录、排列等工作外，还从事抄写或翻译等工作。女性员工在这一时期开始出现。

到了中世纪，西方出现了修道院图书馆。随着古罗马帝国的灭亡，基督教覆盖了政治、思想、文化和教育等各个领域，修道院图书馆取代了古代大型图书馆而成为学术中心。修道院图书馆的平均藏书量在200～300册左右，收藏的基本都是基督教书籍。由于图书数量少，制作不易，图书的外借管理十分严格。修道院图书馆的目录比较落后，一般只有财产登记簿模样的东西。后来，随着藏书量的增加，有的图书馆开始粗分所藏图书，但分类标准极不统一。有的按照宗教书和非宗教书分类，其分类顺序是：圣经、圣父的著作，有关他们的传说以及相关注释书等；有的按文种分类，如拉丁文和其他文种分别摆放；有的按照书的开本大小来分类；有的按照赠寄者的不同加以编排。修道院图书馆的目录编制虽然简单，但部分修道院图书馆在有限范围内实行馆际互借，甚至编制了联合目录。

与此同时期，阿拉伯世界的伊斯兰教图书馆迅速发展，达到了相当高的水平。例如，设在科尔多瓦的皇家图书馆，藏书已超过40万册，目录达44卷，其藏书的种类也不只是伊斯兰教书籍，而是世界各国的任何时期、任何学科的图书，并加以抄写和翻译，内容包括宗教、地理、历史、自然科学、哲学、各种辞典、文法、教科书、簿记和会计的书以及有关各地货币兑换率等资料。这类图书馆的工作人员已达数百名，包括抄写员、装订书籍的装帧工和警卫。馆长不是学者就是著作家或诗人，管理图书的官员成为当时显贵家族的子弟所羡慕的职业之一。伊斯兰教图书馆的分类比较明确，共分为《古兰经》、经济、历史、诗歌、教义学、法学、哲学、消遣文学、宗教和炼金术等，在大类之下又由各图书馆根据需要进行复分。此外，还制定了图书的借阅规则，规定不得在书上加旁注，不得转借，不得将所借书籍用作个人私事的抵押品；规定了还书时间，同时要求还书时应附有阅读该书的感谢信等。除书籍携出馆外需付押金，读者在馆内阅览免费外，有些伊斯兰教图书馆还向读者提供抄写和翻译的服务。

12世纪前期，随着宗教改革和大学的出现，修道院及其图书馆逐渐衰退，取而代之的是大学图书馆。早期的大学图书馆，不供流通的书大部分都用锁链系在书桌上。图书馆的目录，有的是按著者或标题的字母顺序排列，有的像是图书财产目录。借书规则也很不一致，大部分图书只能在馆内阅读，多半图书借出时需要交纳保证金。在早期的大学图书馆里，由于管理工作相对简单，还没有出现专业的图书馆员工。

文艺复兴推动了学术的发展，造纸术与印刷术的西传以及二者的结合把图书馆事业推向新的阶段，活字印刷术的发明和推广将图书的管理和生产完全且永久地分隔开来。廉价的印刷书籍大量出版，使一般市民阶层容易买到书，图书不再只为皇室、贵族等社会上层人士所专有，而是由社会上层进入到中下层，同时也使图书馆的藏书以空前的速度增加。馆藏的迅速增加，要求图书馆的著录更加科学化、标准化。图书馆的馆舍建筑也发生了变化，墙壁式书架出现，直至出现了书库。这时，专业化的图书馆管理人员出现，继而产生了初期的图书馆管理理论。

17世纪中期开始，世界进入了近代历史。工业革命导致了印刷工艺的重大变革，机械印刷的图书如潮水般涌向市场，知识被愈来愈多的人所掌握，人们开始重视各种科学技术的研究。在这个时期，仅重视图书的搜集已经远远不能适应时代发展的要求，对于汗牛充栋的藏书，必须进行系统的组织和科学的管理，这对图书馆管理工作提出了更高的要求，图书馆事业也出现了新的变化。图书馆事业的变化主要表现在以下几个方面。

1. 图书馆事业由封闭走向开放

工业革命之前的图书馆一直是为社会上层服务，服务对象仅限于皇室、贵族、上层知识分子，一般的平民无缘使用图书馆。近代工业革命使人口迅速向新兴的工业城镇集中，产业大军形成，工场主需要受过教育的工匠和有技术的工人，于是公共图书馆逐步兴起。1850年2月，英国议会下院通过公共图书馆法，允许人口达到1万及1万以上的城镇建立公共图书馆，经费从地方税收中支出，建馆后免费对纳税人开放。自此，公共图书馆之风渐盛，图书馆也一改过去专为统治阶级服务的职能，把视野投向了平民百姓。

2. 有计划、有组织的新书采购工作开始出现

中世纪的图书馆，补充馆藏时很少有计划性。搜集图书的途径，主要为接受私人捐赠、王室四处搜集、战争掠夺等；搜集的图书一般以追求珍本、善本为重点；在馆藏数量上追求多多益善，缺乏整体的统筹规划。到了17、18世纪，各门学科日新月异，随心所欲式地搜集图书方式显然不能满足时代的要求和现实的需要，馆藏逐步走向有计划性和有组织性。近代图书馆学家莱布尼茨（Gotffried Wilhelm Leibniz）就强调，有学术价值的新出书刊，应当及时地、连续地、均衡地补充采购。德国的哥廷根（Gottingen）大学图书馆有意识地应用了莱布尼茨的理论，由馆长亲自负责采购工作，同国内外书商保持密切联系，在选择书籍时及时了解阅读者的需求，尊重他们的建议，以确保购书的质量。英国不列颠图书馆馆长帕尼齐也十分重视藏书建设，他要求不仅要注意藏书数量，而且要注重藏书质量，尽量收藏好的版本和可信的标准版，并十分重视藏书结构的系统性和科学性。

3. 书目工作进展迅速

图书数量的剧增和馆藏的膨胀对图书整理工作提出了新的要求。帕尼齐曾制定了有名的91条著录条例，强调必须要有科学的著录规则，目录一定要严格地按照著录规则加以编制，如果没有统一的著录条例，对图书进行系统的整理、妥善的保管和充分的利用则无从谈起。这91条著录条例在以后的100多年里成了世界不少国家所遵循的著录原则，1961年10月在巴黎召开的国际编目原则会议仍是遵循这91条的基本精神。在此时期，英国的图书馆学家加内特（Richard Garnett）、道格拉斯（Robea Kennaway Douglas），德国的施梅累尔（Johann Andreas Schmeller）、施雷廷格（Martin Schrettinger）相继都为图书馆目录学的发展做出了重大贡献。

4. 改革图书馆的内部管理，使其方便读者

近代以前，由于图书数量少，制作不易，对图书的外借有十分严格的限制，读者需要提前把自己的要求告诉图书馆，然后办理一定的借书手续，而且借书时间也很有限，外借书籍时需要交纳相当数目的押金，十分不便。对此，近代图书馆学家莱布尼茨就很有远见地指出，图书馆应该给读者提供方便，尽可能地延长开馆时间，不要给图书外借太多的限

制。德国格廷根大学图书馆实践了这一理论，制定了方便读者的各种制度：除星期六外，每天开馆 10 小时，学生每次可借 10～12 册书。

5. 图书馆馆舍建筑迈向近代化

英国不列颠图书馆率先打破传统图书馆的建筑结构，用铁制骨架结构建筑把阅览、收藏分开，建成高达 35 米，大厅直径长达 42 米，可以摆设近 500 个读者座位的圆顶阅览室，成为当时世界上座位最多的阅览室。阅览室的中心是服务台，服务台的周围是目录柜，读者座位围绕着目录柜，阅览室的外围是书库，书库首次使用了铁制书架，并将两排书架背靠背地并排起来。这种双面书架的书库结构直到目前仍被很多图书馆所采用。

6. 出现了具有丰富实践经验的图书馆管理者

法国的诺德（Gabriel Naude）是近代图书馆组织理论的创始人之一，1627 年写成了《关于图书馆建设的意见》一书。这是近代第一本论述图书馆管理的著作。德国图书馆学家莱布尼茨受聘于德国的诸侯图书馆，在这 40 年期间，他的图书馆理论散见于书信、备忘录及对王公们的建议书中。19 世纪，公共图书馆在英美同时发展起来。对英国公共图书馆事业的组织与管理做出巨大贡献的是被称为"英国公共图书馆运动精神之父"的爱德华兹（Edward Edwards）。他在 1859 年发表的《图书馆纪要》一文中，对图书采购、图书馆建筑、管理及服务等方面作了阐述。美国的杜威（Melvil Dewey）在图书馆的广泛领域都有自己的成就。杜威的图书馆管理思想的核心是"关心时间和成本效益"，提倡把图书馆工作作为一种专门的职业，提倡图书馆用品、设备的标准化和规范化，提倡保留图书馆，以及图书馆使用新设备等。

20 世纪中期以后迅速兴起的新技术革命，以方兴未艾之势冲击着全世界的图书馆事业。图书馆从传统转为现代，对外开放的程度愈来愈高，成为充满活力的社会服务机构，其类型、职能、建筑、设计等方面都发生了巨大的变化。概括起来，现代图书馆管理主要有以下特点：一是重视现代化手段的运用与网络服务；二是图书馆管理中更加注重服务，方便读者，为读者着想，注重服务和人文关怀成了图书馆界的共识；三是图书馆之间加强合作，协作采购，馆际互借，构建图书馆网络；四是现代管理学理论在图书馆管理中得到广泛应用。

二、我国图书馆事业的发展与管理

先秦时期，我国就出现了图书馆管理的实践。孔子晚年整理六经，就可以说是这种行为的开端。西汉政权建立后，针对政府藏书进行了多次大规模的整理活动，并形成了诸多成果，尤其是汉成帝时期刘向、刘歆父子的校书活动，形成了中国历史上第一部综合性的群书目录（《别录》）和第一部综合性的群书分类目录（《七略》）。据不完全统计，自此以后的整个封建时代，各种类型的公私藏书目录大约有数百部之多，内容涉及各个方面，其中规模最大的是清代所编的《四库全书总目》，共 200 卷，为当时之冠。

古代的各类公私目录大多是按照分类进行排列的。分类的概念大概始自孔子整理《诗经》时有关"风、雅、颂"的区分，但这只是文体形式的区分，属于按外在特征区分的范畴。按内容特征进行区分大致来源于荀子的"同则同之，异则异之"的分类原则。汉代以后，在图书分类上出现了以《七略》为代表的七分法体系和以《隋书·经籍志》为代表的四分法体系，影响了中国古代图书分类一千多年。宋代郑樵则更为强调分类的重要性，"类例分，则百家九流各有条理"，"类例既分，学术自明"，并自编了一个十二大类、三级类目的分类目录——《通志·艺文略》。不过，我国古代图书分类的最高成就当属唐朝僧人智升，他在《开元释教录》中创立了一个四大类的五级分类体系。

在我国古代的图书整理加工过程中，图书的著录也比较有特色。对于图书外在特征的揭示，著录特别重视书名、卷帙、作者和时代等内容特征；对于内容特征的揭示，则有解题、注释等，根据解题的写作方式和取材角度，又分为叙录、传录和辑录三种。对于一类书的揭示，则有小序之类，始终贯彻着"辨章学术，考镜源流"的精神。对于不同形态、不同内容的图书，则采用不同的处理方式。宫廷藏书、私人藏书和寺院藏书都很注重图书的质量，也很注重珍善本的收集整理。

由于图书本身的特点，当一本图书内容涉及两个以上主题时，简单的类分已不够，于是，明朝就有学者提出了"互"与"通"的概念以解决这个问题。到了清代，章学诚在此基础上又提出了"互著"与"别裁"的主张。这个主张实际上是如今目录组织中"参见"与"分析"类目的前身。除此之外，章学诚还对索引有一定关注，主张编制索引以提高目录功效。

在我国古代图书馆管理实践中，有关图书开放的理论与实践也是比较有特色的。例如，金代孔天监在其《藏书记》中提倡建立公共藏书楼；明末曹溶在《流通古书约》中提出，藏书须在藏书家之间流通传抄；清代周永年在《儒藏条约三则》中明确提出，儒藏应对四方读书人开放。在这些理论的影响下，清代一些私人藏书家，其藏书有限度地对外开放。清代《四库全书》修成后，南三阁对江南士子开放。这一切都反映出我国古代藏书楼向近代图书馆自发转变的萌芽。

明朝后期，著名传教士金尼阁（Nicholas Trigault）在中国建立了一个具有一定规模的基督教图书馆。明末清初，北京有耶稣会的南堂、东堂、北堂、西堂"四堂"图书馆。不过，那时的基督教图书馆并不是近代意义上的图书馆，而是带有浓烈传统藏书楼和修道院图书馆意味的图书馆。

鸦片战争之后，我国逐渐沦为半封建、半殖民地社会。西方传教士在我国的土地上建起教堂的同时，也建立了与我国传统藏书楼完全不同的近代图书馆。比较著名的有徐家汇天主堂藏书楼、工部局公众图书馆、亚洲文会北中国支会图书馆、圣约翰大学图书馆、格致书院藏书楼和文华公书林等。这些超越了传统藏书楼窠臼的新型图书馆，大多具备了开放或半开放的特点，馆藏丰富，馆舍先进，对当时的中国传统藏书楼起到了示范作用，尤其是在管理方面更是走在时代的前列。在不断的发展中，我国古代藏书形成了较为完善的系统，包括人员配备、图书整理、编目、保管和借阅的藏书管理体制，这在当今的图书管理体制当中也有借鉴和体现。

我国在藏书征集方面与西方有一定的差异。对于一个藏书院或图书馆来说，藏书不可能都是自我供应，要靠向外界的征集来不断充实。没有书就谈不上藏书的管理，这是毋庸置疑的。私人藏书，一是靠朝廷的捐赠，宋代四大书院都先后接受过朝廷的赐书，如岳麓书院建成之初，地方太守上奏朝廷请赐以"国子监诸经释文、义疏及《史记》《玉篇》《唐韵》得到准许""淳熙八年，朝廷赐白鹿书院国子监经书"；二是获得官绅捐赠，即由本地官员、地方乡绅直接捐赠图书，如"福建布政使司吴荣光捐置书籍千余卷送给凤池书院"，朱熹曾将《汉书》44卷送给初建成的白鹿书院；三是以官绅私人捐赠田产或官俸收入来购买书籍，这也是捐赠的重要形式。书院用这些经费，或从官方书局，或从私人书坊购买所刻书籍。

我国古代的藏书管理体制对藏书的整理、目录的建立以及日常护理也是相当重视的。相比而言，西方同一时期大学图书馆的藏书管理体制，对于藏书的整理和目录的建设多少显得有些拙劣。其所谓的藏书的整理和目录的建立只是单单的"书单"而已，后来才开始对书籍进行分门别类。在分类的过程中有很多不同的方式，开始是按作者分类，把不同作者的不同作品分开，因为当时真正能写书并且得到认可而被收录的作者并不多。当然，在当时他们不被称为作者，而是被称为诗人。不过到后来这种方法越发不可行，因为诗人越来越多，如果这样进行分类则会相当麻烦。于是，按照内容分类的方式被采用，这就是现在图书馆分类的雏形。按照不同性质的内容进行分类更加方便，便于记录和借阅，同时在借阅的时候可选择性也增大。另外，分类后建立目录也是对书籍的总数量进行一次变相的核对。如果目录记录详细清楚的话，不仅对数量的核对有很大的帮助，而且为书籍的借阅提供了相对便利的条件。

旧书与新书的管理不同。中国古代藏书管理体系对历代流传下来的书籍的收藏和日常护理也有其独到做法。一般有历史价值的图书是不会随便外借的，想得知其内容要向负责人提出相应内容，由专门负责的人来查找并转告。

中国古代的藏书院由专业人士进行藏书的管理，人数较多，并且逐渐形成了一种职业。在宋代，大多数藏书院管理人员由藏书院的创建者来负责。我国古代藏书院进行藏书管理的人比西方国家要多很多，而且管理人员有专门的职位，有相当于图书馆馆长级别的"监院""斋长""山长"，还有"掌管""司书吏""书办"等专职人员和"斋夫""看役""看守"等普通管理人员。每个人的分工各有不同，由专人负责整理目录、日常护理、看门（看门人也就是现在的保安，负责书院的安全，避免贵重图书被盗）等。

我国在古代就已经形成了系统的借阅制度，这些制度一直沿用至今。在图书借阅之初，要对书籍进行全面的检查，查看是否损坏或有其他问题。对书籍要进行编号、记录，对借阅人也要进行登记记录。最重要的是，根据书的价值确定租金，并由借阅者交付一定的押金。提前交付押金的制度最开始是没有的。从书院借阅的一般都是学生，对藏书进行登记的时候，归还日期也有明确的规定，逾期不归还或是归还时有损坏的，都要在该学生所上缴的费用中扣除，之后才演变成要提前交付押金的制度。

近现代意义上的中国人自己的图书馆事业，是当时中国的一批有识之士面对民族危亡，在寻求救国图强之道的同时，逐步形成和发展起来的。他们可能分属于不同的利益团体，但在向西方学习的过程中，逐步达成这样的共识：社会改良的首要内容是开启民智，而兴办教育、开办新式学堂、建立西式图书馆则是开启民智的最好方法。19 世纪 90 年代，中国的有识之士开始四处探寻变法图强之道，在建立新式图书馆方面形成了一系列的原则和思路，并影响着日后中国图书馆事业的发展。这其中最重要的当属近代改良主义先驱郑观应。凭着对西方世界的了解，他在 1984 年的著作《盛世危言》的"藏书"篇中盛赞了英法等西方国家的图书馆，批判了中国传统的藏书楼，揭示了二者之间的实质性差异。在此基础上，郑观应把在中国广建新型图书馆的想法提到了救国救民的高度，并提出了具体的主张，提出以官办为主并对全社会开放。其后，马建忠在 1894 年所写的《拟设翻译书院议》中也明确提到院中应建"书楼"，由专人管理，按时开馆，每月清查，定期添购新书。郑观应、马建忠等的思想与呼吁引起了当时思想界、舆论界的强烈共鸣，使得新式图书馆的观念在中国日渐深入人心。

辛亥革命前后出现了大量各种类型的新型图书馆，它们奠定了我国图书馆事业的基础。而新型图书馆的运作与管理实践，开启了我国当代图书馆管理理论与实践之门。总的来说，这个阶段的图书馆管理基本上还处于摸索、模仿、翻译、介绍、探索阶段，但也有了较为系统的思考和努力。1909 年，清政府颁布了中国第一部全国性的图书馆法规——《京师及各省图书馆通行章程》，使得公共图书馆的建设走向了规范化。民国建立后，中央各部和各省都相继制定了图书馆与图书室的章程和规则，北京等地成立了地方性图书馆协会等。这一切都可以说是我国图书馆界自觉进行图书馆管理的早期形态，对于当今的图书馆管理研究仍具有积极意义。1917 年开始的"新图书馆运动"，更是将我国近现代的图书馆事业推向了一个新的高峰。

1919 年爆发的"五四运动"是中国历史的转折点。而随着新文化运动的发展，中国的图书馆事业也有了较大的发展空间。1918 年，李大钊任北京大学图书馆主任时，一方面加强内部管理工作，如加强目录编制、开展开架借书、增加开放时间等，另一方面则十分重视图书馆事业和图书馆教育，并积极向社会宣传与普及图书馆知识。

在 1919—1949 年的 30 年里，我国出现了一批卓有成就的图书馆学者，如沈祖荣、杜定友、刘国钧、李小缘等。他们学成归国后，在国内或从事图书馆学教育工作，以培养图书馆的新型人才；或投身于图书馆事业，奔走呼吁。1920 年 3 月，由美国人韦棣华及沈祖荣、胡庆生等创办的武昌文华大学图书科成立，成为中国第一个现代图书馆人才的培养机构。1922 年 3 月，杜定友在广州创办图书馆管理员培养所，此外还有金陵大学等一些单位陆续开办了有关图书馆人才的培养与训练机构。1917 年，沈祖荣从美国学成回国，与余日章等人一道在全国大力宣传对中国现代图书馆学和图书馆事业的发展具有重大意义的"新图书馆运动"。1925 年 4 月，在各地成立省、市级图书馆协会的基础上，中华图书馆协会在上海成立。它的成立极大地规范和促进了中国图书馆事业的发展。各地图书馆协会办的多种图书馆学刊物，繁荣了图书馆学研究。此外，我国的图书馆还积极开展国际交流，不断派出留学生。1925年4月，美国图书馆专家鲍士伟来华访问，历时两个月；1926年7月，法国图书馆专家莱爱尼女士受法国政府派遣，来华考察图书馆事业。这些使得当时我国的图书馆事业和国际接轨。

在这个阶段，我国图书馆事业发展较快，各地公共图书馆不断建立，高校图书馆也日益规范。北洋政府和民国政府陆续颁布了十多个有关图书馆的全国性法规。在近代中国图书馆事业中发挥过积极作用的教会图书馆此时大多也以教会学校图书馆的面目出现，积极融入中国图书馆事业之中，加快了"中国化"的进程。

在这个时期，有关图书馆管理的研究日益受到关注，如杜定友、洪有丰、马宗荣等都有图书馆管理方面的专著出版。此外，以刘国钧为代表，编制了多部以"仿杜""改杜"为特色的图书分类法，以类分图书馆的新旧藏书。

中华人民共和国成立后，我国的图书馆事业有了质的飞跃。在图书馆管理方面，引进了苏联的图书馆管理理论，对当时我国的图书馆管理实践进行了一些探讨。国家有关部门也颁布了一系列相关的法令法规。1958年，北京大学和武汉大学图书馆学系还相继开设了"图书馆工作组织"和"图书馆行政"课程，两校和文化学院合编的《图书馆学引论》中也有相关内容的论述。但从总体上来看，由于这个时期图书馆管理并不是图书馆学关注的重点，因而整体研究水平不高。

改革开放后，我国的图书馆事业又进入蓬勃发展时期。随着社会对图书馆管理实践水平要求的不断提高以及图书馆所面临内外环境的不断变化与日益复杂，尤其是在传统图书馆向数字化转变的过程中，图书馆管理理论的研究日益受到重视，开始进入飞速发展阶段。随着时代的发展，新的内容不断被注入，图书馆管理理论研究已成为当今图书馆学理论研究中不多的持续时间较长的热点之一。

改革开放30多年来，对图书馆管理的研究已经从纯经验、感悟为主导的研究到理性与经验相结合，进而实现理性为主导的研究；从封闭式的研究到主动寻求现代管理理论，进而实现与国际先进水平同步的研究。这种主动追寻现代管理理论，跟踪最新研究成果的尝试与努力，反映了图书馆管理研究的日渐成熟。与此同时，高校图书馆也在信息时代的变革中逐步改变传统图书馆的管理理论，探索新的管理模式，以实现高校图书馆的良好发展。

第二节　图书馆管理的含义与特点

随着计算机、网络和信息存储等现代信息技术的发展和社会网络化、信息化的不断推进，图书馆正从传统图书馆向数字图书馆过渡。与传统的图书馆管理相比，现代的图书馆管理已经发生了很大变化，显现出许多新的内容与特点。

一、图书馆管理的定义

关于图书馆管理定义的叙述，有代表性的主要有以下几种：

(1) 倪波、荀昌荣认为：图书馆管理是指应用现代管理学的原理和方法，合理组织图书馆活动，有效地利用图书馆的人力资源和物质资源，发挥其最佳效率，达到其预定目标，并在此过程中不断地审查改进，最终圆满完成任务的过程。

(2) 黄宗忠认为：图书馆管理就是通过计划、组织、指挥、协调和控制等行动，最合理地使用图书馆系统的人力、财力、物质资源，使之发挥最大作用，以达到图书馆预期的目标，完成图书馆任务的过程。

(3) 吴慰慈认为：图书馆管理是对图书馆的文献信息、人力、财金、物质资源，通过计划、决策、组织、领导、控制和协调等一系列过程，来有效地达成图书馆的目标的活动。

(4) 原国家教委高教司《图书馆管理学教学大纲》提出：图书馆管理是指以图书馆发展的客观规律为依据，遵循管理工作的内容与程序，建立优化的管理系统，合理配置和利用图书馆资源，实现其社会职能的控制过程。

综合以上几种说法，可以这样定义图书馆管理：在当今信息时代，抓住时代特色，全面运用现代管理理论，用以指导现代图书馆的全部活动，提升现代图书馆管理水平的整个过程。

那么，图书馆管理的对象是什么呢？图书馆管理的对象就是图书馆系统。根据系统论的观点，世界上一切事物都可视为系统。在一个系统内可有若干个子系统，只有每个子系统都达到最佳效果，整个系统的管理才处于最佳状态。图书馆管理包括微观管理和宏观管理两个部分。微观管理是对个体图书馆的管理而言，宏观管理则是对社会图书馆事业体系的管理而言。

图书馆系统是由人员、文献信息、建筑、设备、经费、技术方法等要素构成的，这些要素就是图书馆管理的具体对象。图书馆管理的目的，就是根据图书馆的既定目标，合理地组织这些要素，并择其最优的组合方法，使之成为一个互相联系、互相制约、互相促进的有机整体，最大限度地提高图书馆系统的功能，为广大用户服务。

图书馆系统是图书馆工作作为一种社会分工而独立存在之后，人工构成的社会的一个子系统。它是一个开放系统，与外界不断有物质、能量和信息的交换。人类增长的信息知识以及大批人力、物力、财力的投入是系统的输入，对外提供的各种文献信息和服务是系统的输出，而社会所利用的正是图书馆系统的开放性。

二、图书馆管理的特点

与传统的图书馆管理相比，当今的图书馆管理除具有传统图书馆的特点外，还具有如下几个特点：

1. 理论性

理论性是现代图书馆管理的一个重要特点。在传统的图书馆管理实践中，轻视理论是图书馆界的通病。轻视理论，不学习，不研究，不借鉴，其直接后果是目光狭窄，观念落后，管理水平普遍低下。一种实践活动，如果没有先进的理论做指导，其结果必然是盲目的。图书馆的管理，既然是一门科学，其理论性就一定要得到重视，得到体现。

2. 前沿性

图书馆管理要想发展，就必须紧紧关注、追踪现代管理理论的发展并加以研究，看看还有哪些新理论能够移植到管理中，以切实提高管理水平，如知识管理之类。特别要注意的是，这种关注、追踪、移植如果仅仅限于名词，不仅无益，反而容易搞乱思想；应切实地深入其中，弄清弄懂，这才是科学的态度。

3. 实践性

现代管理理论大多具有很强的实践性，借鉴、移植、导入到现代图书馆管理中，是为了切实提高图书馆的管理水平。因此，除了要注意相关理论、体系的学习外，更要加强对其方法、手段的关注，使之具有可操作性。只有这样，现代管理理论在图书馆管理实践中才有生命力。

第三节　图书馆管理的职能

图书馆管理是通过决策、计划、组织、领导、控制和协调等环节相互作用实现的。各环节之间不是相互独立的，而是相互联系、相互制约，共同作用于管理运动的全过程中，形成图书馆管理的特定职能。

一、决策职能

任何图书馆系统及其所属子系统在管理过程中都离不开正确的决策。图书馆系统的决策主要包括以下几个方面：①在发展方针、政策和战略方面的决策；②在各项业务工作方面的决策，包括采集文献品种与复本数量的选择，分类法的选择，馆藏划分方案的选择，排架方式的选择，开架与闭架方式的选择，借阅数量与借阅时间的确定等；③在人事方面的决策，包括人员智力、职称结构的确定，人员更新与培训的方式，奖惩制度的制定等；④在财务、设备方面的决策，包括经费的预算及分配，设备的选择及维修等。正确的决策来源于正确的判断，正确的判断来源于周密细致的调查研究。深入调查研究是决策过程中避免失误和减少错误的重要一环。

二、计划职能

计划在管理过程中十分重要。计划是图书馆各项活动的指针，指导图书馆确定目标、决定政策、选择方案的整个过程。图书馆系统的各方面决策都要通过计划去实现。图书馆计划包括两个基本方面：一是国家图书馆事业发展计划；二是个体图书馆的发展计划。

国家图书馆事业发展计划包括以下几方面内容：①图书馆事业总体规划，规定图书馆发展的总量与速度，确定重点与比例，平衡各类型图书馆的建设和布局；②图书馆网的发展计划，规定图书馆网的组织形式及其结构；③专业人员的培养计划，包括正规的学校教育和职业技术教育、函授教育、在职教育等多层次教育形式；④科学研究与协调发展计划，包括基础理论研究、重要科研项目、技术设备和服务手段，以及引进技术与大型协作计划等。

个体图书馆的发展计划包括以下内容：长期计划与短期计划，全馆计划与各业务部门的计划，本馆的整体发展规划与各局部的发展计划等。计划由定额、指标、平衡表三部分组成。各项定额是发展计划的基础，计划的内容和任务则体现在指标上，计划就是综合平衡，平衡表是基本的手段和工具。国家图书馆事业发展计划是各分项计划的集合，一个图书馆的总体计划是本馆内各业务部门计划的集合。制订各项计划时，应明确该项计划的主要任务及其在总体规划中的地位和作用，认真选取衡量该项计划发展水平的主要指标，确定发展规模和发展速度，突出发展重点，规定适当比例，注意各项计划之间的协调。还应当指出，在编制图书馆计划时，必须通过统计工作收集可靠的数据指标，并根据各项相关指标谋求最佳的发展方案。

三、组织职能

组织是指对活动所需的资源加以组合，建立组织的活动与职权之间的关系的过程。组织是发挥管理职能、实现管理目标、完成计划的保证。组织工作既是一个分工的行为，又是一个组织各方进行协作的行为。组织工作还包括人事工作，也称为人员配备，即在组织的工作过程中设置的工作岗位需要配备合适的职工人选。在图书馆管理系统中必须要有健全的组织机构，明确各个工作岗位的职责，确立各级人员之间的相互关系，做到职责分明，权责结合。只有这样，才能实现管理过程中的各项决策和各项计划。

四、领导职能

领导工作影响人们为实现组织计划的目标而努力，包括激励制度、领导的方式方法、沟通等方面问题。图书馆要建立合理的领导层群体结构，需要注意选拔主导型人才，重视领导者群体的智力结构，加强领导者之间的团结协作。图书馆的领导者在管理中应当注意正确运用合法权利、奖励权力和强制权力，注意学习和掌握图书馆专业知识和管理知识，不断完善本人在各方面的素质，不断增强自己的专家权力和个人影响力。领导在管理中还要重视自身对授权艺术、决策艺术、会议艺术、用人艺术和奖励艺术等领导艺术的学习与实践。

五、控制职能

控制是按既定的工作计划、标准去衡量各项工作成果，并纠正偏差，使工作按计划的方向进行。控制不仅是对现有的工作成果进行评定，更重要的是认识和判断工作发展的趋势，并为改进工作提供信息反馈。可以说，没有良好的信息反馈，图书馆就无法对自己的各项工作进行有效控制。这是因为控制的功能是通过输入、中间转换、输出和反馈四个环节实现的。输入包括物流的输入（人、资金、设备、物资、文献等）和信息流的输入（各种决策、计划、规章制度等）。中间转换包括物流、信息流在图书馆各层次系统中的实际运动过程。输出包括品种数量、成本等各种指标。反馈即将输出信息回收到输入端，与原给定物流、信息流进行比较，发现差异，查明原因，予以消除，这样就达到了控制的目的。反馈是控制中最为重要的一环，反馈的信息有真假之分，必须对反馈的信息进行去伪存真的分析，以便对图书馆系统的各个工作环节进行有效控制，保证图书馆均衡地完成工作计划，取得最佳的服务效果。

六、协调职能

协调是管理过程中不可缺少的环节，它可以使图书馆事业的建设或一个图书馆的各项工作趋向和谐，避免矛盾和脱节现象发生。图书馆的协调，从微观角度来看，指的是图书馆内部纵向和横向的协调。纵向协调，就是要保持图书馆各层次和子系统的上下平衡；横向协调，就是要保持图书馆系统各层次彼此之间的协作，以避免各个工作环节和各个部门之间发生脱节或失调现象。图书馆的协调，从宏观角度来看，是指与图书馆外部的协调。这种馆际之间的协调，也分为纵向层次和横向层次。纵向层次的协调是指本系统图书馆从上至下的协调，横向层次的协调是指本图书馆系统方针、任务与其他图书馆系统的协调。例如，高校图书馆，除了在高校范围内开展协调活动外，还要积极参与到当地地方公共图书馆系统中进行协调，而省级图书馆虽然居于公共图书馆系统中，除了要与整个公共图书馆系统协调外，还要同高等学校图书馆系统、科学图书馆系统及其他图书馆系统进行横向协调，使各个图书馆系统紧密联系，均衡发展，从而充分发挥各种类型图书馆的功能，为广大用户服务。

第四节 图书馆管理的方法

当今时代,图书馆管理所使用的方法有许多,常用的有行政方法、经济方法、法律方法、思想教育方法、统计方法和咨询顾问管理方法等。

一、行政方法

行政方法,主要是指依靠行政机构和行政领导者的权力,通过下达强制性的行政命令,直接对管理对象和内容发生作用。其表现形式主要为通过由行政系统下达各种行政命令、指令性计划和规章制度来进行管理。目前国内大多数图书馆都沿用这种方法来进行图书馆的日常管理。

行政方法适用于各类型的行政机构、政府机关和大中小学校。与其他管理方法相比,它具有以下特征:①命令的权威性。作为行政系统的核心,下达的各种行政指令具有相当高的权威性,并且发布信息的行政级别越高,其权威性也越高,下级接受信息的比率也就越高。②执行的强制性。与司法机构颁布的法律强制性不同,行政命令通过权力机构发布,仅对其管理范围内的对象具有强制性而非普遍适用。它可以采用多种灵活形式,通过思想上、行政上和组织上的方法体现其强制性。③系统的相对稳定性。行政方法依靠行政系统相对严密的组织机构而存在,只要行政系统能够保持自身结构的稳定,行政管理就能够发挥作用,同时具有抵抗外界干扰的作用。④内容的具体性。各种行政命令、指令和制度都有相当具体的内容,是针对特定的管理对象下达的特定命令,能够让管理对象了解具体的行动方向。⑤时间的有效性。行政命令只在特定时间内对特定管理对象有效,一旦逾期,该行政命令随之失效。⑥内容的保密性。根据行政系统性质的不同和具体行政指令的需要,行政命令会分出不同的机密等级,并且只能够在机密等级要求的范围内传达和发挥作用。⑦传递的垂直性。行政方法适应行政系统的等级体系,行政命令采用由高级向低级逐级传递的方式。

行政方法实际上是一种行政系统的集中统一管理模式,发挥各级系统的管理职能,根据系统目标,采用和实施各种必要管理手段。它具有针对性强、灵活性高、强制实施的优点,适宜及时处理新情况和新问题。

但是,行政方法在根本上是"人治"的方法,存在着不可避免的局限性。主要表现为行政命令是由行政领导制定的,命令的及时性和准确性也会受领导的水平、领导的权威性等因素的影响。行政命令的传达和执行要由系统人员逐级实现,传达效率和执行质量都会受到人为因素影响。另外,由于传统行政体系权力过分集中,制约了子系统积极性的发挥,同时还因为组织臃肿,导致横向沟通、协调困难,信息传递迟缓、失真严重等情况发生。

二、经济方法

经济方法，是指依靠经济组织，按照客观经济规律的要求，运用经济手段来进行管理。经济组织是指有独立经济利益的组织机构，而经济手段则是指把一个组织或个人的物质利益，与其工作相联系的方法。在宏观管理中，经济方法主要运用价格杠杆、税收调节和信贷作用，合理优化整个社会资源的分配情况，并根据社会发展需要，调整社会各组织间的利益分配比例。在微观管理中，经济方法的运用多表现为根据组织内部的需要，调整组织各系统之间和个人之间的物质利益分配方式，如工资、奖金和福利等。

在市场经济条件下，经济方法几乎适合各种组织类型。它具有以下特点：①客观性。采用经济方法的前提是遵循客观经济规律的要求，因此，在制定和实施经济方法的过程中必须符合客观经济规律。②一致性。组织或个人的利益与整个系统的根本利益相一致，利益分配原则也必须与工作完成的质量和数量相一致。③利益性。经济方法符合物质利益原则，整体和个体有相同的利益，必须把个人的工作成果与其物质利益联系起来，这是经济方法得以成功实施的关键。④制约性。经济方法通过对利益的分配，对组织和个人的行为产生影响，在激发积极性的同时实现其制约性。⑤多样性。不同部门、地区、时间、工作环境所采取的经济方法是不一样的，可分配的利益和分配原则也是不一样的。⑥技术性。根据经济规律的特点，可采用各种衡量方法和分配原则。⑦公开性。公开指标和结果，是经济方法有效运用的保障。

将管理方法建立在利益原则基础上，被管理对象会直接考虑自身利益，因而对信息的接受率较高，也便于充分调动组织中各级子系统和个人的积极性、主动性和创造性。而且由于经济方法具有统一的衡量标准，使管理过程公开化、合理化，也可以使各级部门得到更多的自主权，防止权力过分集中。但是，经济方法也有其局限性，主要表现在道德意识上的副作用，过分追求利益的最大化会导致道德意识的沦丧。因此，在图书馆管理中必须制定一套严密的经济立法与之相配合，否则易造成混乱。

三、法律方法

法律方法，是指国家依靠国家机器的强制力，通过制定、颁布和实施法律来管理整个社会的方法。虽然国家机器的强制力是保障法律方法的最根本保障，但是要真正发挥法律的作用则需要具备各种社会条件。一方面，需要有健全的法律机构和体系，如立法、司法、执法和法律监督机构，才能够树立法律的权威性，保障立法的适当性、执法的公平性和严格性；另一方面，全社会的舆论道德水平和法律意识也是成功运用法律方法的社会基础。法律方法的作用在于保证社会和组织中人、财、物的合法沟通，并把沟通方式用法律文件的形式加以规定，明确权利和义务的关系，使整个管理系统具有稳定性，以利于管理系统的发展。随着社会的不断变化和管理系统的不断发展，法律规范必然要符合客观事物的发展要求。只有这样，才能提高管理效率，使系统的功能得以增长；如果不能正确、及时调节各种管理因素之间的关系，则会对管理系统的发展起到阻碍作用。

法律方法适用于社会管理的各个方面，尤其是对共性问题的处理，但由于"法治"所具有的特殊性，它并不适用于意识形态领域和某些特殊问题的处理，这也是"法治"无法代替其他管理方法的根本原因。法律方法具有以下特点：①利益性。法律的制定依托于不同社会群体的共同利益。②概括性。法律制约对象是抽象、一般的，而非具体、特殊的，在同样的情况下可以反复适用。③规范性。运用法律这种社会规范来进行管理，规定人们应当或不应当做什么，以引导人们的行为。④强制性。对社会全体成员具有普遍的约束力，是依靠强大的国家机器来实现的。⑤稳定性。整个法律体系和具体法律文件在一定时期内相对稳定，在同样的情况下可反复适用。⑥可预测性。法律以符号信息表达内容，人们可以根据具体内容预见自己或他人行为的后果。

法律是整个社会和国家管理的依据，是国家权力的集中体现，通过明确权利与义务之间的关系，确定所有成员的行为规范，用于处理社会生活中共性和一般性的问题，实现其管理和自动调节的功能。但法律方法也有一个明显的缺点，即缺少灵活性，并且从法律的最初制定到最终执行需要相当长的周期，因此，法律方法不便于及时处理特殊问题和管理中出现的新问题。法律强制性的这个特点也不利于系统积极性、主动性和创造性的发挥。

四、思想教育方法

思想教育方法，是通过对人进行劝导、说服等方式来改变人的态度、观念，进而改变人的行为的一种管理方法。采用这种管理方法的依据有两个：第一，人的态度、观念和行为是在学习、生活等实践经验中获得的，也可以通过学习、生活等方式来改变。正确的态度、观念会产生正确的行为，错误的态度、观念会导致错误的行为。人都有认识和判断能力，利用这种能力可以获得真理，树立正确的态度和观念。因此，要使人的行为朝着正确的方向发展，可以通过向人们传达真理，引导人们树立正确的思想观念的行为方式来实现。第二，人的动机是可以被激发的。人的行为发生过程是，当个体缺少了某种东西就会产生一种生理或心理上的紧张感，这种紧张感会成为一种内在动力，成为人的行为动机，促使个体采取行动去满足需求，以消除紧张，达到生理或心理上的平衡。但不是所有的需求都会上升为动机，也不是所有的动机都会导致行为的必然发生，只有在需求足够强烈、动机足够大时行为才会发生。因此，要想影响人的行为，必须激发人的动机。思想教育方法就是一种激发人的动机的方法，它通过引导人们树立高尚的情操、远大的理想，激发人积极向上的动机，做出正确的行为。

思想教育方法具有以下特点：①启发性。思想工作的开展着重于对人思想的启发，不能以强硬的方式让别人接受观点；否则，就起不到良好的效果，甚至与初衷背道而驰。

②利益性。在做思想工作的时候要着重宣传系统的共同利益，要把系统的利益与个人的利益结合起来，这样才能激发人的动机。③灵活性。思想教育工作可因人而异，面对不同的对象、不同的问题，采取不同的措施。④长期性。改变人的思想观念是一项长期的工作，需要在日常的工作中不断坚持。思想教育方法是一种非强制性的方法，在对人的管理中，通过思想教育工作引导人们树立正确的思想观念，可以促使人在工作中发挥自觉能动性，对系统目标的实现产生强大的推动作用。但是，思想教育方法也有其不稳定性，如果没有其他的管理方法相配合，思想教育的成果难以保障。

五、统计方法

统计方法，是通过对社会现象进行调查，进而认识社会现象，以便更好地开展工作的一种管理方法。对客观事物的管理依赖于对客观事物的认识，统计方法是认识客观事物的一种有力工具。

统计方法具有以下特点：①数量性。统计方法主要是对社会现象数量特征方面的认识，包括数量的多少、现象之间的数量关系以及质量互变的数量界限。②总体性。统计方法的认识对象是社会现象总体的数量特征，而不是单个研究对象的数量特征。例如，图书馆对读者的统计工作不是只研究单个的人，而是要研究图书馆全体读者的数量构成，如不同年龄阶段的人各占多少，不同学历的人各占多少等。③具体性。统计方法的认识对象还包括具体事物的数量特征，并不是抽象的量，这种数量的表示必须是具体事物在一定时间、地点的反映。④社会性。社会现象必然有人的参与，统计方法也不可避免地要受到人为因素的影响。统计方法是认识社会的有力工具，利用统计方法可以加强对社会现象的认识，为问题的解决提供科学依据。但是统计方法的应用，尤其是对数据的后期加工处理，会碰到很多数学上的问题，掌握起来较为困难，难以推广使用。

六、咨询顾问管理方法

咨询顾问管理方法，是指由管理者提出问题，由相关的专业咨询人员给予解答或为问题的解决提供建议的一种管理方法。这种方法一般只是作为一种辅助的管理方法，为政策的制定提供背景信息，为发展提供预测和评价，为社会各行业的工作提供专业指导。

咨询顾问管理方法具有以下特点：①专业性。咨询人员一般都有某种专业背景，所提供的信息或建议往往带有很强的科学性。②广泛性。咨询顾问管理方法的适用范围广泛，几乎所有的领域都适用。③针对性。咨询顾问工作往往是根据管理者所面对的具体问题而进行的，工作内容要围绕问题的解决来开展，根据问题搜集信息，提供咨询服务。

采取咨询顾问的方法进行管理，可以为管理者提供科学的建议，减少对问题的盲目性，提高解决问题的能力。但是，咨询顾问管理方法缺乏统一性，如果没有行政、法律的方法提供保障，则可能造成各子系统各行其是，因此，它还只是一种辅助的方法。

第三章　高校图书馆管理创新的必要性

第一节　高校图书馆管理现状分析

一、高校图书馆管理的基本现状

高校图书馆作为高校重要组成部分，作为高校师生文献信息资源的重要来源，从现有的文献拥有数量、收藏质量、文献载体类型多样性等方面在国内所有图书馆中都走在了前列，甚至有的高校图书馆走在国内所有图书馆的前列。一是高校图书馆管理工作的思想现状。高校图书馆在管理工作思想上，已经实现了传统条件下的封闭、半封闭向完全开放的转变、实现了从"重藏轻用"向"藏用并举"的转变。二是高校图书馆馆藏资源现状方面。当前高校图书馆在馆藏资源由传统条件下实体馆藏向现状的虚拟馆藏与实体馆藏并存转变。三是高校图书馆工作的对象现状。当前高校图书馆工作对象已经实现了由传统条件下的单一媒体向多媒体的转变。以往高校图书馆工作对象主要是纸质为主要媒介，而现在的高校图书馆工作对象则实现了多媒体、超媒体工作的转变。从磁盘、光盘到互联网络，从只读、可写到交互多媒体，集存储丰富而系统、查验便捷而准确于一身的电子文献被图书馆普遍采用。四是高校图书馆信息服务的深度方面。高校图书馆在信息时代之前的主要职能突出的表现为对整理文献资料；伴随着互联网技术的发展和信息技术的发展，读者的需求呈现出多样化，对文献资料等信息资源的需求从宽度和深度上都发生了质的变化。高校图书馆提供的更深层次的信息服务，是根据通过信息分析和重组形成符合用户需求的知识，"以用户为中心"的思想已经得到大多数图书馆的认同。

二、信息安全管理现状

现代化信息技术推动下，高校图书馆在方方面面都发生了深刻的变革；信息技术在推动高校图书馆又好又快发展的同时，其安全问题也逐步引起各个高校图书馆的高度重视，尤其是在建立数字图书馆过程中必须要全面考虑到信息安全问题。近几年，国家层面对图书馆信息安全管理方面出台过系列的制度和措施，以确保图书馆在信息技术条件下的信息安全管理。如在2006年国家出台了《图书馆计算机使用管理制度》、2007年制定了《中心机房安全管理规定》和《图书馆突发事件应急预案》，在2008年制定出台了《图书馆信息系统安全保护规定》等。从国家层面出台的这些制度从总体上为高校图书馆实施信息安全管理提供了方向性指导和制度性保障，尤其是这些规章制度比较全面的规定了对图书馆在信息安全物理性方面的要求、专业技术人员要求、用户访问控制、信息应急处理与响应和职责设定等内容。出台的这些规章制度在很大程度上保障高校图书馆的信息安全管理，极大地改善了图书馆信息安全运行的宏观环境，有效地预防了图书馆信息安全事故的发生。

尽管如此，高校图书馆信息安全管理工作仍不容忽视。当前高校图书馆在信息安全管理过程中，从整体上都能够予以高度重视，根据高校要求和自身发展需求制定了比较完善的制度保障措施和应急处置机制，信息安全管理工作已经上升到高校图书馆管理的重要议事日程。然而，近几年我国高校图书馆遭受信息安全风险的事例依旧屡见不鲜，出现的这些活生生的案例也为高校图书馆进一步加强信息安全管理工作敲响了警钟。例如，在2006年8月，某高校图书馆信息管理系统遭到ARP病毒攻击，此次攻击事故使该校图书馆多个业务系统遭受致命瘫痪，流通环节、期刊浏览、采编业务无法正常运转、用户无法办理借阅业务、信息服务器遭受影响，该校图书馆所有数字资源基本处于停顿状态。

2008年12月，国内又一高校图书馆遭受信息安全风险，该馆网站主页遭受黑客恶意攻击，网站主页程序和后台数据遭受恶意篡改；2009年4月，国内一高校由于停电原因导致该校图书馆UPS在电量耗尽后多台服务器系统宕机，处理之后仍无法恢复正常工作，对该馆业务办理和信息安全系统的稳定运行带来极大的负面影响。

信息技术条件下，国内高校图书馆在信息安全管理过程中，都能够高度认识到信息安全管理的重要性，能够从自身信息安全现状加强规章制度建设和各项应急处理机制建设。但是近几年一些高校图书馆信息安全管理出现的意外事例也给各个高校图书馆敲响了警钟：信息安全管理工作必须高度重视、时刻警惕，其深刻的教训应当引起我们的反思，在日常信息安全管理中必须常抓不懈。

第二节 高校图书馆管理现存的主要问题

一、文献信息资源管理方面存在的主要问题

信息技术时代条件下，先进的信息技术和信息手段在推动高校图书馆管理发展、更加便捷的服务广大用户的同时，也为高校图书馆管理过程中以光、电、磁等介质的文献信息媒体在选择和标引上带来一定的困难。

在文献信息资源引入和购买方面，一些高校图书馆受投入资金和管理经费紧张等影响，

一些高校文献资料更新换代过于缓慢，尤其是在高校合校和扩招的新形势下，一些高校图书馆馆藏的文献信息资料与扩招和合校后的总体规模不相一致，许多高校扩招后没有按比例呈指数地增加图书经费，生均图书占有率下降。我国成功加入世界贸易组织以来，按照世贸协议，我国在引入和购买国外文献资料等一些知识产权中需严格执行国际知识产权保护法规。因此讲，高校图书馆在购买国外文献资料或外刊资料过程中成本大大增加，更是加剧了一些高校图书馆经费投入相对不足的态势。

高校图书馆在文献资料管理方面存在的又一问题突出的表现在文献资料更新换代较慢，一些资料已经陈旧过时。对于高校来讲，在一些专业设置和学科设置方面需要一些较为前沿、相对比较新颖的资料，尤其是一些信息类学科、生命科学类学科、技术类学科等对文献资料的新颖性要求更高。而一些高校图书馆在该领域内的文献收藏要么大量过时，要么陈旧，要么是复本极大。由于一些新兴学科、技术学科的发展日新月异，知识衰老周期大大缩短，相应的图书资料很快失去参考价值。

在高校合校和扩招后，高校在专业设置和学科门类方面迅速增加，合校之前一些高校文献资料建设比较薄弱的，在很短时间内赶上合校和扩招新要比较困难。尤其在合校后，形成了多家校区办学的格局，不仅造成了文献资源分散，难以提高整体利用效率，而且也为不同校区之间的分享使用带来困难。很多院校图书馆馆藏没有形成特色，不利于优势学科专业的培育和发展。

二、管理体制、管理机制方面存在的主要问题

当前高校图书馆在管理体制和管理机制方面存在的最主要的问题突出的表现为机构设置不科学、运作方式过于僵化、服务效率不高等方面。传统条件下，一般高校图书馆根据自身业务需要和工作内容，在业务结构设立方面建立采访、编目、流通、阅览和咨询等机构。当前信息化时代条件下，有的高校图书馆在机构设置上依然局限于以前的思维模式，不能从信息技术条件和网络化、数字化建设要求出发科学、针对的设立业务部门，以前印刷性载体文献的工作流程，显然已不适用于现代数字化信息资源的处理和利用。

三、用户服务方面存在的主要问题

尽管高校图书馆在日常管理过程中始终能够做到坚持以用户为中心，为用户提供高质量的优质文献资源和信息资源服务，但是在一定条件下，仍然有一些高校图书馆仍然沿用"重藏轻用"的服务思想，"一切为读者""以读者为中心"的思想在实践过程者中打了折扣，坐等读者上门，被动服务的现象时有发生。伴随着高等教育的深入改革发展和信息技术的日益普及，高校读者对图书馆所提供的服务质量也提出了更高的要求。读者水平在不断提高的同时，其需求也日益呈现多元化趋势，尤其是在用户需求出现新变化的条件下，高校图书馆创新服务管理已经刻不容缓。

四、专业技术人员管理方面存在的主要问题

从当前高校图书馆专业技术人员管理情况来看，存在问题的主要表现在于专业队伍整体素质有待于进一步提高，引进高技能、综合性的图书馆专业人才已经刻不容缓。21世纪的高校图书馆应该是馆藏多媒体化、管理手段计算机化、服务信息化和信息资源共享网络化的新型图书馆。按照新时期高校图书馆建设的这一要求，要想实现高校图书馆建设的现代化，必须要加快培养和引进一批专业技能高、业务素质硬的综合专业人才。当前高校图书馆馆员的知识结构依然较为单一，人员素质有待提高。近年来，尽管一些高校在引进和培养专门人才方面有了一些改进，许多图书馆除了图书情报专业人员外，还配备了外语、计算机及其他专业学科的人员。但是从整体上看，馆员队伍的整体素质仍然远远未能跟上时代发展的步伐。因此讲，高校图书馆必须要高度重视人力资源管理创新工作，不断通过提升专业人员专业素质提升高校图书馆的现代化建设进程。

五、管理手段方面存在的主要问题

随着社会的发展，传统的图书馆工作内容、服务方式都发生了变化，周围的社会环境也发生了很大变化，读者的需求深度不断增加，因此高校图书馆在管理手段方面必须要牢固树立起较强信息意识、信息技能意识，发挥多学科知识的复合型知识结构人才在图书馆管理中的作用。随着大量新技术、设备的应用，图书馆服务的手段必须要不断丰富，在管理实践中掌握较强的现代服务技术和手段，掌握读者不断变化的信息、需求，不断转变服务观念，运用现代化的管理手段为读者提供更优质的服务。

六、信息安全管理方面存在的主要问题

信息技术条件下，高校图书馆对信息安全管理工作从整体都能够做到高度重视，并采取切实有力的措施予以保障。然而，当前高校图书馆在信息安全管理过程中依然存在诸多不容忽视的问题，具体体现在：一是一些高校图书馆馆员信息安全管理意识不强。有的高校图书馆馆员认为自己的工作岗位不属于信息安全管理工作岗位，自身工作不涉及信息安全管理内容，信息安全管理是整个图书馆的事情、是全体馆员的共同责任；即使图书馆信息安全管理出现了问题，也有专门的网络技术部人员具体负责。二是一些高校图书馆信息安全管理方面的制度建设急需加强。尽管近年来国内高校都在制定信息安全管理方面的各项规章制度，其建章立制工作也取得了重要成绩，但是从整体看，信息安全管理机制依然存在诸多问题。比如，一些制度机制建设比较落后，没有与时俱进的根据高校图书馆信息安全管理实际需要予以及时更新；信息安全管理条块分割的现象还突出的存在。纵观一些高校图书馆信息安全事例不难发现，这些遭受攻击的网站并非是黑客的技术有多么高明、

手段有多么高超，主要的原因还是处在高校图书馆自身方面。高校图书馆信息安全管理中条块分割、相互隔离的现象为黑客攻击提供了可乘之机。三是高校图书馆还比较缺乏信息安全管理方面的人才。从当前一个时期来看，高校图书馆无论从管理层角度，还是从普通馆员角度都有一个共识，那就是高校图书馆信息安全管理对专门的安全技术人员非常认可。然而现实是，高校图书馆专门信息安全人才依然比较匮乏，平时高校图书馆忙于事务性工作，也欠缺对馆员进行信息安全方面的培训和培养。四是缺乏综合性的安全解决方案。在实践过程中，高校图书馆为了保证信息安全运行，使用了大量的硬件防火墙、入侵监测系统和杀毒软件。从长远讲，这些措施还不能远远不能解决问题，高校图书馆在信息安全管理方面依然缺乏综合性的解决方案，虽然也有各种信息安全管理规章制度和某些解决方案，没有一个系统来组织这些规章制度和解决方案。

七、人力资源管理方面存在的主要问题

高校图书馆作为高等院校的文献信息服务中心，必须开发人力资源，增强实力，才能更好地利用所拥有的技术和信息为广大师生服务。人力资源的重要性在于，它是首要的能动性生产要素，其他一切物质资源均被动地由人力使用与推动；没有人力资源，所有的新技术在图书馆都无法得到应用；"在图书馆管理对象中的各个不同因素和管理过程中的各个不同环节，都需要人去掌握和推动。"然而，图书馆现实的人力资源状况并非乐观。从需求方面来看，信息技术的发展使图书馆工作发生了重大变化，图书馆的社会职能、服务方式也不同以往，传统的工作方式与手段已无法满足需要，老的工作岗位对馆员提出了新要求，伴随图书馆工作范围的扩展而产生的新岗位更需要高素质的人才；从供给方面看，由于图书馆待遇相对较低，社会地位不高，缺乏吸引高素质人才的条件，并且图书馆内现有人才又大量流失。存在问题具体体现在以下几个方面：

1. 人力资源管理观念不强

从整体来看，图书馆界还缺少人力资源开发与管理的新理念，管理工作还基本停留在传统的人事管理上，表现在对人力资源管理理论缺乏了解，认为图书馆的发展就是靠投入，资金短缺是图书馆发展的瓶颈。持这种观点的人没有意识到真正的危机和瓶颈是缺乏一支高素质的图书馆员队伍。对通过创造良好的工作与生活环境来吸引人才、稳定人才的重要性，还未形成共识。

2. 人力资源管理制度不规范

各高校图书馆都缺乏有效的长期规划及对机制与手段方面的研究。在培训和收入分配方面主要还是遵从上级文件，而不顾实际需要，随意性大，岗位设置和人员结构不合理，不能体现能级对应的原则，造成一定程度的人力资源浪费。收入与员工实际工作业绩挂钩的激励机制还没有真正发挥作用，分配中的平均主义思想依然占主导。缺乏规范化的人力资源培养、稳定、吸引和业绩考核等方面的制度，激励与约束作用还没有在管理中完全发

挥作用，致使图书馆人力资源流失严重。

3. 缺乏高层次人才使用环境和发展空间

高层次的创造性人才是决定图书馆服务水平的关键，然而当前我国高校图书馆高层次人才匮乏现象十分严重，其原因虽是多方面的，但图书馆内部缺乏高层次人才的发展空间和使用环境是一个主要因素。由于我国图书馆多以传统作业流程设置部门，这种线性组织结构对外与社会需求严重脱节，对内只突出行政上的领导与被领导关系，而没有形成业务上的指导与被指导关系，高层次专业馆员疏于对业务工作进行指导和研讨，在这种环境下，高层次专业人员难有用武之地，局限了他们的发展空间。

八、高校图书馆管理的影响因素

高校图书馆处于社会发展的大系统之中，是高等教育实施系统中微观层面的一级组织，随着校园网络的迅速发展，教师学生在信息激增环境下出现了强烈的信息需求。这使高校图书馆面对三个挑战：一是服务对象的周期性强。高校图书馆的主体读者群是本校的教师和学生，两者科研与学习均有阶段性，其综合素质螺旋式上升。二是教育资源的时效强。因为读者群的特殊性和科学研究的前沿性，高校图书馆提供的服务产品要能跟踪更新并覆盖高等院校相应专业的研究领域。三是知识服务的专业性强。以参考咨询等信息服务为主，信息资源真正实现世界范围内的知识共享。分析影响高校图书馆管理的主、客观因素有助于组织进行管理决策。

1. 影响高校图书馆管理的主观因素

高校图书馆是由馆员为实现组织目标按照一定的结构建立起来的人群系统。馆员是高校图书馆管理的主体；馆员素质是图书馆组织发展的内在条件。目前，高校图书馆馆员具备如下的特点：一是层次性。少数图书馆馆员拥有丰富业务经验、较强信息组织能力、信息技术应用能力，能够开发各种层次的信息产品，开展不同项目的特色服务。二是孤立性。高校图书馆按照业务内容划分服务岗位，各种业务之间缺少沟通，馆员与馆员之间，馆员与知识之间相对孤立。三是敬业精神。每个图书馆员都会做好本职工作，爱岗敬业，服从指挥，易于管理控制。馆员素质不均衡、专业学习不持续、知识挖掘不系统是馆员职业培养过程中存在问题的集中表现，这将影响图书馆整体发展。馆员的素质直接关系到工作效率、业务水平和管理效应等重大问题，它是办好高校图书馆的必要条件。馆员群体素质结构是由年龄结构、专业结构、职称结构、智力结构、性格结构和性别结构等亚结构组成的。不合理的素质结构是组织发展的障碍。另外，馆员的选拔、使用、考核和终身学习是提升个人价值和组织绩效的条件，只有充分发挥各类人员的优势，调动他们的积极性和创造性，高校图书馆才能富有成效地开展各项工作。

2. 影响高校图书馆管理的客观因素

一是环境。图书馆的环境包括建筑环境、功能环境和社会环境。其中，社会环境是影响图书馆管理的主要方面。图书馆的社会环境根据影响力和相关性的大小分为"大环境"和"小环境"。大环境包括当前政治、经济、社会、教育、科技发展文化水平等因素；小环境是图书馆系统内部的组织关系和人际关系。知识经济时代，图书馆与其他信息服务机构并存，面对教育扩大化、网络知识服务的膨胀、知识资源的繁乱的服务环境，必须采取措施利用组织优势、抓住发展机会、增强核心竞争力。二是技术。技术支持是构建高校图书馆管理系统的必备条件。不完善或不完整的技术体系会使组织管理减效。信息技术对于组织管理的主要影响有：从根本上改变工作流程、在组织内部和组织之间所有层次上整合业务职能、使很多部门的竞争态势发生变化、改变信息传递和决策的速度。

第三节 高校图书馆管理创新适应高等教育改革

自20世纪末以来，我国加快了高等教育体制改革力度，出台了一系列推动高等教育发展的新政策、新措施，从此我国高等教育事业迈入了全新的历史时期，迎来了大繁荣、大发展的新纪元。从20世纪末到现在，我国高等教育所呈现出来的一个根本特点在于，高校院校无论在办学体制、办学规模，还是办学质量、办学水平、办学效益方面都发生了翻天覆地的变化，高等院校在推动社会主义现代化进程、服务经济社会发展方面发挥的作用日益显著。从当前较长一个历史时期来看，我国高等教育发展呈现两方面的新特征：一是在党和国家对高等教育支持力度逐步加强的背景下，高等教育的改革进一步向纵深发展；另一方面，高等教育的发展也面临着前所未有的新形势、新挑战，机遇与挑战并存，风险与希望同在。

基于以上现实，高校图书馆作为高校重要组成部门，在服务高校教学科学等各项工作中都发挥着不可替代的重要作用，必须要适应当前高等教育改革发展新要求不断加快管理创新步伐，以更好地推动高等教育的发展，推动经济社会的发展。

一、适应高校合并新形势的现实需要

自新中国成立以来，我国经历了两次大规模的高等院校调整。第一次高等院校调整出现在20世纪50年代。此次高等教育调整主要受苏联模式影响，在当时特殊的高度集中的计划经济体制下实施开展的。此次高等院校调整尽管在一定程度上实现了预期的目的，但是整个过程和指导思想都没有脱离苏联模式，没有对我国高等院校的实际规律予以充分调研，结果在调整之后出现了高等教育管理体制上的"条块"分割现象。第二次我国高等院校调整发生在20世纪90年代，是党和国家为了更好地推动高等教育发展、发挥高等院校在经济社会发展中的独特作用，在充分调研和认真研究的基础上，以毛泽东思想和邓小平理论为根本指导，按照"共建、合作、合并、划转、协作"的具体原则予以开展的；其实

质和核心突出以合并、划转,将有关高等院校实行"聚合"。"全国300多所普通高校合并调整为200多所,中央部门所属的300多所高校交由省、市地方政府管理或共建。通过调整、合并、重组的院校,在规模上得到了空前的扩大,办学资源得以优化配置,办学实力明显增强,大学的综合性特色日益显现。面对第二次高校合并出现的新形势,为高校图书馆管理带来了现实挑战:合校之后,不同高校在学科设置、专业设置、人才培养模式、具体管理体制、人力资源管理等诸多方面都存在一定差异性。高校图书馆作为高校重要组成部门,肩负着以高质量、高水平的姿态服务全校教学科研的重担。面临合校后的新形势,高校图书馆必须调整管理结构、创新管理途径,按照合校后的新要求不断创新形成适合高校发展的新型管理模式,以更好地发挥自身作用。从这个层面讲,高校图书馆管理创新是从高等院校合校的新要求出发,是为了更好地适应高校合并新形势的现实需要。

二、适应高校扩招新形势的现实需要

我国高等院校发展进入到快速发展阶段是以1992年为起点的。自1992以来,我国高等教育发展异常迅速,其发展步伐基本上与国民经济的增长速度同步,甚至在其中少数年份超过了国民经济的增长速度,达到20%以上。"1999年上半年,国家做出了进一步扩大高校招生规模的决定,当年全国普通高校实际招生规模达到182万人,比原计划扩招40%;2000年招生220.6万人,比1999年扩招21.2%;2001招生250万人,比2000年扩招13.3%;2002年招生320万人,比2001年又扩招20%;至2002年,我国高等教育的毛入学率已经达到14%。"在2005年,我国高校在校生人数为1600万人;在2010年,全国高校在校生人数达到了25(8)万人,此时,全国高校毛入学率已经达到了23%。按照我国"十五"计划在教育事业发展方面的规划,到2020年,我国高等院校在校生人数将突破3500万人,毛入学率突破32%。

高校扩招从很大程度上彰显了我国对高等教育事业的高等重视,党和国家层面已经充分认识到发展高等教育在实现中华民族伟大复兴和社会主义现代化建设中的重要作用,同时,高校扩招为更多想接受高等教育的学生有了深造的机会。无论是从国际整体发展、提高民族整体素质、拉动经济的增长、促进社会的稳定,还是在增加国民教育机会、提高公民个人素养方面,高校扩招都具有十分重要的积极作用。但是,从另外一个层面讲,随着大规模的"扩招"所带来的负面影响也日渐显露出来,最大和最突出的问题就是办学条件已达到了全面饱和的地步,教学条件的改善和培养模式的改革还未能完全适应"扩招"的要求。高校图书馆自身发展需要有一个较长的历史过程,无论是在馆藏规模、文献资料数量、自身管理、专业人才引进、服务用户质量、信息系统安全等等诸多方面都难以在短时间内满足高校迅速扩招的形式,很多国内高校图书馆都不同程度地出现了人满为患的局面。在高校扩招的新形势下,高校图书馆既然在较短时间内难以跟上高校扩招步伐,要想提高自身在高校中服务教学科研和广大师生的重要使命、不断提升服务水平和服务质量,必须要加快管理创新，向管理要效率、向管理要质量、向管理要服务。

三、适应高校强校战略的现实需要

如果说高校实施扩招政策是为了将高校做大的话，那么实施强校战略的出发点和最终落脚点在于把高校做强。高校实施合校调整和扩招政策，其直接的影响就是高校在办学规模上迅速膨胀；而面临经济全球化新形势和实现社会主义现代化的新形势，则必然要求把高校做强，注重办学质量提升和人才质量提升。1998年5月，江泽民在庆祝北京大学建校100周年的讲话中明确提出，我国要有若干所具有世界先进水平的世界一流大学。创建世界一流大学成为当前我国教育界的一件大事，反映了我国经济和社会发展的客观要求。九五期间发起的"211"工程的目的，就是要把100所中国大学建设成为高水平的研究机构。"十五"期间，在创建清华、北大建设国际一流大学的同时，加上建设若干所国内外知名高水平大学，被简称为"985"工程。当前，我国第二期"211"也已全面启动，按照第二批建设目标，我国再从更高层面上支持和建设近百所高校。我国高等教育发展已经迈入了蓬勃发展、更加注重质量的新时期。很多高校在扩招、合校之后，逐步探索更加适合自身发展的办学体制和办学机制，不断提升办学水平和办学效益。

按照《普通高校图书馆规程》中对高校图书馆所作出的"高等学校图书馆的工作是学校教学和科学研究工作的重要组成部分，高等学校图书馆的建设和发展应与学校的建设和发展相适应，其水平是学校总体水平的重要标志"这一规定，高校图书馆在面临高校强校战略的现实背景下，必须加快管理创新，不断实现管理机制创新、管理手段创新、信息安全创新、用户服务创新、文献资料管理信息系统创新，以更好地适应高校实施的强校战略，为高校教学科研工作提供更高质量、更高水平的服务。从这个层面讲，高校图书馆管理创新是从高等院校实施强校政策的新要求出发，为了更好地推动高校实现强校战略而提供更高服务质量、更高服务水平的现实需要。

第四节 高校图书馆管理创新实现自身发展

一、适应外部环境的现实需要

1.适应外部经济环境的现实需要

经济全球化背景下，国际经济社会发展整体环境已经发生了深刻变化。以20世纪90年代国际经济贸易组织明确"以知识为基础的经济"到来为标志，知识经济已经成为当前经济社会的主流思想。所谓知识经济，"是指以知识和信息的生产、分配、传播和使用为基础，以智力资源为依托，以高科技产业和知识业务为支柱的新型经济。知识经济是建立在日益发达的信息产业之上的,是以知识为基础的经济。在知识经济时代,知识成为作重要的生产要素和最重要的经济增长源泉,由教育业、科研业、信息业一起构成的知识业成为主要产业。"高校作为重要的人才培养基地,在知识经济为主流的现代社会所发挥的地位和作用愈加显著;而高校图书馆作为高校重要的组成部分,承担着服务高校教学活动和科研活动的重担。从很大程度上讲,高校在经济社会中发挥职能的大小与图书馆密切相关。面对经济全球化大背景,在知识经济时代高校图书馆如何适应这一整体经济形势需要、如何通过实现信息技术服务的数字化和多元化、如何全面推动所服务的高校培养更高质量的人才,是必须要面临的一个重大课题。从这个角度讲,高校图书馆必须加快管理创新,以更好地适应知识经济,适应知识经济对高校图书馆提出的新要求和新挑战,否则高校图书馆必将落后于知识经济时代发展步伐,被知识经济所淘汰。

高校图书馆实施管理创新以更好地适应外部经济环境的需要,还是由近几年来高校图书馆经费紧张的现实所决定的。我国自加入世界贸易组织以来,按照国际通行的知识产权保护相关规定,我国在购买国外文献资源等知识产权的成本较以前大幅增加:"据ARL(美国研究图书馆协会)的统计表明,在1986年到1997年间,ARL图书馆的总开支增加了一半,但订购的期刊总数只增加了6%。据Blackwell期刊价格指数显示,在1990年到2000年期间,社会人文科学领域的学术期刊的涨幅高达185.9%,而科技和医学领域的学术期刊的涨幅则分别高达178.3%和184.3%。另一方面,作为学术期刊的主要消费者,图书馆则面临着资金缓慢增长甚至是削减的问题。据ARL(美国研究型图书馆协会)的最新数据统计,2003年美国研究型图书馆用于购买期刊的费用相对于1986年而言虽然增长了260%,但订阅的期刊总数只比1986年增加了14%。"自改革开放以来,我国经济呈现稳步增长的态势,国内生产总值以年均7%的速度快速增长,但是图书市场上,图书年均价格增长却达到30%。纵观国内生产年均增长速度与图书年均价格增长对比来看,图书馆绝对购买力是下降的。

高校图书馆管理创新适应外部经济环境需要,是由高校图书馆经费投入相对不足的现状决定的。尽管近年来高校每年向图书馆建设方面的经费呈现每年稳定递增的趋势,但是从全国高校整体水平来看,高校图书馆经费投入依然显得力不从心。按照国家教育部颁布的《普通高校图书馆规程》规定,高校应当拿出教育事业经费的5%用于高校图书馆文献资源购置;国内很多高校在图书馆文献资源经费投入方面很难确保达到这一比例。我国加入世界贸易组织之后,高校图书馆经费投入相对不足的情况下,更加加剧了高校图书馆经费紧张的态势。因为入世之后,按照国际通行的知识版权规定,我国在购置国外文献资源,尤其是一些核心期刊、必备期刊等一些质量较高的信息资源,价格较入世前增长了10~15倍。在经费投入不足的状况下,一些高校图书馆迫于经费压力不得不推迟或取消国外部分期刊的购置计划。

从以上几点来看,伴随着知识经济时代的到来,高校图书馆在经济社会发展、人才培养方面所发挥的作用愈加重要,高校图书馆的社会地位也逐步提高。然而,知识经济发展也对高校图书馆发展提出了新挑战、新要求。在我国经济快速、稳定发展的同时，受图书市场价值增长和高校图书馆经费投入相对不足等现实因素影响，高校图书馆自身发展面临的困难也较为突出。因此，高校图书馆必须从更好地适应知识经济时代发展角度，不断克服诸多不利因素，尤其要加大管理创新，以更好地推动自身又好又快的发展。

2. 适应外部科学技术环境的现实需要

伴随着科学技术的飞速发展，高校图书馆在管理过程中大量运用了现代计算机信息技术、网络通信技术和海量存储技术，这些现代化科学技术的使用实现了高校图书馆在管理方式和信息资源提供方式的质的飞跃。数字化、网络化和信息化等高新技术的迅猛发展，极大地改变了高校图书馆在文献资源入类、存储、传递和利用信息的方式。科学技术的突飞猛进，实现了高校图书馆在网络信息技术条件下呈现出新特征：首先是高校图书馆馆藏的多元化，既注重实体馆藏，又注重虚拟馆藏，由过去传统的片面注重实体资源到现在的实体资源和网络虚拟资源的并重。其次是高校图书馆在业务管理中自动化程度全面提升，高校图书馆无论在采访、编目、典藏、流通，还是在统计、查阅咨询、情报检索等各个流程和环节，无不体现着高度自动化的趋势。再次是高校图书馆管理的技术环境标准化和规范化程度日益完善，具体体现在文献资源的收藏方面，在现代化技术支持下，高校图书馆全面实现了文献资源的数据库化，借助网络技术、计算机信息技术，实现多个不同高校图书馆文献资源信息共享，极大节约了成本，提高了利用效率；其基础业务建设标准化、规范化、集中化以及网络环境、硬件、软件和技术支持也逐步实现统一化。

科学技术的飞速发展为高校图书馆实现跨越式发展奠定了坚实的基础，科学技术中的计算机信息技术、网络通信技术以及数字化技术已经引起了高校图书馆在馆藏、工作方式和服务方式发生了革命性的变化。然而科学技术日新月异，高校图书馆必须要适应科学技术迅速发展的步伐，不断推陈出新，实现自身管理的全面创新，以更好地运用科学技术更深入、更全面的为实现自身发展服务；同时，需要高校图书馆不断加大对馆员先进科学技术的培训，增加相应的电子计算机的硬件、软件系统及操作人员，图书馆工作人员不断提高专业技术水平、学习新技术、掌握新技术。

3. 适应外部文化发展大环境的现实需要

伴随党和国家层面出台系列文化大发展、繁荣的各项政策措施，我国文化领域呈现出蓬勃发展的良好态势。在我国文化市场日益繁荣的背景下，出版市场也呈现出与日俱增的发展态势，文化市场出版物骤增。据统计现实，"我国1981年有出版社214家，年出版图书25601种，到2000年出版社已增加到565家，年出版图书143376种，2005年全国共有出版社573家，全国共出版图书222473种。1990年报刊有7195种，2000年已有9730种，到2006年已有11399种；网络文献、电子文献等数字化资源也快速增长，据统计，1995年以后网络电子期刊的总数几乎每年翻一番。目前全球有期刊20余万种，其他CD-ROM、VCD、DVD等光盘文献、音像制品、教学软件、电子书刊、镜像或光盘数据库、网上信息资源的出版和发行也很多。"

在文化市场发展、繁荣的同时，文化图书市场也存在诸多不良现象，例如图书市场竞争无序状态、图书文化市场执法监督缺位、市场混乱等现象也层出不穷；与此同时，文化出版市场的出版物质量也呈现出下滑趋势，各种假冒伪劣产品、盗版产品屡禁不止。

高校图书馆面临的文化环境发生了很大变化。高校图书馆在发展过程中既要看到在国家文化发展、大繁荣政策刺激下文化市场出现的良好一面，积极利用优势，不断为"我"所用，努力丰富馆藏资源、优化服务质量、提升管理效益，实现在馆藏语种、品种、类别、数量的多元化，调整文献资源的结构，改善文献信息采访的技术手段、提高文献采访的质量和效率，为信息用户提供更高质量和更多层次的服务；同时，还要明辨文化市场上的鱼目混珠的现象，避免文化市场的不良因素侵入高校图书馆，尤其是防止引入一些侵权产品、假冒伪劣产品等，切实保护好读者的合法权益，维护读者尊严和现实利益。在这样的文化环境下，高校图书馆必须要加快管理创新，以更好地适应文化环境的，变文化环境的优势因素为自身发展的重要助推力。

4. 满足用户需求的现实需要

高校图书馆作为高校的文献信息资源中心，直接的服务对象就是面向广大读者，更好地为全校教职员工和所有学生提供便捷、高效、全面的文献资源服务，更好地为高校的教学活动和科研活动提供准确、及时、前沿的信息资源服务。信息技术的飞速发展以及现代化网络技术的广泛应用，广大读者对图书馆文献资源服务提出了新要求，高校图书馆传统的被动化的管理模式已经不能满足新时期读者对信息的需求变化，读者对图书馆提出了更深层次的信息服务要求。

高校图书馆管理创新以更好的满足读者需求，是由高校读者群体以下几方面的变化所决定的：

（1）高校图书馆读者结构发生的深刻变化

高校图书馆所服务的读者群体主要为教师群体、学生群体和高校管理群体。伴随着我国高等教育改革的不断深入，我国高校办学规模、办学层次、办学类型等呈现了多样化的态势。尤其是20世纪末、21世纪初伴随着高校扩招政策和高校合校步伐的加快，一些高校办学层次逐步提高，有的高校同时具备了博士生教育、硕士教育、本科生教育、专科生教育和成人教育等多种办学资格和办学条件，读者结构呈现出显著的多元化态势。作为高校图书馆来讲，面对学生读者群体发生的这些结构性变化，必须要做出全面衡量，针对不同学生结构，必须提供更加具有针对性的服务。合校后，高校办学规模扩大，各个层次的学生读者群体都出现了上升的态势，同时远程教育、研修生教育、联办生教育学生数量也逐年增加。高校图书馆面对合校后学生读者群体数量上发生的变化，必须要加快管理创新，既要满足学生群体对文献资料数量上需要，又要满足其质量上的需求。作为教师读者群体来讲，按照职称结构又划分为教授、副教授、讲师和助教，不同职称层次的教师对高校图书馆所需求的服务所需求的类别肯定是不一样的，如何更好地满足不同职称层级的教师群体需求，也是高校图书馆管理过程中必须要高度重视的一个问题。

（2）高校读者对信息的需求呈现出丰富性和宽泛性的要求

我国高等教育真正迈入快速发展是从20世纪90年代初开始的。在此之前，受我国高等教育体制影响，高校教学内容变化相对较小，科研活动也不像现在这样活跃，读者对图书馆信息需求主要集中在与教学和科研相关的文献资料查阅方面，并且查阅内容也相对单一，所需信息量也相对较少。90年代以来，伴随着互联网技术的引进和信息技术的飞速发展，尤其是我国高等教育改革逐步迈向深水区，高校教学活动和科研活动日益活跃起来，读者不仅仅要了解教学、科研信息，他们更需要了解学科发展的动态课题研究的前瞻信息，许多科研人员还承担了各个领域的研究课题，为提高研究质量，为提高研究质量，需要了解掌握学科发展的动态和课题研究的趋势，对专题研究信息的需求也较为迫切。在对图书馆提供信息的载体方面，既需要实体性的专著和期刊文献资源、需要一些公开发行的资料，同时还需要一些非公开出版发行的信息，例如会议文献学位论文及内部资料。新的历史条件下，高校读者对信息需求的广泛性和丰富性要求高校图书馆必须要加快管理创新，以更好地满足广大读者的这一现实需求。

（3）高校读者对图书馆所提供的信息资源服务在精确性和深度性方面提出了现实要求

高校读者尤其是教师群的需求主要在教学和科研上，他们需要的信息要紧紧围绕专业的特点，内容具有相当的深度，为提高研究质量他们了解课题的研究现状和发展趋势，对专业的课题的需求更为精深。文章前面已经提到目前的信息量正在高速的增长，平均每20个月增长一倍，信息虽呈海量增长，但是核心知识并没有增长，读者可获得的信息量和种类随着信息技术的不断进步而增长着，面对着浩瀚的信息海洋，读者更关心图书馆提供信息的价值。而且高校图书馆的有些用户在求助于信息服务之前已具有相当多的信息量，他们希望信息服务者严格把关、删去不相关信息，直接提供最切题的事实或数据。科技的发展、网络环境激发了读者的信息需求产生求新求快的心理。由于科学文献日益增多，文献老化不断加剧，科学研究不断向相关领域扩展，学科的交叉性也越强，许多课题需要大量的最新的信息。读者更注重信息的新颖性、时效性以及上面提到的准确性。读者希望能够迅速获取决策所需的关键信息。

二、更好实现自身内部要素整合的需要

高校图书馆作为高校文献信息中心，承担着为高校教学活动和科研活动提供必要文献资料服务的重要职能，是高校信息化建设和社会信息化的重要承载体。新的历史条件下，无论从宏观经济环境、文化环境、社会环境、科学技术环境，还是高等教育改革、高校读者结构等已经发生了深刻的变化。我们讲，高校图书馆管理创新在很大程度上是为了适应外部宏观环境的变化，以更好地与经济社会发展步伐相一致、与高等教育改革过程相衔接。同时，高校图书馆改革同时也是为了推动自身更好的发展，不断实现自身管理形态、经营理念和工作内容、工作方法、管理手段的改造升级，以更好地迎合计算技术、现代网络通

信技术为核心的信息时代发展的现实需要。

高校图书馆作为高校文献资源信息中心,与信息技术联系最为密切,对信息技术的变化也尤为敏感。在当前数字化、网络化和信息化日益提高的时代条件下,高校图书馆的要素、法则、基本矛盾、属性、社会职能等都发生了变化。如果高校图书馆依然因循守旧,不能从自身找出信息化时代条件下与之相背离的环节,依然我行我素、因循守旧,而不是采取积极主动的态度去探索和创新,那么高校图书馆在高校中的作用和职能也就无从谈起,也必将成为影响高校发展的重要障碍因素。

高校图书馆实施管理创新、更好实现自身内部要素整合,是由以下几方面因素决定的:

1. 高校图书馆传统文献管理模式

很长时间以来,受高校图书馆管理特有体制性因素制约和影响,在管理思想中一直延续着相对分散的文献管理模式;尤其是现在一些体制内高校的图书馆依然存在非常严重的"小而全"的思想意识。高校图书馆现有的文献资源管理模式在一定时期、一定条件下的确对高校科学研究以及教学活动起到积极推动作用,但是伴随着信息技术时代的到来,高校图书馆文献资源管理模式已经不能很好地适应高校发展需求、不能适应广大读者的信息需求;尤其是在信息网络化推动下,虚拟图书馆、数字图书馆方兴未艾,如果在文献资源管理模式上再不实施创新,那么高校图书馆的生存问题也比较成为一个巨大的考量,其实体图书馆也就失去了存在的必要性。高校图书馆管理创新、改变文献资源管理模式,必须要紧跟经济社会发展的新形势,按照信息时代的具体要求不断变革,逐步摒弃传统条件下"重藏轻用"的管理思维,从推动高校图书馆信息资源共建共享的高度,努力实现文献信息资源的基础性建设,强化信息整合力度,转变服务观念,实现高校文献资源管理的社会化和信息化。

2. 当前高校图书馆馆藏资源变化

馆藏资源就是高校图书馆的生命线,高校图书馆的生产发展以其馆藏资源作为重要物质基础;馆藏资源建设在任何时期、任何时间都被视为高校图书馆发展工作的重中之重。信息技术条件下为高校图书馆发展提供了难得的历史机遇和空前的发展空间,在向高校图书馆提供种类繁多和数量巨大的信息资源的同时,也实现了高校图书馆信息来源多元化的格局。在现代化信息技术的影响下,即使同一内容的文献资源,由于所采取的出版形式和所利用的技术手段不同,在呈现方式上体现多样化的趋势:一方面,电子出版物、网络出版物等新型载体文献的出现,并没有取代原有印刷型、缩微型、视听型文献。文章前面提到,传统文献的数量在有增无减;另一方面网络信息资源等新型载体发展大有后来者居上之势,互联网上的信息流以每年341%速度在猛烈增长,电子出版物出版量也增幅较大。各种类型、各种载体的文献信息并存和发展。

面对信息时代条件下高校图书馆馆藏资源发生的深刻变化,高校图书馆必须要敢于创新、必须要积极主动创新,不能故步自封、不能依然享受"体制内"的"温床"。高校图书馆基于自身在高校发展中的重要职能和特殊地位,需要实施全面化和多元化的馆藏资源采集和保存方式，不断创新和充实自身的特殊馆藏；同时要注重外延建设，将网络信息资源和今后将要产生的各种新型资源纳入到馆藏资源建设中去，形成传统文献和网上信息资源的有机结合、实体馆藏和虚拟馆藏相互依存互补的复合型馆藏资源体系。基于信息化条件下高校图书馆馆藏资源发生的如此深刻的变化，决定了高校图书馆必须要加快创新步伐，以更加具有特色、更加具有吸引力的馆藏推动自身发展，为高校广大读者提供更加优越的馆藏信息服务。

3. 当前高校图书馆工作手段和工作方法发生深刻变化

高校图书馆管理方法和工作方式在现代化管理学理念的影响下，已经发生了较为深刻的变化，尤其是近几年我国高等教育较快了改革步伐，高校图书馆之间、国内高校图书馆与国外高校图书馆之间的沟通交流日益增多，一些先进的管理方式和工作方法彼此学习、相互借鉴，为高校图书馆实现自身改革提供了强大的动力支持。当前高校图书馆在采访方式上发生了巨大变化。高校图书馆既可以通过购买、交换、征集、受赠、接受调配和复制等传统采选方式获取文献，也可以通过网上书店订购文献，还可以通过网络免费使用或下载有价值的信息。其次高校图书馆在编目工作上发生了深刻的变化。在现代化信息技术支持下，高校图书馆编目工作已经基本实现了自动化，并且借助互联网技术实现了馆际之间的合作，传统条件下的复杂化编目工作已一去不复返。再次是高校图书馆在读者借阅管理方面发生了深刻变化。高校图书馆在目录编排上由原来的卡片式目录转化为现在的电子虚拟目录，其读者借阅的手工操作转变为计算机管理方式的借出、还回、续借等；读者由原来的手工检索资料转变成今天的电子资源导航。目前各高校都配备了计算机、服务器、组建了图书馆局域网，并与校园网和外网相连。高校图书馆工作已由手工方式转变成电子化、网络化、自动化方式。虽然不同的高校转变的程度层次参差不齐，但是这种转变的大趋势是不可逆转的。因此讲，基于高校图书馆工作手段和工作方式发生的以上深刻变化，更加需要自身不断整合先进的工作手段，以更好地提高工作效率，更好地发挥自身职能。

4. 当前高校图书馆人力资源管理发生的变化

知识经济时代条件下，人才资源是第一资源，任何行业、任何领域的发展都离不开人才。同样，知识经济为高校图书馆发展带来难得历史机遇的同时，也为其深入发展带来的了巨大挑战；其中挑战的最主要、最直接的来源之一就是人才。当前各个高校图书馆均不同程度的存在专业技术人才缺乏、现代化高水平的网络信息技术人才难以引进、图书馆馆员整体素质有待于进一步提高。纵观当前高校图书馆管理层，真正具有科班出身的具有工商管理硕士或公共管理硕士学位的专门管理人才凤毛麟角；除此之外，一些高校图书馆整个人力资源队伍中仍然存在丝毫没有与图书馆管理专业背景的人员，不少馆员缺乏专门的职业图书馆馆员素质和图书馆管理素养。造成这种局面的原因既有历史原因，也有现实原因，在这里简单作一下分析。原因一：一些高校合并后遗留下的人员臃肿问题，为了解决一些岗位冗余人员且从事不了高校教学科学及相关管理工作，不得不安排进图书馆工作；原因二：一些高校为了引进具有高学历层次的人员，为了解决其配偶工作问题，安置进图书馆。伴随着知识经济的深入发展，对高校图书馆馆员的知识、能力和素质，以及馆员的整体结构提出了更高的要求。与此同时，图书馆员的思想意识观念也发生了变化，图书馆员对图书馆工作寄予了更大的期望，期望图书馆能满足自己的不同层次物质、精神需要。

基于高校图书馆在人力资源管理方面的状况，必须要加快管理创新，积极探索一条适合高校当前人力资源管理现状的发展路径，以更加积极、有效地调动高校图书馆馆员的工作积极性和工作热情，充分发挥人才资源在高校图书馆发展过程中的特殊作用，以更好地推动高校图书馆自身又好又快的发展。

实践证明，高校图书馆只有不断创新，积极整合内部诸要素，积极采用现代技术，实行科学管理，不断提高业务工作质量和服务水平，最大限度地满足读者的需要，为高校的教学和科学研究提供切实有效的文献信息保障，才能真正发挥其职能，也才有存在的价值，才能获得更大的发展。

第四章 高校图书馆管理创新的方向和措施

管理是一个动态的、不断创新的过程。只有不断地创新才能使高校图书馆适应高校的要求，不断发展和进步。20世纪30年代美国的唐纳德·科尼将现代管理理论引入了图书馆管理，在相当长的一段时间内，促进了图书馆迅速发展。今天，传统的图书馆管理理论，已经不能满足高校图书馆师生日益多元化的信息需求，众多高校图书馆开始尝试并实行管理各个方面的创新。

管理创新是指管理者用新思想、新技术、新方法对企业现有资源的重新组合，以促进企业管理系统综合效益不断提高的过程。运用先进的、科学的管理方法创新高校图书馆的管理，可以更好地体现现代高校图书馆为高校科研、教学充分服务的功能。高校图书馆管理创新的方向，首先是观念的创新、创新图书馆管理战略，其次是创新管理制度，以及创新管理文化等。

第一节 高校图书馆管理理念的创新

一、管理理念创新的重要性

管理理念的创新，是一切管理创新活动的前提。人类社会结构的变迁，人与人之间关系文明形式的改善，无穷无尽的物质财富和精神财富的不断涌现等等，都应该首先从人的观念、理念创新中去寻找根源，特别是管理者的创新理念更显得尤为重要。我国高校图书馆由于长时间受"藏书楼"的传统观念影响，一直以来，在管理思想上重藏轻用、重书轻人、重内轻外。这些传统的观念严重地束缚了高校图书馆的发展。思想指挥着人们的行为，图书馆要生存、要发展、要创新，首先就必须更新思想观念，才能适应知识创新和未来图书馆事业发展的需要。

图书馆管理的理念首先要改变。面对迅速进行着结构变化和飞速发展的时代，一个优秀的图书馆管理者必须树立创新意识，不因循守旧，要勇于冲破旧的传统，根据图书馆自身发展的客观规律和知识经济时代对图书馆在高校中的需求制定正确的发展策略和管理模式，对于不适应的管理机制，必须勇于改革，善于改革，必须不断地学习反复不断的改进。在持续改革的过程中会带来真正的创新，让高校图书馆来一个质的飞跃。

二、管理理念的创新的原则

管理理念的创新就是要更新陈旧过时的管理理念,用新的管理理念替代传统,要实现管理理念的创新,需要注意几个原则。

系统原则:即把整个图书馆的工作看成是相互关联的、相互补充的有机整体。管理实际上是一个实现目标的过程,系统原则就是要围绕这个既定目标,合理地配置图书馆系统的人、财、物,使图书馆系统健康、协调的运行,发挥其最大效能,以达到预期目标。

发展的原则:即管理思想应随时代的发展而发展变化,与时俱进地适应外部环境的要求。随着社会的进步,图书馆要转变传统的封闭的观念,树立在时间、空间、服务内容以及服务方式上的全方位的开放观念。传统经验管理的思想与传统管理时代相适应,并起了一定积极的作用。然而知识经济时代,靠经验管理是不能充分发挥管理的效用的,甚至可以说,那种传统的管理思想是现代图书馆发展的桎梏。因而,管理思想要随外界环境的变化而变化,要不断深入研究新形势,总结新经验,从而获得与外界环境相适应的新的管理思想。

信息性原则:即不断吸收新情况、新内容,丰富思想内涵。要重视新信息,不断掌握新信息并吸收它为己所用。要摒弃传统的闭关自守的思想,积极与外界沟通,逐步将图书馆融入社会生活中。

效益性原则:即注重社会效益和经济效益的有机结合。在计划经济体制下,图书馆"等、靠、要"思想严重。而市场经济体制下,社会效益和经济效益的统一是图书馆急需解决的问题。管理思想创新的最终目的就是要提高管理效率,获得两个效益的统一。

竞争性原则:竞争是市场经济的产物。在社会主义市场经济体制下,竞争体现在会的方方面面,"优胜劣汰"对于图书馆而言同样适用。在管理中如果没有竞争意识,就难于在市场经济体制的环境下生存和发展。

三、管理理念创新的方式方法

高校图书馆能否适应 21 世纪发展的需要,关键在于管理理念的创新,虽然从效率和效用两方面管理好资源作为图书馆的管理目标,但由于环境的变化,实现目标的具体途径和手段将不能沿袭旧法,必须从观念到结构做出全方位的调整。资源共享、共建成为图书馆管理的重要理念,管理理念必须实现以下转变。

(一)从一般化建设向特色化建设转变

网络时代的图书馆必须摆脱传统自给自足的小农经济思想,而站在一个宏观角度来考虑资源建设问题,把资源建设建立在合作和共建的基础之上。各个图书馆在整体分工的基础上,应加强自己自愿的特色化建设。这样做,一方面可以解决经费短缺的问题,另一方面可以实现真正意义上的共享。

（二）从重拥有向重存取转变

拥有是存取的前提和基础，没有拥有也就无所谓存取。但在网络时代，在注重资源特色化建设的同时，更应突出图书馆的存取功能，因为"图书馆事业的本质即存取，也就是说，是使信息和知识为用户所利用；对于用户来说，他不在乎信息是怎样获得的，是从哪里获得的"。在21世纪，"大多数图书馆资料将根据需要以电子形式或印刷形式传输，一个图书馆的馆藏将由存取能力而不是拥有量来界定"。

（三）在图书馆的发展途径上创新

目前，高校图书馆面临两个方面的挑战，一是网络的迅速普及和发展，已经使电子图书馆、虚拟图书馆的应运而生，并向传统图书馆提出了严重挑战；二是在21世纪，信息技术将以更快的速度向前发展，网络化使人们在任何一个网络节点上都能方便地获取信息，社会信息机构大量进入信息服务领域，作为信息服务业的一个组成部分的高校图书馆，在21世纪将处于更加充满竞争和压力的环境之中。在这种情形下，图书馆必须转变发展观，树立竞争与协作的思路，克服传统图书馆各自独立，各自封闭的办馆模式，把图书馆事业作为一个整体对待，实现跨地区跨部门的协作，建立高校图书馆联盟，加强合作，走共同发展之路。

（四）在图书馆的职能与功能认识上创新

根据新修订的《普通高校图书馆规程》的要求，高等学校图书馆必须贯彻国家的教育方针，履行教育职能和信息服务职能，为培养德、智、体、美等方面全面发展的人才，发展教育科学文化事业，建设社会主义物质文明和精神文明服务。在内外部环境条件不断变化的形势下，要履行好这个职能，就必须建设一个能根据内外变化及时进行调整的组织，把图书馆全体员工的创新能力充分发挥出来。把图书馆办成一个学习型组织，是管理者的一个新思路。管理者必须明确，图书馆的重要职能之一是创造条件使全体员工创新能力发挥出来。图书馆管理者的主要角色不仅是一位领导者和激励者，还是参与者和创造者。他们不仅为员工创新能力的发挥创造条件，减少和消除在创新中遇到的障碍，而且自身也要追求创新。在图书馆管理活动中有许多新问题需要以创造性的思路来解决，管理者只有主动探求新的管理方式方法，图书馆的发展才有新的活力。

第二节 高校图书馆管理战略的创新

近年来，越来越多的高校图书馆开始重视战略的制定和规划。所谓战略就是指对一个机构的未来方向制定的决策，并实施这些决策。它规定机构的使命，制定指导机构设定的目标和实施战略的方针，建立实现机构使命的长期目标和短期目标，然后根据确定的目标决定行动的方向。而高校图书馆战略管理主要为了适应外部环境的变化，使之能长期、稳定的健康发展，实现既定的战略目标，而展开的一系列事关图书馆全局的战略性谋划与活动。战略思想由美国学者安索夫 1972 年提出到图书馆界的引入，我国现高校图书馆的战略多变演变成了简单的目标制定，而往往忽视了战略的执行和控制。所以我们提出要进行战略的创新。主要为重视高科技发展战略，柔性战略和战略逻辑创新。

一、重视高科技发展战略

工业化阶段，图书馆主要靠传统的服务来满足高校读者的要求。图书馆的馆藏成为衡量图书馆水平的一个很重要的指标，从而形成了图书馆重藏轻用、重书轻人的观念。知识经济时代，高校图书馆属于信息机构，在信息行业，图书馆面临着各种信息服务企业和机构越来越激烈的竞争。由于信息技术革命和以计算机、通信网络技术为核心的一系列高新技术的应用，使得人们获取信息知识的渠道和手段都有了极大的发展。出现了更多的机构、组织、信息咨询公司可以满足读者的信息需求，对高校图书馆形成了强烈的威胁，减少了对高校传统图书馆的依赖。而互联网等网络通过给人们提供获取信息的直接途径，也对图书馆员所扮演的传统角色提出了挑战。同时上述环境的变化，又会带来诸多的发展机会。战略管理强调审时度势、统揽全局、长远谋划，积极主动地迎接未来的挑战。高校图书馆应该将高科技发展作为战略制定和规划的重要因素。

二、高校图书馆战略逻辑创新

所谓战略逻辑，指在设计战略时用什么样的逻辑思维来进行思考。导致高校图书馆能时刻跟着外界及内部环境变化，满足不同读者要求的主要原因之一就是在于图书馆的管理者具有一种创新的战略逻辑思维。他们能够根据高校图书馆的外部环境和图书馆自己发展特点用不同的逻辑来设计战略。管理者要善于辨识企业目前的战略逻辑，敢于向其挑战，能够静下心来仔细考虑战略制定前对行业做出的假设，以及企业的战略焦点。在制定战略时要问：（1）行业中哪些要素应予消除？（2）哪些要素在低于行业#准时反而更有价值？（3）哪些要素在高于行业标注时会更有效？（4）哪些要素是行业从未提供过而目前需要增加？通过自问这 4 个问题管理者可以发现现行战略逻辑的不足或错误之处，同时改善达到创新。战略创新所追求的是时刻保持新的思维方式，在新的思维方式下设计崭新的战略，使图书馆能迅速适应环境的变化，时刻以最好的服务向读者提供高效的产品从而满足他们的需求。

三、高校图书馆战略创新的原则

（一）先进性原则

置身于高校，属于服务性行业，面对行业内竞争，高校图书馆在满足用户信息需求方面，只有达到了社会平均水平才能生存，只有超过平均水平才能发展。也就是说，门槛是平均水平，而不是自身原有的水平。图书馆实施战略管理后，即使他在满足用户服务要求的水平方面比过去有了长足的进步，但只要没有达到平均水平，它同样将面临被淘汰的问题。同时由于竞争，平均水平也是不断发展的。所以图书馆战略管理所追求的目标，必须包含比平均水平更加先进的内容。

（二）环境适应的原则

成功的图书馆战略管理重视的是图书馆与其所处外部环境的互动关系，目的是使图书馆能够适应、利用甚者影响环境的变化。图书馆应随时监视和扫描内外部环境的震荡变化，找出内部环境中的优势和劣势以及外部环境中的机会和威胁，理清它们之间的关系，并据此提出战略计划。

（三）全过程管理原则

图书馆战略管理要取得成功，必须将战略的制定、实施、检察、提高，即管理学通常所说的 PDCA 看成一个完整的过程来加以管理，忽视其中一个阶段都不可能获得有效的战略管理。具体而言，再好的战略计划，如果无法实施或不实施，那就是没有意义的；战略管理需要实践来检验，如果没有实事求是的检查和评价，就不可能发现战略管理中的问题，错误的战略管理不仅不能解决生存和发展的问题，而且是非常有害的；单单发现问题或只有批评意见也是解决不了问题的，还必须提出新的、有效的对策。总之，只有实施全过程管理才能取得螺旋式上升的预期效果。

（四）整体优化的原则

成功的图书馆战略管理是将图书馆视为一个不可分割的整体来加以管理，目的是提高图书馆的整体优化程度。它通过制定图书馆的宗旨、目标、重点和策略来协调各部门、各单位的活动，使之形成合力。应特别注意的是，这种优化应该是积极的和能动的。面对图书馆某一关键部门的落后，不应简单地要求其他部门按照它的低水平进行调整，应积极寻求资源的结构重组，以期实现更高水平上的整体优化。

（五）全员参与原则

图书馆战略管理不仅要求图书馆高层管理者的决策，也需要全体馆员的参与和支持。更确切地说，图书馆战略制定过程的分析、决策主要是高层管理者的工作和责任，而这种分析和决策又离不开中下层管理者的信息输入和基层馆员的合理建议；一旦图书馆战略目标的确定，战略的实施就在相当大程度上取决于全体馆员的理解、支持和全心全意地投入。

（六）反馈修正原则

图书馆实施战略管理的目的是寻求发展、稳定和健康的发展，战略规划的时间跨度一般在五年以上。总体战略规划的实施通常又包括一系列中短期行动计划，它们使图书馆战略在行动上具体化和可操作化。然而其实施过程又不可能是一帆风顺的，环境的风吹草动往往会影响图书馆的战略部署。所以只有不断的跟踪反馈才能确保图书馆战略的适应性。从某种意义上说，对现行图书馆战略管理的评价控制又是新一轮图书馆战略管理的开始。

第三节 高校图书馆组织机构的创新

一、高校图书馆组织结构创新的意义

传统管理的组织结构已不能适应变化了的环境。众所周知，任何组织结构都是发展的、变化的和动态的，应随着组织结构内外要素的变化而变化。20世纪末期，由于知识经济的来临，国外自八十年代以来，就提出了组织创新理论，如1989年提出的"精益生产"理论，1993年提出的机构重组理论和机构流程重组理论和学习型理论等。他们的一个共同点是：强调人的独立工作的机会和自我管理能力的发挥，强调非正式组织学习的作用，强调充分分权和授权的组织原则，强调对旧有的生产经营系统和组织管理机构更加革命性的变革。

这种企业组织创新理论，我们认为同样适合于图书馆管理。图书馆传统的组织结构是一个等级分明的金字塔的结构。这种组织是建立在以分工为基础的职能部门制基础之上的。部门的设置是沿着文献管理的主线来展开的，这使得现行组织结构其职能系统（采访、编目、流通等横向业务工作系统）和管理系统（计划、组织、控制等纵向的管理工作程序）分别都是线性结构。这种结构明显的弱点，便是功能割裂和封闭性。组织结构的创新将改变这种线性结构的封闭性，使组织的运作更为灵活、开放。

二、高校图书馆组织结构创新的内容

（一）重组内部组织结构

通过利用互联网及互联网上的工具，图书馆采访人员可以与书商、出版商直接联系，订购资料，大大缩短了采访工作时间。在编目方面，互联网和有关网络计算机系统极大地便利了联合编目和外包编目，既降低了成本，又提高了编目的效率和质量。因此，绝大多

数图书馆的分编部门将会逐渐消失，同时典藏部门和阅览部门也可以融为一体。图书馆要改变传统的部门设置方式。传统的按业务流程划分部门的方式，可以提高图书馆员的专业水平和工作熟练程度；但这种划分方法的弊端是采访、分编部门远离读者，无法直接了解读者的需求，从而出现服务与需求错位的现象，影响服务质量。可以根据情况设立"四部一室"的图书馆内部工作机构。设立文献整理部、文献服务部、电子信息部、发展研究部及馆长办公室。即将采访、分编、典藏、加工四个部门组成文献整理部，实现书刊采编一体化。读者服务由文献服务部和电子信息部承担，前者包括阅览、流通、参考咨询、宣传辅导、文献检索课教学等部门，提供以传统印刷型文献为主的系列服务，后者由多媒体、复制、光盘检索、网络服务、技术服务等部门组成，开展电子信息服务，负责图书馆计算机管理系统、光盘及网络系统和数据库的维护，承担计算机等现代化设备的购置、安装、维护和现代技术应用培训及现代化技术的开发，以及对馆藏数据库、特色数据库的开发。发展研究部是研究文献信息事业的发展战略，高层次信息服务的开发、协调与组织特色数据库的建立，起到智囊团的作用，并参与对知识的创新和创造，并且应具备商业服务的职能，提供知识营销。馆长办公室的主要工作是根据馆长决策，负责管理全馆的行政事务及业务工作的组织与协调。文献服务部和电子信息部作为全馆服务工作的直接窗口，是全馆工作的核心，文献整理部为其提供物质基础，办公室则是业务部门的后勤保障，发展研究部为资源共享、馆际合作及图书馆的未来发展提供了保障。四部一室的机构模式体现了读者第一的思想，强化了现代信息服务的功能，并有助于精简机构，减员增效。

（二）再造业务流程

在网络环境下，高校图书馆的业务内容正在发生重大的变化，原有的内容或进行调整，或逐步淘汰，或推陈出新；新的业务生长点不断出现，新的业务范围不断拓展，新的共享协作不断扩大。

就图书馆的采访工作而言，一方面在传统手工采访的基础上，网上采访开始出现；另一方面，图书馆的采访工作正面临电子出版物的挑战。1999年5月，美国发布了美国电子书标准的草案。美国微软副主席布莱斯预测，到2005年，电子书的用户将达到25000万人，到2018年，90%的书将以电子形式出售。电子书的这种发展趋势在一些图书馆的采访工作中已初现端倪。网上采访具有采访范围、采访时空、采访效率和采访质量等方面的优势，可以极大地拓展和丰富图书采访的品种范围，消除了时空障碍；采访人员可以借助网络，在任何时间了解世界各国的图书出版信息；并且，可以进行网上书目数据的套录，大大减少采访工作人员的数据录入工作量，提高了采访工作的效率。这样就使图书馆的采访人员可以将主要的时间和精力放在了解掌握和研究出版信息资源上，将更快、更多、更好地获得读者所需的文献信息资源，提高文献信息资源的建设质量，从而更好地满足读者的信息需求。

参考咨询或利用网络的参考咨询已经有了很大的发展，而这种发展趋势将越来越明显。

应改变目前的参考咨询工作集中设置的传统做法,将参考咨询工作融入各服务环节中去。

就图书馆的阅览而言,目前大多数高校图书馆都设立了"电子阅览室"或"光盘阅览室",这是在信息技术并不是十分发达、电子出版物比例并不大的条件下的产物。随着信息技术的发展和电子出版物的急剧增长,电子出版物将进入各个阅览室,这种服务内容的重建不仅顺应了信息技术的发展,

而且也比较符合读者的阅读查询习惯。电子阅览室这种看似先进,实际落后的服务内容将首先在设施先进的图书馆中逐步淘汰。

传统的文献采访、分编、典藏、外借、阅览的管理模式将转化为藏、借、阅一体化的开放式管理。如广州中山大学珠海校区藏、借、阅一体化的开放式管理非常完善。读者进入图书馆后,可在各部门之间"自出自入",可随心所欲地"各取所需",可从容不迫地"自我服务",彻底免除了读者不断示证、押证、登记的繁杂手续,大大节省了其时间和精力。

高校图书馆在网络环境下的业务重建还包括:远程网上全文与多媒体数据传输、网上数据套录、网上图书借阅预约、网上读者用户与馆员对话、国内外各图书馆之间信息资源的共用、网上资源按读者和用户需求进行组织、在网络环境下的跨行业跨国界的图书馆资源信息共建共享、图书馆各项业务统计的重新调整、网络环境下图书馆形象的重新设计等等。可以预见,随着网络技术在图书馆的不断发展,图书馆业务内容的重建将越来越丰富,从而引发图书馆业务建设的一系列革命。

(三)实行总分馆制

针对高校大规模合并所带来的一个学校有几所图书馆的现状,可以实行总分馆制进行管理。分馆制是一种在西方实践得非常成功的图书馆组织形式,而现代化网络技术和通信技术也有力地支持着这种组织形式,实行总分馆制,

行政与业务联系由总馆统一管理起来,总馆可以起到中枢控制、后备服务及协调平衡作用,而分馆则提供近距离的服务。

分馆制避免了各种重复和浪费,而且能够做到合理配置人力、物力和信息资源。作为世界上最大的研究型图书馆之一的哈佛大学图书馆,是一个拥有 90 所分馆的联合体,它通过哈佛图书馆联机系统将大学所有的分馆虚拟地联结起来。对于高校图书馆与各院系资料室之间也可以尝试实行总分馆制。我国传统的高校图书馆与院系资料之间集中与分散的矛盾比较突出,图书馆与资料室关系松散,图书馆缺乏统一的协调能力,资料室不愿意为外院系读者服务,造成全校图书藏书量大、利用率低,目录体系混乱,给读者利用图书资料造成很大的不便。解决办法是改变目前每个院或系都设置资料室的做法,由学校图书馆根据专业设置情况和环境条件,在几个专业系或学院,统一设立一些规模适当的分馆。在分工上,总馆可以负责图书的定购、财产登记、分编及其他的加工,分馆面向全校读者,负责图书的使用,重点发挥专业馆的作用。这样可以使读者方便地、充分地利用藏书,图书馆也可以节省许多人力、物力与经费,用于文献信息的开发,提高服务功能。

（四）建设学习型组织

学习型组织就是把学习与工作系统地、持续地结合起来，以支持组织在个人、工作团队及整个组织系统这三个层次上的发展。学习型组织的最大特点是：学习已成为员工个人及部门主管和团队等组织的共同职责；学习与工作已经不可分割地联系在一起；建立了组织绩效考核及反馈机制；学习与工作中的创新已成为整个组织系统的自觉行为。

学习型组织理论思想的先进性、创新性，手段的时代性以及方法的实务性为人们提供了一种全新的科学管理理念。该理论是美国麻省理工学院彼得·圣吉教授提出来的，提出后首先在企业界得以应用，取得很大成效。学习型组织理论认为：学习型组织是一个"处于运动状态，不断创新、进步的组织，在其中大家得已突破自己能力的上限，培养全新、前瞻而开阔的思想方式，不断一起共同学习，再造组织无限生机的组织。"未来最成功的企业将是学习型组织。当前，整个世界正在成为一个互相学习的社会。一个组织要想生存下来，其学习的速度必须等于或大于其环境变化的速度。图书馆作为一种重要的社会组织，必须适应这种潮流，把自身建设成为学习型组织，从而使图书馆永远走在时代的前列。

（五）创建扁平化组织结构

组织创新是图书馆创新体系的重要组成部分。传统的图书馆的金字塔形官僚层次结构是机械的、刚性的、永久性的结构，这种结构不能适应多变的技术和管理的要求，网络信息环境下的图书馆组织表现为动态的联盟。因而，图书馆组织行为能体现图书馆活力，有效地解决分权与集权的矛盾，组织结构向扁平化、虚拟化、网络化方向演变。

图书馆进行结构重组要按照一定的步骤进行，首先需要根据现阶段高校图书馆的功能确定分工的程度，进行分工；接着要重新划分部门，合并一些功能相近的、联系密切的部门，根据新增的业务在增设新的部门；其次，要解决权限关系及其授权程度；还要设计人员之间合适的沟通渠道和协商渠道；最后根据高校图书馆信息沟通、技术特点、经营战略、管理体制、组织规模和环境变化来选择合适的组织结构。

信息技术和计算机网络反展使得知识在管理者及劳动者之间共享，高校组织等级结构已不再受到管理幅度的限制，纵横交错的渠道造就了一种崭新的组织结构——偏平化的组织结构，即矩阵式组织结构。高校图书馆可根据不同文献的载体的采访、编目、典藏、流通和阅览工作应有不同部门的来完成的特点。在横向上整合业务和职能部门；同时根据部门之间的合作的必要性，在纵向上根据工作任务设置不同的项目组，以项目的形式展开信息服务。这样纵横两个系列结合而成的矩阵式组织结构。纵横交错处代表具体的执行人员，他既同原来的部门保持组织或业务上的联系，又参见项目小组的工作。

项目小组可根据不同文献载体的工作流程特点设立长期性项目小组，也可以根据特殊任务设立临时型项目小组。项目组组长由馆长挑选，对项目的全过程负责，所需的专业工作人员由馆长和组长从各部门抽调。

(六)实施高校图书馆组织联盟

由于经费的限制,一所高校图书馆不可能收藏所有的有形和无形文献资源。为了更好合理的使用现有资源,提倡形成高校间的组织联盟。现有很多地区的高校已经在实践当中,例如北京的对外经济贸易大学已和北京服装学院、北京化工大学、北京中医药大学已形成了组织联盟。四校的学生可以在四个学校的图书馆进行馆际互借,并共享一些学校的网络资源。但是此种组织联盟在实施过程中过于表面化,还没有真正地达到组织联盟的目的,凸现组织联盟的优势。

组织联盟的目的在于将各组织的优势综合起来,以便能及时把握时机,降低成本、减小风险,优化图书馆组织的整个价值链。从而对外部环境的变化做出敏捷的反应、果断的决策和及时的行动。例如,在采购工作中,组织联盟可以统一规划,根据各高校的学科重点,进行合理的采购的安排:对于传统型文献的购买,可以通过统一的规划,形成规模效应或者避免重复购买;而对于数字资源的采购,则可运用网络技术,形成组织联盟的局域网,从而达到数字资源,数据库资源的共享,极大地节省成本。

组织联盟在实施过程中会受到我国高校图书馆现行体制和组织结构的影响,所以要形成高效的真正意义的组织联盟,首先要对我国高校图书馆的体制和组织结构进行创新。

第四节 高校图书馆管理制度的创新

一、现有高校图书馆制度的不足

新中国成立以来,特别是近20年来我国的法制建设取得了巨大的成就,各种制度的制定和创新比较多,但就图书馆事业而言,政府在对图书馆事业的制度制订和安排以及制度的创新方面一直存在着不足。第一,在制度的制定方面先天不足。建国至今,仍然没有一部专门的《图书馆法》,只有效力较低的3个部门规章《普通高等学校图书馆规程》、《省、(自治区、市)图书馆工作条例》和《中国科学院图书情报工作暂行条例》,涉及图书馆的相关法律、法规不到20件。第二,制度的安排严重落后。从1949年起到1993年国家没有对图书馆专门立法进行安排,甚至连法规级别的立法都没有。直到1993年,文化部才把《图书馆法》列入立法计划,而图书馆事业的发展急需有一批有效的制度来加以促进、保障、规范。第三,缺乏制度的创新,包括新制度确立和现有制度的创新,没有制度创新,创新精神无法体现,创新的内容也就无法成为制度。《普通高等学校图书馆规程》于1981年颁布,1987年修订,2002年才再次修订,反而这十几年来图书馆的数量、规模、水平变化最大,制度严重落后于实践的发展。第四,现有制度的有效性不强。从现有的制度实施来看,并没有完全解决图书馆工作中产生的诸如经费缺乏、设备陈旧、人才不稳定等一系列现实问题,如2002年新修订的《普通高等学校图书馆规程》取消了1987年《规程》中关于文献经费占院校事业经费5%比例的限制,对人员编制未做出具体的指导性意见等,对高校对图书馆的经费、设备、人员的投入约束力较小。

二、高校图书馆制度创新的必要性

(一) 现代化管理模式要求制度创新

管理改革的不断深化,促进了高校图书馆由传统管理模式向现代模式转变,图书馆的制度建设就必然要跟上管理改革的步伐,现代的管理模式如果仍然沿用旧的制度,就会禁锢高校图书馆事业的发展,如在引进新的管理模式,实行聘任制、合同制、有偿服务制等,都需要新的制度加以规范,以保证高校图书馆的有效运转。

(二) 信息技术的发展需要进行制度创新

在网络环境下,高校图书馆的信息处理和信息检索的手段发生了很大变化,大多数高校图书馆已经实现了自动化管理,并逐步在资源配置等方面拓展新的网络化服务空间,当前和今后一段时期,高校图书馆的数字化和虚拟化将是发展方向和创新目标,在管理、服务、技术等方面面临许多问题,需要加以规范和调整,创新的工作方式和环境需要依托创新的制度。

(三) 实现高校图书馆事业可持续发展依靠制度创新

高校图书馆事业可持续发展,需要文献资源、设备资源和制度资源的共同支撑。文献资源、设备资源离不开制度资源的合理安排,同时文献资源、设备资源的优化配置,更需要依赖制度的优化配置。从某种意义上来看,制度资源的优化配置,在高校图书馆事业可持续发展中起着导向、制约的作用,并影响文献资源与设备资源的配置效率,所以,制度创新,对于规范和调控高校图书馆的运行状态,确保高校图书馆事业的顺利发展具有重要意义。

(四) 提高高校图书馆运作质量和效率的需要

我国高校图书馆的现行制度从整体上来说缺乏机动性和灵活性,一般而言,制度具有具体性、内隐性和变动性的特征,其中变动性是指它随着社会政治、经济、文化的发展而处于不断地发展创新之中。因此,不断优化制度环境,及时调整各要素之间的矛盾性和统一性,特别是对人事制度、分配制度等应体现出灵活性、机动性和能动性。只有营造充满活力的制度环境,才能保持高校图书馆的稳定和高效率

三、高校图书馆制度创新的指导思想

高校图书馆制度创新要符合高校图书馆事业发展趋势,符合资源建设和信息服务的发

展趋势，符合高校的发展规划，紧密围绕图书馆现代化的发展目标。当前，图书馆的现代化主要包括网络化、规范化、自动化、和网络化以及服务观念、服务手段的现代化等，这些应体现在高校图书馆制度建设的全过程。

四、高校图书馆制度创新的实施措施

（一）创新制度资源

应根据制度的构建原则和运作机理创新制度资源。从管理体制、运行机制的变革创新入手，实现人事制度、财务制度分配制度等的全面创新，科学制定、合理配置制度资源，宏观制度和微观制度创新并重，采用纵向继承、横向移植和综合创新的方法，建立相应的制度体系。

（二）构建创新的制度体系

一定要从图书馆的实际情况出发，采取以自动化、网络化服务模式为主线，充分理解创新的业务流程。创新制度体系可以以下几个方面进行。一是综合性制度，主要包括管理机构和业务部门的设置、工作内容、职责范围的制定、管理权限及编制、管理者的职责及部门责任制和岗位职责等。二是行政管理制度，主要包括对各类人员的要求标准及考核、晋升、奖惩的方法，还有人、财、物的管理用原则等。三是业务工作制度，是为业务部门和专业人员就具体的业务工作制定的操作规范，主要涵盖文献工作的采、编、藏、阅、咨询等相关制度，以及信息服务、信息技术服务等相关规则。四是读者服务规范，主要明确读者利用图书馆的权利和义务，体现图书馆服务至上的原则和主客体的相互依赖关系。

（三）实现制度形式的合理配置

从宏观上来说，法律、法规、规章等不同形式的制度，对图书馆事业发展的促进、保障和规范的作用是不同的。对于图书馆来说，其根本的制度形式应该是法律，只有采取这种最强效力的制度形式，才能保障图书馆事业的稳定发展。图书馆事业最根本的方面是指图书馆的管理体制、职能、运行、资源配置、资金保障、队伍建设、激励机制等内容，这些内容应该由国家最高立法机关制定法律，以法律的形式来规范、保障、促进图书馆事业的发展，如制定全国统一的《图书馆法》。在其他法律的制定过程中涉及图书馆事业的内容，应做出明确的条文规定，考虑到不同类型的图书馆的差异性，可以在《图书馆法》的基础上制定适用于不同类型的图书馆法规、规章，如《高校图书馆规章》等；不同的地区由于经济、文化社会发展方面有差异，地方人大可以在统一的《图书馆法》的基础上根据本地区的实际情况制定地方性法规。实现制度的合理配置，前提条件是实施图书馆专门法的制定，有了专门的法律，并且由与之相配套的法规、规章，地方性的法规制度才有保障。

(四) 图书馆运营机制的制度创新

第一，要确立图书馆事业投入主体的多元化和运营机制的多元化。具体表现为：允许社会参与图书馆事业的建设。改变领导任命制，引入竞争机制，采取公开竞争上岗的竞聘方式招聘图书馆管理者。承认高层次服务的有偿性，增强图书馆的造血功能，体现知识的价值，所谓的高层次服务是指为满足读者特殊需求而为其提供的服务，如科研项目、立项报告等资料收集、订阅、加工、整理、文献复印、下载、外文资料的翻译、文献传递、为用户上门服务等等方面的内容。

(五) 高校图书馆经费保障方面的制度创新

第一，以制度作保证，科学设立图书馆，合理进行布局，减少图书馆重复建设和文献的重复购置。加快数字图书馆建设，减少一般图书馆有形图书的馆藏数量。第二，以制度形式在院校的经费预算中明确图书馆的经费支出，且应确保图书馆的文献信息资源购置费随资源经费上涨而及时增加。第三，改变单一的经费来源渠道，争取社会对图书馆的经费支持。

(六) 高校图书馆人事方面的制度创新

市场经济对于干部选用机制的本质要求，是对传统的计划分配和组织安排干部的根本性变革。引入竞争机制，实行定岗、定员、定额管理，推行岗位责任制度是人事制度创新的有效形式。图书馆要想充分发挥其社会功能和作用，提高其社会服务的有效性，就必须废除铁饭碗，实行全员聘用制，对现有人员实行公平竞争，择优上岗，让所有员工能进能出，职务能上能下，待遇能升能降，只有这样，优秀人才才能脱颖而出，才能形成充满生机与活力的用人机制。

1. 在调整机构的基础上，实行定岗、定员、定额

定岗就是按部门的功能及工作环节设立岗位；定员就是针对某个岗位按工作时间及工作量安排固定数量的人数；定额就是按图书馆制定的总目标，分解成各部门、各岗位的分目标，为实现分目标所需完成的岗位工作量。实行三定是推行岗位责任制，实现目标管理的基础。

2. 实行全员聘用制，引入竞争上岗机制

通过人事制度改革推行业务岗位双向选择，管理岗位竞争上岗，特殊人才实行特殊政策，在公开、公平、公正的前提下，打破年龄、资历、学历、职称等限制，充分调动馆内员工的积极性。建立严格的考核制度和聘后管理制度。通过激励机制，奖勤罚懒，按业绩、按劳动量、按创造性来进行合理分配，使员工在工作中真正发挥其积极性和创造性，保证事业持续发展。

(七) 高校图书馆读者服务制度的创新

长期以来，许多图书馆为了便于管理，减轻馆员的自身负担，对读者利用图书馆制定

了的种种的清规戒律，给予违规读者的处罚严厉而苛刻，某些特殊文献的借阅则需层层审批，手续繁多，不仅造成读者使用图书馆的不便，而且造成相当大比例的馆藏资源不能为读者充分利用。在文献资源的安全保护与文献资源的充分利用发生矛盾时，应优先考虑文献资源的充分利用。图书馆管理者应强化服务观念，修改规章制度，建立与网络化社会水平相适应的管理服务制度，为读者提供宽松、自由的借阅环境，鼓励读者利用图书馆。建立学科馆员制度是满足专业需求，创新服务制度的必由之路。与公共图书馆和其他科研院所图书馆不同，大学图书馆服务对象主要是校内学科专业人员和即将奔赴各专业岗位的准专业人员，他们对文献信息的需求特点，一是学科专较强，二是学科相关专业的交叉性较强。各学科的专业人员由于教学科研任务重、时间紧，到图书馆来都希望能方便快捷地找到教学科研需要的文献信息。而一些大学生，尤其是硕士、博士生在知识海洋中漫游时，都希望得到及时准确的专业指导。为此，建立学科馆员制度，组织一批专业能力较强的图书馆员分别承担起专门为某学科读者提供深层次信息服务的工作，建立起一种对口服务的新机制，就显得十分必要。这种机制不仅会极大地方便各学科专业的读者，最大限度地满足其信息需求，而且也有利于各学科专业文献信息的深层开发和利用。

可以说，学科馆员制度是大学图书馆读者服务工作在新形势下的新发展。目前对有关提供对口服务的专业人员的称谓不尽相同，有的称咨询馆员，有的称导读馆员，有的称参考馆员或信息馆员、网络馆员等，本文称之为学科馆员，而为此项服务采取的一系列规范措施，则称之为学科馆员制度。

1. 学科馆员的工作职责

（1）密切联系对口学科和院系，深入了解其信息需求

学科馆员应走出图书馆，与对口学科的师生建立经常性的联系。一是了解其教学科研进展情况、学术活动开展情况以及对文献信息的需求情况，请他们推荐、选定部分专业文献资料。二是定期召开学科师生代表座谈会，向他们宣传新资源，汇报学科文献信息建设和服务工作情况，听取他们对学科文献资源建设的建议和对学科信息服务的要求，共同商议学科文献信息资源建设方向和信息服务项目。

（2）为对口学科教学科研提供优质信息服务

一是跟踪重点用户，对其教学或科研课题自始至终坚持提供有关文献信息，做好定题全程服务工作。二是跟踪学术研究动态，对一些热门问题、代表论著、新观点等进行收集，并分析研究，以二次、三次文的形式将学科新动态和新观点及其潜在价值、深层内涵揭示给读者，为其教学科研提供参考。

此外，学科馆员还应为本学科重点用户提供代查、代借、代复制等信息服务。组织、开发学科文献信息资源。一方面，学科馆员要利用现代信息、技术对网络中本学科及其相关的信息资源进行搜集、筛选、整序，对其内容和来源作简要的揭示和评价，并用链接的方式在自己的主页上建立目录式的学科资源数据库，为本学科用户提供专业信息资源导航；另一方面，学科馆员还应对馆藏中本学科主要文献和最新文献资源进行全面系统的分析、

对比、归纳，形成学科文献评价、综述等，指导用户充分利用馆藏学科文献和最新信息。

另外，学科馆员还可以通过网上咨询站向各类用户解答本学科信息查询中的问题，介绍本学科信息资源的特点、内容及检索方法。

2. 学科馆员的条件

（1）学科馆员要具备深厚的学科知识底蕴及敏锐的信息洞察力

学科馆员必须具备深厚的学科知识底蕴，对自己所要对口服务的学科，能够深入进去，了解这些学科的历史与发展趋势，为读者提供最新的国内外学术研究动态和前沿信息。同时，学科馆员要善于捕捉、发现和存储最新文献信息，并熟练掌握网络信息搜索和获取的技术。

（2）学科馆员要具备网络化的信息、服务技能

作为学科馆员，必须做到工作网络化，要努力成为网络专家和网络导航员。具体而言，学科馆员要熟练操作计算机，了解和熟悉本学科国内外专业数据库的原理、结构、链接和组合组配方法；对电子文献、网络文献、印刷型文献、缩微和多媒体文献的检索工具要胸中有数，并有立体的、网络化的检索概念和思维定式。

（3）学科馆员要具备良好的职业道德和勇于创新的精神。

学科馆员作为大学图书馆的形象和代表，不仅要有较高的业务素质，而且要有良好的思想素质和崇高的职业道德。在实践中，学科馆员要不断学习新知识、研究新问题，注重服务理念的创新、服务方式的创新以及信息内容的创新。

3. 学科馆员制度的实施措施

学科馆员制度是管理上的一种创新行为。实施这项制度可采取以下措施：

（1）对全馆业务工作人员进行选拔、培养

通过调查、摸底选拔出有高学历、有专业知识的年青馆员和有丰富工作经验、责任心强的中年骨干，实行脱产重点培训，进一步提高他们的业务水平和工作技能。同时，还要建立一个学科或专业的培养对象梯队，以保持学科服务的连续性与稳定性。

（2）明确规定学科馆员的权利、义务和责任

这个规定要视各馆的实际情况，使学科馆员通过一定的努力可以达到。在研究型大学图书馆，对学科馆员的要求要给予适度的弹性，逐步形成机制，包括竞争机制、利益机制和工作机制。

（3）划分大学科的工作范围

在此基础上圈定学科馆员的重点及次重点服务对象，建立学科馆员的对口联系制度，并确定工作目标。

（4）确定阶段性的考核内容和范围

可适时开展读者问卷调查或召开座谈会，收集读者意见，并认真分析读者的文献信息需求类型与形式，及时总结学科服务中的经验。每位学科馆员对口联系一个院系，在开展文献调研和熟悉院系教学科研情况的基础上，全面了解本学科的藏书状况。学科馆员要经

常与课题研究人员联系,在摸清教学研究人员信息需求的基础上,全面系统地搜集信息资源。掌握课题及课堂教学所涉及的学科范围及其相互关系,弄清课题、教学研究中急需解决的问题,据此确定检索工具、检索范围和检索途径。全面了解教学研究人员的科研计划和他们所需要文献的深度、广度,有针对性地筛选信息,剔除虚假、过时的信息,及时提供具有指导性、建议性的信息资料。

学科馆员制度最早在国外的一些大学中试行,在我国高校中,清华大学结合我国国情,首先对学科馆员制度进行了有益的尝试;随后在北京大学、武汉大学、南京大学、南开大学等图书馆得到推广。南开大学图书馆于2002年9月正式立学科馆员制度,通过学科馆员建立起与各院系的沟通和交流,一方面可以将图书馆的有关服务及时传达给院系的师生,另一方面又可以将院系的意见及时反馈到图书馆,有助于促使图书馆最终形成学科信息反馈、信息资源建设和网络技术支持密切配合的工作方式,从而保证了图书馆在资源建设和读者服务方面的工作能够开展得更充分、更有针对性。为了便于开展工作,每个学科馆员都应在图书馆网页上公布所服务的院系以及联系的方式,各院系也应选派教师代表作为召集人。作为图书馆上门服务的使者,学科馆员的服务质量代表着一个图书馆的服务水平。学科馆员制度的建立是图书馆适应高等教育发展的必然产物,也是网络环境下高校图书馆开展主动咨询服务的种新模式,充分体现了读者至上的服务宗旨,在国内尚属于新生事物,需要不断加以完善、推广。

第五节 高校图书馆信息资源管理的创新

一、信息资源的构成和读者需求的变化

近几年来,随着国际互联网的发展,文献信息的多样化及资源的高度共享和多媒体技术的普遍应用,使知识信息的结构发生了很大的变化。这一变化及其引发的读者需求观念的更新给图书馆的资源建设带来了新的课题。

(一)图书馆信息资源的变化

除传统形式的文献资源外,电子图书和图书的电子化及相应的网络系统成为今天图书馆知识信息资源的重要组成部分,网络系统的完善程度也是现代化图书馆的重要标志之一。图书馆资源构成的这一变化,不仅为图书馆发挥其现代化的职能提供了保证,同时也为馆藏资源的有效利用提供了便捷快速的手段。馆藏资源的数字化和计算机检索的实现,网络信息成为信息资源的组成部分。今天图书馆的信息资源包括传统的印刷型文献、非印刷型资料及新型的电子图书,网络资源将伴随着图书馆现代化程度的不断提高逐渐得到开发和利用。图书馆对知识信息的存储、传播逐渐由传统的封闭型向现代化的开放、高效型转变。

（二）用户需求的全方位与综合化

在现代信息环境与科学技术条件下，作为高校图书馆主要服务对象的高校师生，对图书馆的要求已不再局限于单纯利用书目信息服务获取所需文献的线索和从图书馆获取全文。出于教学的需求和知识积累与更新的需要，他们迫切希望通过图书馆获得教学及学习中所需的内容全面、类型完整、形式多样、来源广泛的知识信息，要求图书馆能够针对他们在教学和学习中的具体情况提供全程性、全方位的知识信息保障，满足他们多方面、系统化的信息需求。

（三）用户需求的集成化与高效化

高校图书馆专业用户（主要是从事高科技领域研究与开发的用户）对知识信息的利用深度，随着科学技术进步及经济的发展不断深化。他们不再满足于图书馆为其提供的一般性服务，而要求通过知识信息资源共享将分散在本领域及相关领域的专门知识信息加以集中组织，进行文献信息内涵知识的二次开发，从中提炼出对用户的研究、开发课题与管理创新有重要参考价值的信息。与此同时，知识信息的采集、组织、传递、提供和使用结果信息亦显得十分重要和突出。可见读者对图书馆的需求呈集成化和高效化的发展趋势。

二、高校图书馆信息资源管理的创新

高校图书馆资源建设的目的是为满足用户的需求和提高馆藏知识信息的利用率，要达到这一目的，必须使用户了解图书馆资源的基本状况，同时图书馆也必须掌握和预测用户对知识信息的需求情况。用户对知识信息的需求最终将决定图书馆的知识信息服务内容、模式与管理机制。因此，资源建设的核心必然是为满足用户的全方位需求。现代化的信息存储和传输设备为用户了解和利用图书馆提供了优越条件，也为图书馆的发展带来了新的机遇，高校图书馆在信息、资源管理方面应从以下几方面进行创新：

（一）加强网络信息资源的开发与建设

1. 建立和完善联合书目数据库

在网络环境下，馆藏信息的网络化是高校馆藏信息资源建设的重要内容，也是为读者提供服务的前提。馆藏网络化信息资源建设的内容之一，就是建立比较完整的标准化书目数据库，为馆藏文献信息资源的全面上网打好基础。书目数据库是高校图书馆实现计算机化和网络化的关键，是信息资源共享的物质基础。书目数据库建设的更高层次是区域性联合书目和联机检索的广泛应用，2000年3月中国高等教育文献保障体系（CALIS）联机合作项目正式启动。目前 CALIS 联机合作编目中心已有成员管 300 多家，并已形成了相对稳定的数据库建设队伍，成立了专门的领导小组和专家委员会，在地区或省成立了 7 个分中心，形成了较严密的组织结构，积累了丰富的书目数字资源。

2. 积极利用网上信息资源

Internet 堪称世界最大的信息资源宝库,他以数以千计的数据库向用户提供科学技术、经济、贸易、管理、新闻、教育等各个方面的信息。网上信息资源有些是收费的,但有大量的信息是免费的。万维网上仅免费提供服务的化学数据库就有 200 多个。充分利用网上免费资源,订购一些电子图书、期刊(电子书刊较印刷版书刊费用低得多),不失为节省经费的有效途径。因此,高校图书馆应组织专门力量,组建以读者需求为中心,以专题化、学科化、知识单元为基础的虚拟馆藏,积极提供增值信息服务。虚拟馆藏是由图书馆员将网络信息资源进行有目的地收集、整理、编辑,再发布到本馆图书馆网站成为本馆馆藏。它既不同于传统的以纸质为载体的文献馆藏。也不同于以磁盘、光盘为载体的信息资源。虚拟馆藏的建设在新形势下成为图书馆资源建设的一个重要问题,它是图书馆能否在网络环境下为读者提供全、新、快、准的信息服务的基础和前提,也是评价一个图书馆实力和特色的重要标志。

相对于传统的印刷型文献信息来说,网络信息资源的有序整理与组织具有相当大的难度。由于网络信息资源采用数据形式表达,内容广泛,分布分散,难以规范和结构化,且网络信息资源既不稳定,变化更新频繁,内容特征抽取复杂,用户界面要求较高,这意味着对信息资源的组织与管理提出了更高的要求。高校图书馆必须针对不同的用户群,通过对网络信息资源的挖掘,将无序分散的信息经过重构与整序,成为符合本馆读者需求信息数据库,方便读者使用。要加强文献信息资源数据库的标准化建设,通过计算机对馆藏文献进行管理和传输,为用户提供服务。具体来说,可以采取建设专业指引库和创建虚拟图书馆的方式来利用网络信息资源。

3. 建设专业的指引库

所谓指引库,是指所建立的数据库,从物理意义上讲,并不存储各种实际的信息资源,它存放的是有关主题的数据库或服务器的地址等信息,可指引用户到特定的地址获取所需的信息。专业指引库类似于网上的搜索引擎,它将因特网上与某一主题相关的站点进行集中,按照方便用户的原则,用用户熟悉的方法组织起来,向用户提供这些资源的分布情况,指导用户查找。它可以弥补搜索引擎的不足,从被动的使用到主动的创造,更符合用户的需求。指引库建设中需要重点解决的技术问题是指引库的更新,由于网上站点的增加与更改时时发生,如果指引库没有自动跟踪技术的支持,其价值和生命力就会逐渐消失。

4. 创建虚拟图书馆

虚拟图书馆是网络信息资源组织的有效形式,它针对某一学科或领域研究者的需要,将因特网上有关研究机构、实验室、电子书籍、学术期刊、会议论坛、专家学者等相关的网络信息资源的线索进行汇集后,以主题树或数据库的方式,结合超文本链接组织起来,提供用户浏览或检索。用户在访问某一学科的虚拟图书馆主页时,通过激活相关的网络线索即超级链接,就可以浏览到本学科大量的相关资料。虚拟图书馆是搜索引擎、专业指南系统以及指引库的进一步发展和完善。所不同的是,虚拟图书馆的信息资源要针对特定的用户，精心进行筛选、分类、标引、注解和评价，因而虚拟图书馆的用户有较明显的针对性。同时其信息查询服务，不仅仅是某个关键词或某些关键词组合的检索，从某种意义上讲，其查询结果应有一定的推荐性。因此，促使图书馆的要求更高，它不仅需要自动跟踪技术来及时更新指引库，还需要编制高度自动化且又具有很高的智能分析能力的网络自动搜索软件，以代替手工搜集资料。

（二）大力建设特色馆藏数据库

高校图书馆建设特色馆藏数据库，是开发馆藏网络信息资源并有效配置的主要内容之一。发挥"特色"优势是有效利用馆藏资源和具备共享优势的条件，也是现代图书馆管理观念更新的体现。它的最终体现是图书馆提供给用户的知识信息的质量、效率、水平及其产生的社会效益和经济效益。所谓"特色"，在今天来说，重要的不仅仅是指单方面的收藏文献，还包括对所有资源开发应用和深加工的能力。高校图书馆应根据本馆的实际情况，结合本校的读者需求特点，在统筹规划下，有选择地建立特色数据库。对于那些已经初步形成的馆藏特色，要继续延伸和发展，并通过补充和完善，使之形成特色产品。应该明确，特色的关键在于重质量、求效益。首先，高校图书馆应加强学科特色文献的收藏，根据本校科研发展战略、本市文献整体布局状况、本馆已形成的藏书格局以及文献购置费的情况做出相应调整，使其适应本学校、本地区科学技术和经济发展的需要，适应高校扩招情况下的读者数量迅猛增加的需要。其次，高校图书馆要在全国高校图书馆工作委员会统一的协调组织下，根据本馆的文献歌剧、经费、人力等现实条件和本学校读者的文献需求，系统地从书刊、多媒体资料、数据库文献中摘录有关文献，运用文献重组技术，进行深度标引和有序化，形成新颖独特的馆藏数据库。

网络环境下同样应加强印刷型文献的特色馆藏建设。在网络化服务和资源共享的发展过程中，往往存在一种误导，即：实现文献信息书目电子化和服务网络化后，任何资源都可以上网共享；因而，传统文献资源收藏的重要程度大大降低。然而，从用户需求的内容和最终形式上看，这一认识很显然是错误的。因为，电子文献只是知识信息资源的一部分，今后即使信息技术进一步发展，印刷型文献仍然会以它特有的属性和功能而长期存在，其作为知识信息的基础地位是不会改变的。相反，随着网络化书目信息的发展，用户通过网络掌握的信息日益丰富，更需要扩大图书馆的传统文献馆藏来满足用户索取印刷型文献的需求。而且，目前因特网上所提供的信息资源中，二次信息较多，高质量的免费全文信息相对不足，难以满足用户的信息需求。所以，高校图书馆资源建设仍然需要强化印刷型文献的馆藏建设。与以往不同的是要不断强化和完善自己的馆藏特色建设，突出优势，避免资源建设上的重复和资金的浪费。为了深入开发利用信息资源，需要对文献的内容进行深加工，即对文献所蕴含的指示概念进行加工，使文献既有其检索意义，又有以知识概念为单位的知识单元检索意义。

(三）建立区域性资源共享体系

近年来，各高校图书馆都很重视电子信息资源建设，但是信息资源在校际间分布很不平衡，有的院校由于资金、技术、人员等方面的限制，无力引进或自建更多的数据库；有的即使引进或自建了数据库，不同数据库之间的检索规则和界面也各不相同。众多的数据库在建库结构、涵盖学科内容、检索机制等方面并不具备统一、有序的管理机制。如有的数据库以光盘形式存在，有的以网络形式存在；有的是全文库，有的是索引库；有专业数据库，有综合数据库等等，每个数据库各有各的检索方法、规则，每个数据库支持的检索算符和使用的检索语言也不尽相同，给用户带来了很大不便。

根据目前我国高校图书馆的现状和面向新世纪人才培养及知识经济发展的需要，建立区域性资源共享体系是实现优势互补的重要途径。其主要目的是针对用户对原文需求保障率和资源的重复建设所造成的资金浪费。基本思路是建立同一区域内的高校图书馆和一些图书馆及地方公共图书馆之间的资源共享组织管理体系，根据各馆的馆藏特点，统筹文献资源建设，合理布局馆藏，在这一基础上利用网络化书目信息服务，实现馆际文献资源共享。使各馆既保持自己的特色，又避免了资源的重复建设所造成的资金浪费。北京书馆和北京大学、清华大学建立的合作关系为建立区域性资源共享体系提供了可以借鉴的榜样。继上海、江苏、广州等省市建立联合数字化图书馆后，天津市也建立了"高等学校文献信息保障系统"（TELIS），要在十五期间实现建设数字化图书馆数据中心，建立若干学科文献信息中心，建立采编中心，建设具有馆藏特色的学科文献数据库，建设图书馆工作人员和读者培训基地，建设图书馆自动化集成管理系统，实现各馆间互联互通，投资建设一批电子阅览室。目前已有19所院校参与建设，引进了统一的图书馆管理系统、合作引进了若干个大型数据库，并将各馆自建的特色数据库进行了链接，开始开展馆际互借服务等。数字图书馆的建设，促进了区域资源的合理整合及共享，极大地提高了天津市高校图书馆的整体水平。

第六节 高校图书馆文化的创新

图书馆组织文化，来源于组织文化理论在图书馆管理中的应用。它反映和代表了对该组织起影响和主导作用的团队精神、行为准则和共同的价值观。20世纪以来，传统图书馆处于不停地变革之中。新的技术环境对图书馆的影响更是全面性的，图书馆的工作方式、服务方式、组织形态、馆藏发展、人员角色以及运作方式等都受到强烈的冲击。因此图书馆的组织文化也处于调整和变革之中。

一、建立团队文化

网络技术环境下的图书馆组织文化必须善于吸收其他文化素养,以建构合理、优秀的文化。团队文化是现代组织精神必须强调的重要内容。过去图书馆组织的价值观受传统金字塔形结构的制约,形成领导权威至上,各职能部门只关心自己分内事情,相互之间不合作、不团结的风气,这种组织文化对图书馆有极大的毁灭力,被这种等级文化所困扰,必然导致不精简、不灵活、不公平、缺乏创造力、士气低落的后果,也就无法获得读者的支持。

随着图书馆人对图书馆这种金字塔式的结构弊端的认识,要进行组织创新,向扁平化、柔性化方向发展,团队逐渐成为图书馆的组织基础。在伴随着组织结构的再造过程中应该伴随着组织文化的再造,否则不能保证图书馆各个层面的人员身体力行。

团队文化具体包括如下:

(1)具有共同的战略和目标。团队成员清楚的了解并认同组织共同的战略和目标,认同组织的价值观,并乐意为之奉献。

(2)相互信任、相互尊重。团队成员的技能相互补充,共同努力才能达成组织目标。成员之间形成互相信任、互相学习的气氛。人人承担责任,同时享受个人发展的权利。

(3)良好的知识共享氛围。团队提倡开发、坦诚的沟通氛围,成员间信息渠道畅通,知识共享。

(4)自我管理。团队工作得到领导的充分的信任和尊重,团队以自我管理为导向,在决策上更为民主,提倡参与,注重个人能力的发挥。

图书馆建设团队文化不是一朝一夕的事情。由于原来的组织文化有足够的稳定性,在任何变革的时候都会受到传统旧的文化的阻碍。因此,要求图书馆人进行长时间的努力才能逐渐形成。

二、倡导学习型组织

1990年美国麻省理工学院教授、著名管理学家彼特·圣吉出版了《第五项修炼——学习型组织的艺术与务实》一书,掀起了组织学习和创建学习型组织的热潮。美国的福特汽车、通用电器等一些大型企业都在积极创建学习型组织。随着我国的人世,我国正处于全球经济一体化格局中。为了在竞争中求生存,我国各大企业也正积极地创建学习型组织。学习型组织已成为企业做好知识管理工作和提高竞争力的必备条件。如何有效地激发组织的创新和创建成功的学习型组织已成为现代管理的两大主题。在这股风靡全球的学习型组织热潮带动下,已有创建"学习型社会"思想的提出。中国的上海市、大连市、昆明市相继提出要建成学习型城市。

作为社会文教机构的图书馆,在面对这一机遇和入世的挑战时,也必然要抓住这一机遇,改变传统的管理理念,创建学习型组织以提高图书馆的竞争力。

1. 学习型组织

何谓学习型组织？主要有以下几种观点：

（1）圣吉（1990）认为学习型组织是：在这种组织里，你不能不学习。因为学习已经完全成了生活的不可分割的一部分。学习型组织是一群能不断增强自身创造力的人组成的集合或团体。

（2）学习型组织是个有自己哲学的组织。它在预期对变化的应对和反应、复杂性和不确定性等方面都有自己的一套方法。

（3）学习型组织是能够通过改变信息处理和评估的规划、方式来适应新的信息要求的一个团队。

（4）学习型组织是指以信息和知识为基础的组织，这种组织实行目标管理。成员能够自我学习、自我发展和自我控制。

概括起来说，学习型组织是指通过培养弥漫于整个组织的学习气氛，充分发挥员工的创造性思维能力而建立起来的一种有机的、高度柔性的、扁平的、符合人性的、能持续发展的组织。这种组织具有持续学习的能力，具有高于个人绩效总和的综合绩效。

2. 学习型组织的特点

组织成员有一个共同的愿望。组织的共同愿望来源于员工个人的愿望而又高于个人的愿望。它是组织中所有员工的共同愿望，是他们的共同理想。能增强员工的凝聚力，朝着组织共同的目标前进。

善于不断持续学习，这是学习型组织的本质特征。所谓"善于不断学习"，主要有四点含义：一是强调"终身学习"，即组织中的成员均能养成终身学习的习惯，才能形成组织良好的学习气氛，促使其成员在工作中不断学习。二是强调"全员学习"，即企业组织的决策层、管理层、操作层都要全心投入学习，尤其是经营管理决策层，他们是决定企业发展方向和命运的重要阶层，因而更需要学习。三是强调"全过程学习"，即学习必须贯彻于组织系统运行的整个过程之中。四是强调"团体学习"，即不但重视个人学习和个人智力的开发，更强调组织成员的合作学习和群体智力的开发。学习型组织通过保持学习的能力，及时铲除发展道路上的障碍，不断突破组织成长的极限，从而保持持续发展的态势。

有利于员工的相互影响、沟通和知识共享。学习型组织着力于形成一个宽松的、适于员工学习和交流的气氛，以利于员工之间的沟通和知识共享。

"地方为主"的扁平结构。传统的企业组织结构通常是金字塔式的，学习型组织的组织结构则是扁平的。从最上面的决策层到最下面的操作层相隔层次极少，它尽最大可能将决策权向组织结构的下层移动。让最下层单位拥有充分的自主权，并对产生的结果负责从而形成以"地方为主"的扁平化组织结构。

领导者的新角色。在学习型组织中，领导者是设计师和教师，领导者的设计工作是一个对组织要素进行整合的过程，他不只是设计组织的结构和组织政策、策略，更重要的是设计组织发展的策略。

高校图书馆为给学校科研、教学提供更好的服务，要通过创建学习型组织，培养能够系统思考，不断自我超越。不断改善心智模式，积极参与组织学习，能在共同愿景下努力发展的馆员，使全体馆员以共同愿望为基础。以增强学习为核心，以"学习＋激励"为动力和以团队学习为特征，不仅使每位馆员勤奋工作与学习，而且更注意使人更聪明地工作与学习，努力实现自我超越和不断创新。

在竞争激烈、变化多端的环境之中，创建学习型组织，从而求得图书馆整体的、长远的可持续发展。

三、培育"以人为本"的文化

图书馆的存在是为了满足人，高校图书馆的存在是为了满足高校"各种类型的人"——读者对知识、信息的客观需求，这是高校图书馆存在和发展的根本原因。而高校图书馆之所以能够存在，依靠的是图书馆人对事业的不断追求和奋斗。因此"人"始终是图书馆存在和发挥的动力和支点。

图书馆树立"以人为本"的价值观。实行"以人为本"的管理模式依赖于图书馆文化的支撑。一个有着共同价值取向的图书馆能够对其管理人员和读者倾注最深切的关怀。其管理人员在充分取得自身发展、实现价值的同时，必将更加忠实图书馆的集体事业和未来发展。其读者在获得图书馆良好服务的同时，也必将进一步强化对图书馆的认同感和忠诚度，图书馆由此将获得更好的公众形象。这里的"读者满意"就是"以人为本"的具体体现，是高校图书馆发展的原动力。所以，在图书馆的各种服务活动中，应真正树立以读者为本的理念，使读者能够公平、公正、自由、方便地利用和获取各种文献信息，平等享受各种服务，真正体现"图书馆是所有人都可以利用的场所"这一宗旨。

图书馆的工作对象是文献信息，服务对象是读者，其中读者是主体。这就是说，读者是图书馆的重要组成要素，读者服务是图书馆赖以存在和发展的根本依据。印度图书馆学家阮冈纳赞曾提出"图书馆学五定律"，其中前四条都是围绕着图书馆的"读者服务"来展开的，充分体现了"以读者为中心"的服务理念和人文关怀。因此，高校图书馆在提供服务的过程中，就是要通过这种的服务理念，多想读者之所想，多为读者提供方便，在阅读环境、开放时间、借阅方式、书架设置、信息产品的提供等方面，体现出"倾情"。

"以人为本"还应体现在对图书馆员的关怀和管理上，尤其是要致力于建设符合组织与个人共同发展的良好工作和学习氛围，使馆员感受到尊重，体现自己的价值，从而能自觉地工作，在完成图书馆目标的过程中实现自己的愿望。

第五章 高校图书馆业务管理创新

随着现代信息技术在图书馆的广泛应用，传统图书馆的业务流程已经无法满足信息化社会人们个性化、多样化的信息需求。要使高校图书馆在变革中求发展，在高效运行的基础上达到自我发展和自我完善，就必须打破传统框架，对现有的业务流程进行分析与重组，建立起适应现代信息社会发展所需的全新的、人本化的图书馆业务流程。

第一节 传统图书馆的业务流程及其缺陷

一、传统图书馆的业务流程

图书馆的业务流程是指图书馆开展业务工作的过程。传统图书馆按文献的加工处理过程，将业务流程划分为采访、编目、典藏、流通、阅览和参考咨询等几个部分。这种业务流程是存在于单纯的纸质文献时代，有着其合理存在的依据。

采访，指根据本馆的服务对象、服务内容和长期以来形成的馆藏特色，通过各种渠道订购、交换、征集符合要求的图书、期刊、音像资料、电子出版物和网络信息等。传统的采访工作包括选书、查重、订购、填写订单、组织采购目录、验收、建立采购卡、登记、结算金额、盖馆藏章、打印新书通报和送交编目等。

编目，指对采访到图书馆的文献信息资源进行分类、编目等加工处理。传统的编目工作主要是针对印刷型文献，采用的是手工方式，具体包括查重、分类、检查、抽取专题词、编制目录卡片、组织目录（包括书名、著者、分类和主题目录）、打印馆藏登录号和图书入藏号等工作。

典藏，指对加工处理后的文献进行物理空间上的收藏、分配，对文献物质载体进行保管，具体包括文献在各个书库的分配、清点包装和上架等工作。

流通，是指图书馆为读者提供的各种文献的外借服务，具体包括图书的借还、预约、续借、查询、超期罚款、图书赔失和统计等。

阅览，是指图书馆为读者提供的各种文献的馆内阅览服务。

参考咨询，是指图书馆利用各种馆藏文献，根据读者的需求，为他们提供各种信息检索、二次文献、三次文献、专题报告、情报调研和用户培训等工作。参考咨询工作为读者提供的是特殊服务，需要更多的专业知识。

传统图书馆除了按照文献资料的加工过程划分业务流程外，也根据文献载体和文献类型的不同来区分业务流程，如对图书与期刊、中文文献和外文文献、印刷型文献和音像资料、普通文献和古籍善本等不同类型的文献资料，分别由不同的业务流程来处理。图书的处理流程基本上都遵循了采访、编目、典藏、流通、阅览和参考咨询几个过程，而期刊、音像资料、古籍善本的处理则交由不同于图书的流程来负责。随着现代信息技术在图书馆中的应用，以上大部分业务流程都实现了自动化，其中实现得最好的是编目和流通。在编目部门，卡片目录已逐渐被计算机书目所替代，原来手工抄写卡片的方式已发展为计算机录入的方式。在流通部门，最先应用了条码阅读笔阅读条形码技术，大大提高了借还速度。然而，随着信息技术的迅速发展，读者对信息的需求量越来越大，要求越来越高，从原有单一的信息需求逐渐向多元化的信息需求发展，因此原有的图书馆工作业务流程已不能完全适应现代社会发展的需要。从图书馆的现实情况来看，我们必须从根本上对业务流程进行重新设计，以期提高图书馆的工作效率。

二、传统图书馆业务流程的缺陷

随着信息社会发展的推进，传统图书馆业务流程的缺陷日益显露出来，主要表现在五个方面。

（一）忽视读者需求

传统图书馆业务流程设计的出发点是图书馆自身的工作需要，即根据文献加工整理的方便程度来设置业务流程，没有考虑用户的需求。首先，传统业务流程的信息采集、加工、典藏工作与读者服务工作分开，造成各个业务流程与读者需求脱节。其次，业务流程依据不同的文献类型来划分，导致图书馆不能为读者提供方便、统一的服务，服务的标准也很难统一。

（二）工作效率低，信息技术的效能难以发挥

图书馆的各个业务流程已基本实现了自动化，但各个流程的自动化并没有给图书馆的工作效率带来很大提高，其根本原因是图书馆将信息技术应用在老流程上，并没有改变原有的工作方式。自动化在一定程度上可以提高工作效率，但单纯追求自动化反而会使原来简单的工作变得复杂。图书馆应用现代信息技术时往往考虑的是如何将原有的工作做好，忽视了现代信息技术可以使原来许多不可能实现的工作变得可行，使原来许多必要的工作变得多余。因此，不考虑业务流程的变革，只在原有工作环节的基础上应用现代信息技术，将会无法发挥出信息技术的高效率。

(三)不适合数字信息资源建设

当今图书馆的业务工作,在内容、实现手段和服务对象上都发生了很大变化。加工对象从以前单纯的印刷型文献向印刷型与数字型信息资源并存的方向发展,工作方式从手工向自动化、网络化方向发展,服务对象从图书馆读者或本校师生扩大到所有社会成员。这些新的变化使得传统业务流程已不再适应新的业务流程的缺陷日趋突显,主要表现在两个方面:一是新型文献载体的出现,需要调整或增加新的业务流程;二是许多业务流程在功能上完成了合并,需要压缩与整合。

(四)流程分散,协调困难,缺少有效的应变能力

传统图书馆的业务流程管理系统虽然全面,但是协调困难,信息传递渠道不畅通,导致信息传递速度迟缓,系统功能无法得到充分发挥。从横向上来看,部门设置过多,各个部门只顾自己的工作,而忽视了整个业务流程,有的流程虽然是照章办事,将工作完成得很好,但实际上对于存在价值不大的部门来说,工作完成得越好,造成的人力、物力浪费就越大。各部门看问题缺乏整体观念,只重视自己的局部利益,出现问题时相互推诿,不利于对问题的及时解决。从纵向上来看,层层设置的组织结构,使工作在第一线的人员缺乏应变能力,出现问题时需层层上报,使得图书馆无法适应变化越来越快的外部环境。

(五)工作人员只重视自己的一小部分工作,容易产生倦怠情绪

传统图书馆的业务流程分散,使得每个工作人员只能负责整个业务流程中的一小部分工作,虽然这有利于提高个人的工作熟练度,但工作内容单调乏味,长期下去就会产生厌倦情绪。由于工作人员只能负责一部分工作,不能将整个工作完全做完,无法与读者进行直接的沟通,工作完成后得不到工作的反馈情况,看不到自身工作的重要性,便会对自己的工作失去信心。

第二节 高校图书馆业务流程重组

一、业务流程重组的概念及内涵

美国管理学家 Michael Hammer 和 James Champy 在 20 世纪 90 年代提出了业务流程重组(BPR)理论。他们在总结了一些企业经验的基础上,在《再造企业:经营革命的宣言》一书中系统地提出了业务流程重组的概念,在西方企业界和理论界引起了轰动。业务流程重组的核心思想和内容主要体现在以下几个方面。

（一）工作设计整体化

业务流程重组把原来以职能分工的运作体系改变为以作业流程为基础的组织形式，强调工作设计的整体化，让每一位员工负责某一流程的所有步骤，而不像过去那样只负责单一步骤或任务，体现了较强的整合性。

（二）组织结构扁平化

业务流程重组强调重新组合流程，减少管理层次，裁减冗余人员，使组织结构扁平化，变得灵活敏捷，提高组织效率和效能。

（三）操作信息技术化

业务流程重组在具体操作上就是利用现代化信息技术来实现"工作设计"模式的变革。在计算机和网络条件下，许多工作可以集中起来整体解决。世界信息化的趋势一方面冲击着"诸侯分割"的传统形式，另一方面也为实现以"工作设计整体化"为核心的业务流程重组提供了技术手段。业务流程重组理论打破了19世纪工业革命以来占据统治地位的以亚当·斯密的分工原理为核心的组织原则和管理方式，从根本上重新设计业务流程。由于这种新的管理思想适应了顾客主导、竞争激烈和变化快速的现代企业经营环境，因而受到西方企业界的普遍欢迎。许多企业通过业务流程重组而迅速取得了骄人的业绩。

二、图书馆业务流程重组的动因

图书馆业务流程重组，是指借鉴企业业务流程重组的管理模式，对传统的图书馆组织结构进行彻底变革，以体现图书馆的发展方向，从根本上促进图书馆的发展。

20世纪90年代后，美国大多数图书馆都引入了业务流程重组的管理模式，对传统的图书馆组织结构加以彻底变革。比如，有的将依据业务分工的组织改变为依据学科、读者志愿分工的小组，让专业图书馆员工承担技术及读者服务的业务；有的图书馆将等级结构的组织重组为扁平式的组织，使图书馆员工获得职权，加快了决策过程，提高了服务速度。在中国台湾、香港等地区的部分图书馆也都实施了业务流程重组，台湾辅仁大学图书馆资讯学系副教授吴政睿就提出将图书馆的机构重组为资料处理组、信息咨询组和技术援助组。资料处理组负责传统的采访、分类编目和典藏；信息咨询组基本上是传统的参考咨询功能的扩充，但增加了虚拟馆藏和学科专家的设置；技术援助组主要是为其他两组提供技术和行政上的支持。

总而言之，图书馆开展业务流程重组有着不可回避的现实因素。归纳起来，其重组主要是基于以下四个方面的动因。

（一）社会信息服务机构迅速崛起，对图书馆产生强烈的冲击

在网络时代，信息传播的方式发生了极大的改变，图书馆不但要提供跨越时间的信息

交流，更要提供跨越空间的信息交流。而后一点既是现代信息机构服务的趋势，又是图书馆传统运作模式的弱势。如果不寻求新的解决途径，社会信息服务机构的崛起，特别是各种类型网站的建立与发展，会把图书馆排挤到被人们遗忘的角落。因此，图书馆想要在新的技术环境和信息环境中保持和发展自己的立足之地，唯有调整自己的发展战略，适应新的环境。

（二）竞争对手的发展和信息环境的变化，要求图书馆采取新的支持组织战略目标的信息系统运作方式

随着现代通信技术和计算机技术的飞速发展，人们的生活方式发生了巨大变化，尤其是近年来互联网技术的发展，更加剧烈地改变着传统的工作、生活和学习方式。人们不再是只从单一的物质载体上获取信息，出现了所谓虚拟社区、虚拟图书馆、网上书屋等，这些变化都冲击着传统图书馆的发展。如何改变传统图书馆被动适应的局面，主动投身到这样一个信息时代的潮流中去，变传统图书馆为现代图书馆，是摆在每个图书馆面前不容回避的问题。

（三）重组业务流程，有利于重建图书馆的核心竞争力

传统图书馆一般采用的是以文献管理为中心，按功能定岗位的职能制组织形式。这种结构体制不适应现代信息技术在图书馆的发展和应用，其原因有以下三点：①不利于图书馆与外部信息机构之间的沟通与联系，影响了信息的传递与交流；②管理层次太多，机构臃肿，人浮于事，部门机构缺乏有效的内部联系；③机械的组织运行忽视了组织成员的个性特征，抑制了员工的工作主动性、积极性和创造性能力的发挥。因而机制的改革与重组势在必行，这样才能重建组织的核心竞争力，建立竞争优势。

（四）不断变革和发展，才能使图书馆处于调配状态

当事物处于调配状态时，它们能够自然地、协调地相互作用以实现共同的目的，它们之间不存在摩擦也不存在阻力，能够完美地彼此互补和增援，实际上已合为一体。当一个企业处于调配状态时，它所有的功能或过程都能根据共同的目标和业务范围联结在一起。同样，一个图书馆处于调配状态时，就可以把信息资源的管理与读者的需要有机地联结在一起。企业作为一个单位必须与市场需求相调配，与供应链相调配，而图书馆作为一个信息中心也必须与服务的群体相调配，与信息环境相调配，在一个动态平衡中使图书馆的所有过程和功能都能以卓越的方式为读者服务。

三、图书馆业务流程重组的意义

（一）有利于优化设置，缩减冗余，使图书馆管理向"以用户为中心"转移

图书馆业务流程的重组，不仅意味着重塑一个先进的服务平台，还包含着资源共享、减少重复作业的重要设计原则。系统的集成化管理一方面使原来许多分离的工作实现了在功能上的合并与重组，撤掉了一些多余和重复的部门；另一方面，随着光盘、电子期刊与各类数据库、数字化资源类型的出现，图书馆的信息流也发生了革命性变革，系统的集成化管理可以及时增设一些新的信息服务岗位并加强对它们的管理与协调，以适应社会发展的需要，如增设电子资源的检索与服务、网络资源的提供与导航、网络系统的维护与服务等。其中，网络信息资源的开发与服务将成为未来图书馆工作的重心。图书馆的业务流程重组，将有利于图书馆适应经济社会的发展，向"以用户服务为中心"转移。

（二）有利于健全图书馆整体协作精神，提高信息服务效率

传统的分工模式使得图书馆大多数员工视野狭窄、知识局限，对新环境的应变能力较差，他们只局限于自己固定的工作范围和内容。工作任务的分割使员工们在工作中缺乏合作和创新精神，不利于充分发挥员工工作的主动性和创造性，造成工作效率与服务质量偏低。业务重组后的组织对员工工作提出了更高的要求，员工应当对整个图书馆的运作方式、工作手段和技术方法等都非常了解，必须具备较强的兼容性和合作性，服务中强调完成工作和工作改善的结合，这样就会将原来系统中各个分散的环节整合形成一条顺畅的业务流程，提高整体的工作绩效，获得用户的好评。

（三）有利于员工队伍整体素质的提高，更好地适应信息化时代发展的要求

随着图书馆业务流程重组，图书馆各项功能将大大拓展，图书馆的所有员工也必然会向具有综合信息素质的管理人员转变。员工们应当是擅长某一领域且知识丰富的复合型人才，这种人才既要有娴熟的图书情报理论功底，也要具备熟练的计算机应用技能与网络信息的处理能力，还应具备较高的外语功底。业务流程重组的思想和图书馆业务重组的实践，不仅为员工提供了提高素质的巨大机遇，也对他们自身提出了严峻的挑战。只有图书馆员工锐意进取、不断学习、不断充实与调整自身的知识结构，图书馆才能适应经济全球化、社会信息化的潮流，在激烈的竞争中立足并有所作为。

四、业务流程重组原理在图书馆工作实践中的运用

（一）传统服务领域的流程重组

通过实践我们不难知道，在传统的图书馆服务领域里，其业务核心是如何组织和管理

好馆藏文献资源的，因为一切文献信息资源首先都是面向图书馆管理者，读者只有通过管理者才可以得到它们。然而在现代信息环境下，信息资源与读者之间是零距离的，这就要求图书馆再也不能固守传统的观念去为读者提供服务，而是要把工作重心转移到尽可能地方便读者、满足读者的需要上来。如今图书馆的服务宗旨是"以读者为本"，强调主张"用户第一"。专业咨询、特殊问题咨询的参考服务工作越来越重要，逐渐取代了传统服务的地位而被推到第一线的位置。营造一种良好的阅读氛围、推崇与读者双向互动的交流成了图书馆信息服务的新理念。

近年来，业务外包在图书馆界得到广泛应用，已有一些书商把图书盖章、贴磁条、贴条码和做MARC数据等加工环节全部无偿承接下来。图书馆摆脱了纯劳务性的业务细节，采编部只需做好一些必要的业务环节工作，如只负责把好订书质量关，图书到馆后验收，书目数据的补充修订。因此，原来在图书馆各业务部门中技术力量最强、最核心的采编部就变成了一个极普通的环节，更多的图书馆骨干力量可以调整到读者服务第一线去。

无论是国外发达国家的图书馆、我国港澳地区的图书馆，还是我国一大批新建高校图书馆，都已经把"藏—借—阅—咨"一体化的馆藏布局当作首要的选择，这势必会导致图书馆重新考虑业务流程的再组织，如考虑是否把新书先提供阅览再外借，是否应该将自动化设备与书库融为一体，甚至在考虑是否应该将图书馆建成开放式空间等。

（二）现代信息服务的流程重组

近年来，图书馆信息服务呈现出许多与传统服务不同的新特点，这使得业务流程重组势在必行。

1. 读者需求个性化

传统的图书馆服务模式流程为：图书馆组织文献—经过业务加工提供给读者—读者利用后还回文献。而在现代信息环境下，图书馆面临的是一种多元化的服务需求，它的服务模式主体是读者，具体流程为：读者提出需求—图书馆组织相关资源—与读者双向交流—图书馆重新处理信息—完成信息服务。

在现代信息环境下，读者的需求可能是有形的文献，也可能是无形的一切信息；可能是一堆供读者选择的资料，也可能是一个特殊的数据、图片和实物等。

2. 服务手段现代化

信息时代满足读者需要的服务既可以是普通文献的传递，也可以是电子手段的文件传送；既可以是现场服务，也可以是远程服务；既可以是即时服务，也可以是预约服务。这些服务手段的变化在信息资源的组织与图书馆内部组织结构的调整方面都与传统的模式有较大差别，因此必须立足于现代技术环境，予以考虑。

3. 服务内容专业化

参考咨询服务分为一般性咨询服务和专业性咨询服务，前者回答的是常识性问题，后者则需要解答深层次的专业疑难问题。承接专业咨询的参考馆员必须具备相应的学科背景，否则就起不到知识导航的作用。在信息通道高度畅通的今天，读者对图书馆的依赖性相对有所减弱，因此图书馆的主动服务显得尤为重要。特别是在高校和科研单位，大部分读者都承担着课题研究的任务，图书馆有责任主动进行专题跟踪服务，在提供这种服务的同时要注意服务内容的深度和广度。

4. 信息资源共享化

在网络环境下，信息资源来源于世界的不同角落，因此资源的共享既是一种必然趋势，又具备了最基本的物质基础。一个图书馆脱离对外合作而能完全满足读者需要是不可能的，资源共享要求图书馆对其服务流程做相应改变，特别是不同类型图书馆之间的合作前景十分广阔。

（三）人力资源重组

对人力资源进行重组具有一定的意义，即人才集中到读者服务的第一线。业务重组之后，图书馆中原来技术含量较高的编目部门摆脱了许多烦琐的工序，除了进行必要的质量把关外，更多的业务细节已交由书商外包去完成，与读者面对面的参考咨询服务被提到更为重要的位置。通过人力资源重组，知识结构合理、情报服务意识强烈、运用现代技术手段熟练的图书馆员工成为该类服务工作的首要人选。这种服务形式不是单纯设立一个参考咨询部，而是要把咨询馆员分布在图书馆的每一个功能区。

对人力资源进行重组，可以通过以下制度措施来实现。

1. 实行岗位聘任制

分配制度的改革在事业单位已广泛推行，其主要措施就是把每一个人的专业、能力、职称与经济报酬结合起来，实行岗位等级制度，拉开分配距离。在图书馆人事改革中，也必须按需设岗、依能就岗、按岗取酬，以实现人才的合理流动，调动全馆职工的工作积极性，培养图书馆员工的岗位竞争意识，实现整体服务水平的提高。

2. 实行学科馆员制度

学科馆员制度是国外较为流行的用人方式，目前国内许多先进高校图书馆也正在运用这种方式，如北京大学图书馆、武汉大学图书馆等。这种方式能充分发挥图书馆员工的专业特长，开展定向读者服务。然而在部分高校图书馆，由于受经济落后、交通不便、信息闭塞等因素的影响，学科馆员制度虽然没有真正实行，但为了更好地服务信息时代读者的需求，高校图书馆仍然需要在一定程度上探索学科馆员制度。例如，西昌学院图书馆组织馆内副高以上职称人员为学校专家教授开展的"一对一"学科化服务，将图书馆资源与他们的需求进行有效对接，听取他们的建议，帮助专家教授完成信息获取、整理、分析等工作，取得了较好的成绩，这就是一种学科馆员制度的雏形。学科馆员既是一种资格，又是一种能力。学科馆员制度为图书馆实现更高层次的专业服务奠定了人才基础，是图书馆人才机制的理想模式。

(四)信息资源构成格局重组

在网络时代,文献类型由单一存在的纯印刷型文献转变为印刷型文献和电子型文献并存,但印刷型文献依然发挥着不可替代的作用,只是与电子型文献的结合更加密切。阅读携带方便的印刷型文献在较长时期内仍将是大部分读者利用最为频繁的信息资源,同时随着电子图书、随书光盘不断增多,这些出版物对图书馆加工、分编、典藏和流通等业务流程的处理方式提出了新的问题和要求。

目前,纯电子文献出版的学科覆盖面不断扩大,形式很多,使用也更加方便。电子文献出版最初以题录检索型数据库为主,检索结果主要是题目、文摘。全文数据库大量出现以后,内容几乎涉及所有的学科,形式更为广泛,不仅有电子图书、电子报刊,还有品种繁多的多媒体读物,以镜像站方式或远程服务方式提供服务。

如今网络资源的作用日渐突出,以新、快、全等优势主导着图书馆信息服务的发展方向。图书馆要想真正地收集和利用数据量庞大的非确定性信息资源,只能通过网络搜寻、分析组织和定向提供的方法向读者开展服务。由于这种服务的信息量大、内容新颖和频率快捷,所以更为广大读者所喜爱。

(五)核心竞争力重组

很多图书馆有特定的读者群,发挥着信息中心的作用。网络信息技术的发展打破了图书馆这一固有的稳定状态,一部分读者开始习惯通过网络来查找和获取信息资源,而无须亲自到馆,图书馆的固定读者群从传统的集中型转变成到处分散的状态。在网络环境下如何保持图书馆的核心竞争力,重组新的核心竞争力,就成为图书馆实施业务流程重组的主要目的,先进信息技术的应用无疑是提升核心竞争力的技术保证,但更新管理理念、重组组织机构和工作流程、提高图书馆员工的综合素质才是重组和提升核心竞争力的先决条件。

第三节 图书馆业务组织机构变革

面对知识经济和信息化浪潮的冲击,图书馆传统的组织机构和业务体系越来越凸现出它的局限性和弊端,因此,按照知识经济和信息时代对图书馆的要求,改革现行图书馆的内部结构和业务体系已成为有待研究和解决的一个重要课题。

一、图书馆组织机构设置的弊端

一个组织的内部机构和业务体系建设,是顺利实现组织目标和计划的可靠保证。我国图书馆长期以来在组织机构设置中沿用的是亚当·斯密的功能分类法,将图书馆分成技术服务(业务机构)和读者服务两大块,并按文献类别和处理顺序再分为采访、编目、典藏、流通和阅览等主要部门。这种结构形式在当前所表现出的局限性和弊端主要体现在以下三个方面。

（一）封闭性

封闭性主要是指服务空间的封闭性和部门之间的封闭性，前者是指由于图书馆自身的发展，许多图书馆的工作主要以图书馆为中心，流通、阅览等读者服务工作以图书馆基础设施为依托来进行，坐等读者上门，极少触及图书馆以外的服务空间。后者是指部门之间的封闭性，是读者服务部门和内部业务工作部门之间缺乏有机联系，致使读者反馈信息只限于服务部门，而难于到达业务部门，而业务部门也很少过问服务部门的情况，这样就使得工作难以根据读者需求做出相应调整。因而，图书馆结构的封闭性严重影响了读者服务工作。

（二）滞后性

一方面，在传统图书馆结构分工体系下，由于决策者、管理者和读者间的信息沟通、交流渠道不畅通，决策迟缓、滞后，不能针对读者需求适时调整馆藏和服务；另一方面，随着电子计算机技术的普及和网络的飞速发展，一些图书馆的传统业务工作由于严重滞后于时代发展而即将被取代。例如，传统编目工作耗费大量人力物力，读者查询起来并不方便，而利用现代化技术，读者只需轻击键盘，便可得到所需的信息。

（三）形式化

随着我国市场经济体制的逐步确立和完善，图书馆事业也有了长足的发展。一些大中型图书馆为了适应时代的要求，立足于发展，对内部结构体系进行了适度调整。但是由于缺乏理论的指导，缺乏系统的整合与重构，出现了片面性的理解新设机构职责和职能，使得这些机构的设置流于形式。

二、图书馆业务组织机构变革的目标

对业务组织机构进行重组，是高校图书馆在网络环境中求发展的必然选择。图书馆业务组织机构重组要实现以下五个目标。

（一）提高运行效率

当今图书馆所处的网络环境和用户对信息需求变化频繁，数字信息数量大、时间性强，这些形势特点迫使图书馆要以较高的效率运作才能得以发展，但过细的业务划分及其带来的组织机构的细化，已明显成为提高效率的障碍。过分细化及部门独立的业务机构体系，在遇到一些需要跨部门协作完成的任务时，往往会受到本位主义等观念的影响，在人员调动、相互支援和协作等方面存在困难，不利于整体目标的实现。

（二）实现信息流和物质流的有机结合，以信息流为核心更好地控制物质流

从信息的角度看，传统图书馆应该说并不是图书馆的全部，它只是完成了自身功能的一半，即对物化文献的整理、收藏和流通。在信息技术条件下形成的数字图书馆不是独立的图书馆，也不是图书馆的全部，它只是完成了图书馆的另一半功能，即信息流的开发和传播。信息流是物化文献在计算机和网络中的另一种形态，信息流的处理和传递使图书馆的信息能量得到有效开发和释放。因此，只有重新组合图书馆的业务机构，实现信息流和物质流的有机结合，并以信息流为核心更好地控制物质流，才能实现真正意义上的完整的图书馆的各项服务功能。

（三）具有开放性，满足资源共建与共享的要求

图书馆的机构重组既涉及馆内机构重组，也涉及馆际资源重组。馆内资源与机构重组可以增强本馆的活力，馆际资源重组可以打破条块分割，减少重复建设，从而提高文献保障率和利用率。

（四）完成图书馆机构与现代技术的结合

图书馆业务部门设置要充分发挥计算机技术和网络技术的优越性，改变传统手工图书馆时代业务分工过细、过繁的程序，简化工作环节，加大计算机加工处理文献信息产品的比重，直至完全使用计算机取代传统手工劳动，把图书馆工作人员从繁重的事务性工作中解放出来，提高他们的知识水平和信息服务能力。

（五）能满足信息资源建设和服务手段多样化的要求

在现代信息环境下，图书馆必须从以自有文献为基础提供服务，转变为开发利用多种资源系统来提供服务。例如，开展网络信息资源的开发、组织、利用、控制等服务，利用自身的馆藏资源，大力开发有特色的数据库以供信息用户使用等，这些都需要图书馆进行业务机构重组。

三、图书馆业务机构重组的步骤与模式

（一）图书馆业务机构重组的步骤

图书馆业务机构重组主要分为四步：①确立重组的目标；②根据目标制订重组的计划，在计划中提出图书馆业务机构重组的模式；③根据重组模式来设置图书馆的业务部门；④根据重组目标对重组后的业务机构进行结果评估。

（二）图书馆业务机构重组的模式

从国内外图书馆已有的实践经验看，图书馆实行业务组织机构改革的模式应该从以下

几方面来考虑构建：一是将计算机和网络技术的建设置于图书馆管理的基础地位，使其在管理模式中无一例外地面向所有部门和环节；二是根据现有资源特别是人才配备情况，着眼于信息资源的特征和对其开发利用的实际能力，划分为不具有可开发性的信息资源和具有可开发性的信息资源，使图书馆能够集中力量，保证对部分信息资源既具有加工载体的能力，又具有加工内容的能力；三是强调组织机构体系的简洁性、业务环节的模糊性和业务工作的灵活性；四是要使图书馆领导从具体业务工作的管理中解放出来，把工作重心转向业务政策和发展战略的制定、对各业务部门的目标管理和评估考核、各类资源的分配和获取、机构的形象树立和馆际交流等。

图书馆业务组织机构重组后，包括以下部门。

1. 文献建设部

文献建设部主要负责图书、期刊、报纸及电子文献的采购、编目、典藏工作，利用计算机自动化分类编目系统，建设馆藏文献目录数据库，利用计算机自动化采购系统，与省图书馆、国家图书馆，或其他图书馆、信息机构协同工作，承担联合采访和联机分编工作，进行虚拟馆藏的开发建设工作。

2. 读者服务部

读者服务部主要为用户提供文献借阅、报刊阅读、参考咨询、信息检索和远程教育服务，管理书刊库和电子阅览室，承担用户培训、读者入馆教育及馆际互借工作。

3. 网络技术部

网络技术部主要负责图书馆内各类型数据库、局域网的管理和维护，设备安装、检测和更换，图书馆主页制作和维护，用户的技术咨询和培训。

4. 信息开发部

信息开发部主要负责提供网络导航服务，承担各学科专题服务，参与科研课题的开发研究，建设特色文献数据库，开展查新服务。

5. 办公室

办公室主要负责协助馆长进行业务、行政、财务和人事等工作，进行馆内外协调和馆际协调工作，承担来访接待、安全保卫及群众团体组织和离退休人员的管理工作。

6. 学术委员会

学术委员会是一个虚拟组织，由分散在各个部门的学术水平较高的人员组成。其职能是开展专业学术活动，组织馆内业务交流、培训与指导，促进图书馆学术研究交流环境的形成，发挥对图书馆学术研究工作的咨询及参谋作用。

7. 馆务委员会

馆务委员会也是一个虚拟组织，由领导班子成员、中层干部等组成。其职能是制定图书馆的建设与发展规划，监督各部门工作完成情况，检查图书馆业务工作实施的规范化、标准化情况，根据读者对图书馆工作的意见和要求，制定具体的改进措施。

以上部门由微观管理（业务部门）和宏观管理（学术、馆务委员会）两部分构成，它们之间相互结合，形成了图书馆新的管理模式。这种新的管理模式从组织上保障了图书馆的业务工作和学术研究的顺利开展。同时，这种新的管理模式将传统图书馆的采、编、借、阅四个业务部门精简为两个，不仅可以减少管理环节，节约人力资源，而且可以使业务流程更加畅通。另外，在基本模式下每个图书馆又可以根据各自的馆情，重新组建自己的业务部门，每个业务部门又可以划分成若干个工作小组，以体现扁平化组织机构的特点。例如，西昌学院图书馆的管理模式就是将自己的文献与现代信息建设部划分为文献加工组和技术组，读者服务部下又划分北、南、东三个校区的流通服务小组。

不同类型和规模的图书馆馆情不尽相同，即使相同类型和规模的图书馆也会因人力、财力和物力的不同而存在较大差异，因此，各图书馆不能生搬硬套上面所说的组织机构模式，要结合自身具体情况加以完善和应用。

第四节　高校图书馆业务外包

一、业务外包的含义

业务外包（outsourcing）又称资源外取，是指将一些传统上由企业内部人员负责的非核心业务，以在外加工方式发包给专业的、高效的产品（服务）供应商，以充分利用公司外部最优秀的专业化资源，从而降低成本，提高效率，其目的就是增强自身的竞争力。业务外包改变了自给自足的组织模式，把非核心业务的大部分分包给别人，而在核心技术和产品上区别于竞争对手，这在全球企业中已经得到广泛运用，并取得成功。

业务外包推崇的理念是如果企业自身在价值链中某一环节上的活动不是世界上最好的，并且也不是自己的核心竞争优势，同时将这种活动剥离后也不至于把企业与客户分开，那么就应该把它外包给在世界上这一环节最具有核心竞争优势的企业去做，这样对于企业来讲可以创造更多的价值。因此，对于业务外包理念的理解就是，首先要确定企业的核心竞争优势，并把企业内部的智能和资源集中在那些有核心竞争优势的活动上，然后将其余的业务外包给其他做得最好的企业，从而实现各环节最佳能力的组合，构成企业整体的发展优势。目前，业务外包已经在国内外企业界得到广泛应用。

二、国内外图书馆业务外包的发展状况

20世纪70年代，美国图书馆引进自动化操作后，许多图书馆都选择把这项业务招标承包出去，以充分利用社会资源来降低成本、提高效率。从20世纪80年代中后期开始，国外许多图书馆除了已经普遍将大量机械性劳务如清洁、保卫、拆包、贴书标、装订和上下架等事务性工作外包给专业企业外，甚至还将专业性的工作如分编、数据库建设、计算

机系统管理和设备管理维护等交给专业公司来完成。对此，1998年秋，美国图书馆协会（ALA）特别成立了一个外包工作组来研究业务外包相关的课题，并在ALA的冬季会议上设立公开论坛来讨论业务外包对图书馆的影响等相关问题。业务外包这一经营管理方法日益受到国外图书馆界的重视，图书馆业务外包在欧美早已蔚然成风，围绕图书馆业务已经形成了完善的服务市场，但将整个图书馆业务外包后也出现了丧失图书馆基本职能的现象，改变了图书馆公益性属性的极端做法，对图书馆界造成了极大的影响和震撼。

20世纪90年代，业务外包的方法被引进我国图书馆界，但我国在这方面的尝试范围十分有限，项目明朗、内容规范地实现业务外包也是在近几年才开始出现的。随着市场经济的发展和社会分工的不断细化，一些专业公司和书商已开始从事与图书馆业务相关的服务，逐步具备了承包图书馆部分业务的能力。在我国图书馆人力、物力和技术力量有限的情况下，业务上一些简单的、机械的和重复性的事务可以实施外包。在我国可选择实施图书馆业务外包的项目具体有按单采购、分编、加工业务、读者常规服务管理、数据库建设、特色资源库建设、馆外资源的利用、项目设计和建设、物业管理、设备管理维护和信息服务等。

虽然国内图书馆的业务外包尚处于起步阶段，业务外包模式还存在一些有待解决的问题，图书馆也存在一些顾虑，外包商承接图书馆业务的能力尚且较低，但业务外包这种先进的管理模式正在逐步被大家所接受和认识。业务外包可以突出图书馆的核心业务，降低图书馆的运营成本，帮助图书馆摆脱人力、物力不足的困境，充分利用社会资源提高图书馆的工作效率等，这正成为图书馆业务发展不可缺少的一种方式。同时，业务外包也体现了在知识经济时代传统图书馆向现代化图书馆转型过程中图书馆职能社会化的必然发展趋势。伴随着图书馆现代化、网络化程度的提高，虚拟馆藏比重的上升及联机合作编目的普及，越来越多的图书馆将会接受这种先进的服务方式，外包商也会专注于图书馆配套业务的经营，为图书馆提供更好、更完善的配套服务。

三、高校图书馆实行业务外包的意义

从本质上讲，业务外包是图书馆经营战略和管理的一种新理念。具体来讲，它整合利用了图书馆外部最优秀的专业化资源，能够降低运营成本，提高效率，充分发挥自身核心竞争力，增强对环境的迅速应变能力。业务外包能利用社会优质的智力和物力资源来提高图书馆整体的服务能力，克服专业技术人员、文献资源、资金等缺乏的困难，大大地提高办馆效益。外包厂商的业务面向众多客户，具有规模效益和专业性强、效率高的特点，由他们提供服务通常可以较大幅度地降低成本，并可节省庞大的人工费用。业务外包有助于节省文献采集、加工、流通的转换时间，不仅可以提高劳动效率，保证作业质量，而且可以大大节约图书加工的成本，使图书馆有限的经费实现最大的效益。

根据劳动分工的理论，图书馆业务外包可以看成是劳动分工的延伸。图书馆通过外包，

将一些非核心的、次要的和辅助性的功能或业务外包给外部的专业服务机构，让图书馆得以"瘦身"，把资源和智慧集中在保持和发展图书馆的核心业务和核心竞争力上，这有利于图书馆保持并发展其核心能力，强化自己的核心竞争优势，提升整体竞争力，这是实行业务外包最大的也是最根本的益处。核心竞争力理论认为，一个机构应该确定自己的核心业务和核心优势，如果某项业务不是自己的核心业务，但它对形成核心竞争力很重要，那么就可以把该项业务外包给最好的专业公司，从而使该机构能够把更多的资源投入核心业务，建立核心优势，最终提高其核心竞争力。"读者第一，服务至上"是图书馆的宗旨，一线读者服务工作是众多图书馆的核心业务，文献采编、数据库设计、计算机和网络的维护、物业管理等很多业务是图书馆的二线工作，但它们又是读者服务工作不可或缺的活动，把它们外包给专业公司（团体）来完成，既能保证读者服务工作有更多的人力和财力支持，又能突出其核心优势。

高校图书馆实行业务外包，不仅可以解决图书馆在运营成本上的困难，而且可以解决员工缺乏的问题，提高工作效率，发挥自身核心竞争力，以适应迅速变化的信息环境。

业务外包促进了图书馆自身承揽外部业务能力的提高及服务功能的延伸，使得不少图书馆将一些事务性、技术性工作逐渐外包给专业化的公司或部门来承担，促使图书馆改进原来的业务工作流程，把目光和精力更多地转向信息增值服务和信息研究服务领域，不断开拓和深化图书馆业务职能。

提高图书馆服务质量和水平的关键在于采用先进的技术和使用高素质的专业人才。业务外包使得图书馆可以利用外部的优质资源，包括技术设备、文献信息和人才，极大地增强了图书馆的服务能力，还可以把图书馆内部的优质资源集中投入到读者服务一线岗位。文献信息采编、计算机硬件软件维护等二线岗位目前几乎集中了图书馆大多数有着较高专业素质的人才，而面向读者的服务岗位人员素质普遍偏低，这直接影响了图书馆读者服务的质量和水平，因此，提高读者服务人员队伍的专业素质刻不容缓。诸多二线岗位业务的外包无疑会使众多有着较高专业素质的人才投身到一线读者服务工作，使一线人员队伍的专业素质结构得到较大改善。同时，真正使图书馆业务重心从以馆藏为中心向读者服务转移，使读者服务的质量和水平迅速提升，树立图书馆的良好形象，提高图书馆的行业地位。

四、高校图书馆业务外包的对象

随着市场经济的发展和社会分工的不断细化，一些公司、机构已开始大量从事与图书馆业务相关的服务，并逐步具备了承包图书馆部分业务的能力。能够承接图书馆外包业务的主要有专业的文献信息服务公司和书商。

专业的文献信息服务公司的业务工作与图书馆业务工作有很大的相似性，具备很强的承接图书馆外包业务的能力。例如，1967年建立的联机计算机图书馆中心（OCLC）服务于世界上84个国家和地区的45000多家图书馆，可协助图书馆完成批量或回溯性编目服务，也可直接向图书馆提供编目业务。中国高等教育文献保障系统中心（CALIS）开发的联机合作编目系统、联机公共检索系统、馆际互借与文献传递系统等，可以面向图书馆开展多项业务工作，如文献分编、文献采购协作、数据库服务及存档服务、技术支持和培训，同时还面向读者开展文献信息服务业务，主要有文献传递、馆际互借和定题服务。

书商是承接图书馆外包业务的重要力量，书商参与图书馆业务承包是图书市场激烈竞争推动的结果。在我国，自2003年5月图书零售市场开放后，图书批发市场也于2004年12月全面开放，外资、民间资本大举进军图书分销领域，市场竞争相当激烈。一家书商要想在竞争中获得自己的一席之地，就必须大胆创新走出一条新路子来。前几年国内图书发行商以提高图书发行折扣率来吸引客户，近几年则纷纷推出特色服务，主要是图书加工的各种业务。经过几年的发展，我国一些颇具实力的图书发行商已经建立了自己的图书加工基地及配套的物流，利用规模优势为图书馆提供图书加工业务。另外，一些书商还与国家图书馆联机编目中心、CALIS联机编目中心、CIP数据中心等有着数据服务关系，可从中择取丰富的采访数据提供给图书馆的采访员，同时还为图书馆提供所订货物免费配送标准MARC格式的数据，并定期分批向图书馆提供新书的采访数据。

五、高校图书馆业务外包的内容

在我国图书馆人力、物力和技术力量有限的情况下，业务上一些简单的、机械的和重复性的事务性工作都可以实施外包。目前，高校图书馆可选择实施的业务外包的具体项目有九个。

（一）接单采购

接单采购即图书初选工作外包，主要形式是书目购书，图书馆根据各自的文献采集方针、任务确定选书的范围并制定书目，委托书商根据书目的内容配书，书商配书后把相关书目数据通过电子邮件发送到采编部门，供查重和建立馆藏数据库使用。

（二）分编、加工业务

这是目前图书馆界普遍实施的一项外包业务。图书馆将从分编到加工的整套业务以及回溯分编业务外包给专业机构（团体），使图书到馆以后就可以直接上架，提供给读者使用。外包的图书分编、加工业务主要包括两部分内容：一是对文献内容的加工，即人们通常所说的编目加工，包括文献分类、标引、主题分析和文献著录等。图书馆还可以要求书商随书配送分编数据，或套录书目数据公司书目，或以委托专业公司（团体）分编等形式实施外包。二是文献载体的物理加工，包括贴磁条、加盖馆藏章、打号、贴条形码和贴书标等，书商可以直接提供这方面的服务。

(三)读者服务管理

在我国较早出现的图书馆业务外包就是读者服务管理外包,如有的图书馆将学生自习室、阅览室承包给临时工或勤工俭学小组,有的将夜间开馆业务外包,有的将复印、录音服务业务外包等。

(四)数据库建设

高校图书馆在建设特色资源、学位论文和科研成果等特色数据库时需要投入大量的时间、人力和物力。为了不影响其他工作的进行,图书馆可采用外包的形式来完成这项工作。

(五)馆外资源的利用

随着现代化技术的应用以及网络技术的发展,图书馆逐步过渡到整体共建、共知、共享文献信息资源,图书馆工作向智能化、数字化、网络化方向发展。为了充分利用馆外的人才、文献和设备资源,图书馆可以以业务外包方式利用外部相关资源,如数据库、网络、服务器租用等,以拓展本馆业务。

(六)项目设计和建设

图书馆的建筑、电路、网络线路等项目设计与建设超出了图书馆的业务能力和范围,应该外包给有关专业公司实施。

(七)物业管理

可以将馆舍的清洁卫生、消防安全、维修、水电设施维修等物业管理和维护工作进行外包。

(八)设备管理维护

一些技术力量比较薄弱的图书馆可把计算机、打印机、复印机、电梯、机动车辆、通信器材和线路等仪器设备的保养维护,以及自动化管理系统软件的维护等业务外包给专业公司。

(九)信息服务

一些信息服务能力欠缺的图书馆可把定题服务、科技查新、文献传递和技术培训等信息服务业务部分或全部外包给数据库服务商或其他信息服务机构。

六、图书馆业务外包的实施

(一)进行业务流程重组

图书馆要进行组织结构的重建,这是促成图书馆业务外包的第一步。对图书馆内部的结构做相应调整与重新定义,以便建立外包考评与监测系统,其中包括对内的业务外包专门管理和对外的业务外包专项管理的调整,特别是在人力资源管理上,既涉及关系结构的调整,又涉及管理结构的调整,更需要引起特别重视。组织结构的重建,有利于充分发挥各个业务单位的积极性和能动性,使每个业务单位在自己的专精领域不断突破,强化组织适应外部环境的能力。图书馆领导层和员工层也要更新观念,对业务外包要有一个清醒的认识,尤其是管理领导层要具有战略眼光和追求变革的思想。

(二)开展内部分析与评估

图书馆的高层管理者要确定外包的需求并制定实施策略,这是图书馆实施业务外包的第二步。要想从外包中获得效益,图书馆的最高决策层必须采取主动,在制定外包策略时,必须明确外包的目标和与外包商的关系,明确需要外包的业务领域。在实施业务外包活动中,划分核心业务与非核心业务至关重要,因为在没有认清什么是自己的核心业务之前进行业务外包非常危险,将会导致外包极端化,使图书馆丧失核心能力,改变图书馆公益性的属性。在确定了需要外包的业务后,还需要收集大量的材料和数据,以确定从哪些外包的业务中可以获得最快或者最佳的投资回报。要准确定义外包项目的范围及所包括的服务内容,同时还应详细划分出外包服务流程中双方的交汇点与分离处。

(三)选择合适的外包商

图书馆实施业务外包的第三步就是选择合适的外包商,这一步至关重要。图书馆领导层应该听取来自内部或外部专家的意见,而这支专家队伍至少要覆盖外包的相关业务领域,在综合各方面的意见后,要有一份详细的书面材料,其中包括服务等级、需要解决的问题和详尽的需求等。一份好的建议书对以后与外包商的关系,以及外包业务的顺利实施和控制都将起到非常重要的作用。在这一切都准备就绪后,就可以按照自己的需求选择外包服务商了。外包服务商的资质、财政状况等因素是必须要考虑的问题。

(四)外包的实施和管理

在与外包商签订合约时,合同中要明确规定外包的价格和评测性能的尺度,还要规定服务的级别以及违规的处罚条款,不要认为把业务外包出去后就万事大吉了;相反,要密切注意并配合外包商进行各项活动,明确外包并不表示某项业务工作的结束,而是意味着另一种管理的开始。在执行合同的过程中,图书馆还必须对外包商进行有效的监督,重视业务外包的过程管理,尤其是技术业务工作,同时还应建立一套可以将服务对象的问题直接反馈给图书馆领导层的机制。图书馆与外包商的关系是互相依靠、互惠互利的双赢关系,双方只有在充分沟通与相互理解的基础上加强合作与协调,才能使业务外包顺利进行。

七、高校图书馆业务外包的风险控制

（一）业务外包风险的成因

1. 经营环境的不确定性

图书馆与外包企业在业务外包经营过程中均面临着明显的不确定性，业务外包活动始终处于风险环境。这些不确定因素，包括来自图书馆和企业的决策、人力、财务、管理和业务等内部因素，也包括来自宏观政策、市场需求和技术发展等外部因素。上述内外部因素都将直接或间接地给图书馆业务外包带来风险，其中有些因素是图书馆可以掌握和控制的，有些因此则是不能掌握和控制的。

2. 双方信息不对称

图书馆与外包企业的关系实质上是一种"委托—代理"的关系。一般来说，作为委托方的图书馆与作为代理方的外包企业在合作前对对方的情况未必都充分了解，亦未必都向对方提供了必要的信息。在进行业务外包之前，外包企业比图书馆更了解自身的经济、技术和经验等信息，并可能向图书馆提供不充分或不真实的信息；在业务外包开始后，图书馆难以了解企业的行为和运作过程，也难以了解企业所处的内外部环境，一旦外包企业的业务运作出现风险，图书馆将不能在第一时间掌握风险的发生及其造成的损失，也不能在较短时间内采取相应措施控制和规避风险。处于信息劣势的图书馆，会面临外包业务风险失控的局面，损失将难以预料。

3. 双方经营目的存在差异

图书馆要求通过业务外包获得最大效益的服务和产品，而企业则希望在业务外包中获取最大利润，双方在业务外包中存在着观念差异和经营矛盾。作为委托方的图书馆，必然会最大限度地降低外包成本，把外包业务以最低价格委托给企业，但如果价格过低，将使企业难以获得合理的利润，导致企业千方百计地降低外包业务的生产成本，带来外包业务质量的下降。如果出现成本上涨等经营环境的改变，企业在无法完成外包业务或无法获得相应利润时，可能不愿意继续履行外包合约，导致图书馆业务外包失败。

4. 外包决策失误

在业务外包过程中，图书馆的决策失误主要来自两方面：一是业务外包范围决策的失误。有些图书馆不仅把非核心功能业务（分编、装订、卫生等）外包，甚至将整个图书馆业务外包，出现外包极端化现象。业务外包的极端化可能导致图书馆的性质、服务观念和功能等发生根本变化。二是外包企业选择的失误。外包企业的技术水平参差不齐，有些图书馆将价格高低、规模大小作为选择标准，却忽视了外包企业的技术、信誉，以及该企业是否适合成为本馆的外包合作伙伴等因素，这些决策的失误将不可避免地成为图书馆业务外包的风险隐患。

5. 缺乏监督管理

在业务外包过程中，图书馆难以参与外包企业的运作，难以对外包企业做出适当的管理和约束。在外包企业自我管理的情况下，图书馆对外包业务的质量、进度等影响较大的因素均难以控制和把握。例如，在书刊采购业务外包方面，外包企业为了追求利润，往往把积压的旧书配给图书馆，增加了图书馆验收的难度，导致管理成本增加和藏书质量下降。此外，有些图书馆误以为把业务外包给了企业即可一劳永逸，便不对外包业务的质量、数量予以验收、监督和管理。

6. 忽视业务外包的冲击

在实际工作中，图书馆的业务外包给业务工作带来了相当大的冲击和改变，而许多图书馆并未对这些冲击和改变做出相应的调整和准备，造成原有顺畅运作的工作流程的混乱。一些技术业务工作的外包（如采访、编目等），使原来从事该项业务的员工失去了原有的工作地位，他们会为一直以来自己掌握的知识和技巧不再受到重视而倍感失落，甚至会为职位和未来感到担忧，丧失工作热情，造成图书馆服务质量的下降。

（二）业务外包风险的有效控制

1. 确立与外包企业的正确关系

在资源短缺、竞争日趋激烈的大环境下，业务外包有利于图书馆整合利用馆外最优秀的专业化资源，弥补自身的不足，降低经营成本，提高经济效益和工作效率，充分发挥自身核心竞争力和增强自身应变能力。为了使业务外包能够达到预期的目的，图书馆需要协调与外包企业的关系，营造一种战略伙伴式的合作关系，借助和利用企业的专业资源优势，整合本馆核心业务，从而发挥图书馆的各项职能，使图书馆实施业务外包的目的能够顺利实现。为了避免恶性竞争和双方互不信任，参与外包的双方特别是图书馆应当在明确双方合作关系的前提下，尽可能消除双方观念的差异和经营矛盾。根据博弈论观点，图书馆与企业均可从双方合作中获益，并且合作所得利益大于不合作所得利益。确定的双方合作关系，应当是紧密合作、互惠互利的战略伙伴关系，双方合作的目的是双赢，在合作的过程中双方相互尊重、相互理解、相互沟通，建立沟通机制。图书馆还应提供有关外包业务相应的标准，甚至与企业互派工作人员，以了解双方的业务要求、进度和运作状况等，这有利于及时沟通信息。

2. 制定合适的外包策略

为了提高外包的效率，减少风险，图书馆应对外包业务进行规划、咨询、评价和控制，制定合适的外包策略。应首先明确图书馆的核心业务和非核心业务，其广度和深度应根据本馆实际情况做出具体分析和评估，从而确定将非核心业务或本馆不具备资源条件的业务外包。在外包企业的选择方面，图书馆在实施外包前，应综合考虑多家外包企业的财务情况、水平、人力资源、信誉程度、服务质量和价格水平等因素。确定外包企业后，应就外包的预期目的、预期效益、外包范畴、运作方式、所有权归属、付款方式和赔偿问题等环节签订合约，作为双方合作的法律依据。图书馆应对外包的业务及时记录和评估，用作与企业续约或进一步合作的依据。在外包业务的控制和调整方面，图书馆应在业务外包过程中掌握外包的主动权和灵活性。在合约条款上，应明确图书馆的权利，使业务范围、合作形式随着图书馆工作的发展变化及时做出必要调整。图书馆还应根据外包业务的质量和效果及时调整外包企业，避免过度依赖外包企业。

3. 尽快实施外包过渡

外包业务实施后，图书馆的有关部门、运作机构、人事和规程应及时做出调整，建立与外包相适应的新的管理机制与管理系统，撤销一些不相适应的部门和职位，并在系统组织、人员之间开展衔接工作，注重与旧的管理机制和管理系统的互相衔接和配合，以适应业务外包管理方法带来的变化，减少外包冲击带来的损失。外包业务的实施必然会影响图书馆内部一些从业人员的利益，导致他们出现各种不稳定情况，这些人当中不乏各方面专家能手，图书馆领导层应将他们组织起来，充分利用他们的专业知识和经验，组成相关外包管理机构，从事管理、验收和评价外包企业等工作，以利于业务外包的成功开展。

4. 实施风险管理

图书馆采用合适的外包策略，可以较大幅度地减少外包风险，但是在面对复杂多变、充满不确定性的经营环境时，业务外包活动过程在人事、组织、决策、相互关系和文化素养等方面存在着许多潜在风险。为了达到业务外包的预期目标，减少损失，获取最大效益，图书馆应对业务外包过程中出现的风险进行控制和管理，对风险进行预测和转移。这就要求图书馆认真地预测外包过程中可能出现风险的环节以及风险的出现方式、时间、地点和影响等，认真评价和记录图书馆自身变化、外包业务的实施情况、外包企业的运作状况，以及对外包活动有影响的各种社会、政治和经济等社会因素，并在此基础上进行预测和尽可能避免出现风险的状况，从而使图书馆有效地规避风险。一旦出现问题，图书馆应冷静应对，尽快转移风险。这就要求图书馆在选择合作企业、改变外包的合作方式、更换外包业务的范围等方面保持足够的灵活性，在外包策略、外包合约内容和内部管理机构、人员等方面保持灵活、快速的应变能力，在风险发生时能够及时、灵活地避免风险，减少损失。

第五节 高校图书馆业务统计

一、图书馆业务统计工作的意义

统计工作是图书馆管理工作的重要组成部分，是图书馆各项工作情况的真实反映和记录。做好图书馆统计工作，对详细了解图书馆工作情况、提高图书馆工作效率和改进图书馆工作具有不可忽视的作用。图书馆业务统计工作主要包括三个方面。

(一)统计调查

这是图书馆统计工作的基础,其宗旨是有计划、有组织地用科学的方法收集原始的统计数据。

(二)统计资料的整理

原始数据虽然客观,但往往杂乱无序和缺乏内在联系,这就需要分门别类地进行整理。整理工作既是收集调查工作的延续,也是连接"数据收集"和"数据分析"必不可少的中间环节。在整理统计资料的过程中,对原始数据进行逐项核对,以保证原始数据的正确和真实是非常重要的环节。

(三)统计分析

图书馆业务统计工作的目的不仅仅是收集、整理和汇总数据,更重要的是对这些数据进行全面深入的统计分析,进而对整个图书馆工作的内在规律加以揭示,并用以提高图书馆的科学管理水平和各项业务水平。

二、图书馆业务统计工作的作用

图书馆业务统计工作的作用,归纳起来主要有以下几点:①为国家各级主管部门编制图书馆发展规划提供科学依据;②为上级领导和主管部门提供系统而准确的数据资料,并使之成为评价和考核图书馆工作实绩的主要依据;③能客观地反映馆内各项业务工作的基本状况,并通过各种量化分析为领导决策及馆内各项业务工作的发展规划提供科学依据;④能广泛收集图书馆管理工作中所需的反馈信息,及时发现工作中存在的问题和不足,有针对性地对薄弱环节加以改善;⑤能全面检查图书馆工作计划的完成情况,并保持各项业务间的相对平衡,进一步发掘和利用潜在的人力资源,以获取最大的效益。

三、图书馆业务统计工作的特点

(一)统计范围广泛

传统图书馆的业务工作大都局限于手工式操作,所能做的也多是借借还还的工作,因此其统计范围就相对狭窄。随着图书馆自动化建设的不断深入和数字图书馆的逐步实现,图书馆业务统计范围已从传统的文献采集、分类编目、典藏保管和参考咨询拓展到文献数据库建设、网页制作、文献下载、网上信息发布和网络数据传输等网络电子文献服务工作方面。

(二)统计内容深入、细致

图书馆自动化管理系统的应用,使其统计数据更加精确、快速和省力。以西昌学院图书馆运用的汇文管理系统中的馆藏模块子系统为例，其统计内容包括馆藏图书入藏确认统计、入藏更新统计、剔除登记统计、丢失统计、馆藏文献统计、文献利用统计和文献更新统计等。例如，在"馆藏文献统计"中，工作人员可从分类号、条码号、流水号、ISBN、责任者和主题等十多个方面分别进行统计，统计范围还可限定为某一书库和多个书库；外借量的统计，时段可以限定为一天、一个月、一个季度、一年；工作量的统计，可以精确到每位员工的工作量，统计所用时间也只需数分钟或数秒钟，这些都是传统手工统计无法达到的。

（三）统计要求规范

传统的图书馆统计意识薄弱、统计制度不完善、统计项目不系统、统计要求不明确、统计数据不精确、统计工作不及时等，这些问题是影响图书馆业务统计质量和统计效果的主要因素，加之网络环境下一些传统统计项目的消失和新统计项目的诞生，使得规范图书馆业务统计工作成为确保统计数据权威性的关键。

（四）统计方式多样化

图书馆管理和服务手段的多样性决定了统计方式的多样化。在统计方法上，有调查统计法、对比统计法和分类统计法；在统计手段上，有网络管理系统统计法、传统人工统计法。图书馆采用何种方法、手段和形式，要根据统计资料的统计内容、统计作用而定。

四、图书馆业务统计工作的主要内容

图书馆业务统计的内容是由图书馆工作的开展和读者需求的变化来决定的。根据不同类型图书馆所具备的不同性质和任务，图书馆业务统计的主要内容一般包括八个方面。

（一）文献采访工作统计

根据文献采访的过程，文献采访统计项目应包括订购分类统计、订购分配统计、订购未到统计、退订统计、购书经费统计和采访工作日志统计等。通过文献采访工作统计，不仅可以显示采访工作人员的工作情况，更重要的是能够清楚地表明历次文献采访的分配情况、文献经费的使用情况、历年馆藏文献的增加情况等。做采访统计时，必须详细地注明采访时间、采访方式、文献类型、订购批号、订购数量和订购金额，以及汇款金额、开户账号等，以便查询核对。

（二）文献验收工作统计

文献验收统计项目包括文献到馆情况统计、退还文献统计和验收分类统计等。文献验收工作是一项检查文献采访质量、购书经费管理制度和书商信誉的重要工作。进行验收统计时，一定要表明每批书的册数、总金额、文献源、优惠率、册数误差、金额误差、书商对文献的加工情况（书目数据、文献标引、磁条加工等）和处理结果等，以便为下次的馆藏文献补充、资金分配和文献采购招标等工作提供依据。

（三）文献编目工作统计

文献编目统计的作用很多，主要有两点：一是通过编目统计可以显示某一时段图书馆新进文献的数量、文献编目的质量、编目工作的进度；二是通过编目统计可以发现编目工作中存在的问题，提高编目效率，缩短新文献与读者见面的时间。实行联机编目的图书馆，文献编目统计的项目有很多，如数据查重、数据接收、数据下载、数据审核、数据套录、数据原编和回溯建库等，其统计项目的多少，由各馆视具体情况而定。文献编目统计工作要求文献编目工作能够准确和多方面地提供统计途径，如题名、责任者、出版社、分类号、条码号、ISBN 等，因为读者在联机检索文献的过程中，其实也是从某一检索点对馆藏文献的统计过程，如从关键词或主题词检索文献，就可以统计出属于该关键词或主题词的馆藏文献有多少。

（四）文献典藏工作统计

一个馆的文献财产是否清楚，文献管理是否有条不紊，主要取决于典藏文献统计工作是否到位，文献典藏统计工作的过程实际上也是文献财产的管理过程。文献典藏统计工作应准确反映不同时期所典藏的不同文献，做到文献财产账目清楚，以便管理和查找。一般情况下，文献典藏统计的内容有馆藏各类型文献总数据（总括登记），馆藏文献书目明细表（个别登记），各书库每次文献分配数据（包括图书、书刊、电子文献等），剔除文献数据，损坏、丢失和赔偿文献数据等。

（五）文献流通工作统计

通过对文献流通各项工作的统计，可以及时反映读者的阅读倾向、馆藏文献利用率和文献拒借率等，为制订和调整文献采访计划提供依据。文献流通工作的统计切忌数据模糊笼统，一般通过流通管理子系统可准确地统计出各项数据。

（六）参考咨询工作统计

目前，网上参考咨询服务的方式多种多样，如 E-mail 及 Web 表单服务、FAQ（常见问题解答）服务、专题库与特色库服务、BBS（电子公告板）服务等，许多有条件的图书馆还开通了 Reahime（交互式的网上实时在线咨询）服务，这些服务在方便读者的同时也拓展了参考咨询工作统计的内容。参考咨询工作的统计要求能较全面地显示网络环境下参考咨询工作的开展动态和读者需求的变化，以便及时改进咨询工作中存在的问题。

（七）技术服务工作统计

图书馆技术服务工作是图书馆自动化管理系统健康发展和运行的保证。在高校图书馆，一般都设有自动化技术服务部，其职责是负责图书馆自动化系统的维护、信息发布、软件开发、数据库建设、网页制作、技术指导、网络导航和设备维护等。通过技术服务工作的统计，对所用的自动化管理系统的运行情况，图书馆数字化建设情况，自动化设备情况，图书馆工作人员、读者的计算机操作能力和网络知识水平等都能有清楚的认识和了解，以达到促进图书馆自动化建设步伐的目的。

（八）书库管理工作统计

书库管理是保障馆藏文献完整、系统、有序和严防馆藏文献丢失、损坏的一项重要工作。根据书库管理工作的要求，书库管理工作的统计内容主要有文献入库和调出数量、剔除文献数量、丢失和破损文献数量、文献排架情况、巡库情况、卫生情况和三防（防火、防盗、防虫）情况等。做好书库管理工作的统计，既可加强书库管理人员的责任感，又可防患于未然。

五、图书馆业务统计工作的管理

图书馆业务统计工作的管理也是图书馆业务管理的一个重要方面。各级领导应高度重视业务统计工作，使图书馆上下都把业务统计工作作为一项全局性和基础性的工作来抓，制定出完整、统一的统计制度。在具体实施时，应使所制定的统计制度与图书馆的组织结构和岗位责任制结合起来，并同时明确具体的统计任务和各部门中承担对统计进行监督和汇总的责任人选。对全馆性的统计和资料分析应有专人负责，并要严格执行主管人审核签认的规定。统计工作人员应坚持实事求是的原则，应把统计工作中反映出来的工作量大小和工作情况的优劣在年终与部门、个人的考核挂钩，作为奖惩工作人员的主要指标。只有这样，才能从根本上克服统计工作中走过场的弊病。

（一）加强统计工作的规范性和标准化

为了真实反映图书馆工作中发生的各种现象和过程，需要确定一套完整的统计指标体系，这种指标体系应从数量方面反映图书馆业务工作的全部过程。指标体系中所设置的各项指标必须全面和标准，以便能分别评价出各部门和全馆的绩效。指标的设置不宜过多，应突出核心指标，以利于管理。在指标体系中，应确立三项核心指标：第一，文献收藏量指标。它包括文献的文别、数量、种类、入藏时间、购置费用和来源等，这对掌握藏书结构情况非常重要。第二，读者量指标。读者量统计不仅要统计读者的总数量，还应按读者的不同类型，包括职业、职称、专业、文化水平和年龄等分别进行统计，这样能反映出读者对于图书馆的需求倾向。第三，借阅量指标。借阅量统计应反映出文献流通的种类、册数和读者借阅各类图书的情况，以及借阅量与读者数量的比例关系。要做到以上这些，就需要从各馆的实际需要出发，建立一套完整、易于操作的统计指标体系，并形成一套相对全面的统计表格。表格的设计要实用和规范，表格中填报的内容要真实，应杜绝漏报、虚报等现象的出现。

（二）提高统计工作的层次和质量

统计工作不能仅仅满足于收集原始数据、整理汇总和上报数据，应进一步做好统计工作中最重要的一环——统计分析。统计分析应尽可能地运用数理统计知识进行分析和归纳，真正揭示出图书馆各项业务工作的内在本质和规律。例如，通过对读者借阅率的计算和比较分析，便可以准确掌握读者对馆藏文献的利用状况，及时向决策部门提出合理的建议；通过对购书数量和种类的统计分析，便可以随时调整订购工作，提高文献收藏的合理性和实用性；通过对拒借率的统计分析，便可以及时合理地重新确定复本量。总之，统计分析的作用是不可低估的，图书馆应坚持广收集、细分析的原则，认真做好各项统计分析工作，使图书馆的业务工作在量和质方面都更加科学而合理。

现在各高校图书馆都不同程度地使用了计算机进行业务工作管理，但计算机在统计工作方面的应用却还没有得到完全普及，统计人员仍处在繁杂的数字计算中，其统计工作的及时性、准确性和规范性都受到了一定的影响。因此，在统计工作中应尽快使用计算机等现代化设备，建立图书馆数据统计网络机制，实现统计工作的自动化。只有这样才能将统计工作人员从繁杂、枯燥的数字计算中解放出来，高效、准确和规范地进行统计，提高工作效率，保证工作质量。目前有些图书馆已建立了网络集成管理系统，并实现了各子系统的联网，在这种条件下便可以很方便地产生许多统计数据，并可以将这些数据按不同的要求生成各种不同的报表，使统计工作真正适应现代化管理的要求。

随着以计算机为标志的现代信息技术的普及和应用，图书馆越来越多的工作内容都实行了计算机管理。但从客观情况来看，图书馆现有统计人员尚未完全掌握和运用计算机等现代化工具，还不能高效、快速地处理各种统计数据。再就是，统计人员应该认识到自己工作的重要性，并尽快学习和掌握各种先进的统计方法和手段，克服统计分析工作中的畏难思想。主管部门应定期或不定期组织统计工作人员进行业务知识培训，帮助他们更新知识，及时掌握新的统计分析方法和手段，提高职业素养和业务水准，以适应统计工作的需要。

第六章　高校图书馆服务管理创新

第一节　高校图书馆信息服务变革

在网络环境中,用户信息需求的变化决定了图书馆信息服务模式的改变。研究网络环境中用户信息需求的变化特点以及图书馆信息服务模式的问题,有助于准确把握信息服务的发展趋势,开拓信息服务的新领域。

一、读者信息需求的变化

由于网络环境中图书馆的信息服务是从传统的"馆藏中心模式"转变为"用户中心模式",导致用户的信息需求有四个方面的变化特点。

(一)社会化

网络环境中信息交流日益广泛频繁,经济全球化使得各行各业为谋求发展都得依靠信息,对信息的需求已不再仅限于政界、军界、经济界和知识界,而其他行业如农业等也都需要信息。到图书馆寻求信息已不再只是读书人的事,图书馆信息服务的对象发生了很大的变化。随着人们信息意识的日益增强,社会每一位成员都将成为信息的需求者,而且图书馆也从仅仅为本地区用户服务扩大到为全社会用户服务。处于文献信息服务中心地位的图书馆,信息服务的传统模式已越来越难以满足用户开放化的信息需求。于是,人们不仅从图书馆获取信息,还向社会上其他信息机构谋求信息服务,而市场经济的发展也使得人们的这一信息需求能够在图书馆之外的其他信息机构得到满足。

(二)多元化

在网络环境中,各行各业对信息内容的需求不同。即使是同一个专业领域,不同的人对信息量的需求也不同,有的要一本书,有的要一段文字,有的要一个数字,有的要一个分子式等,这是在传统图书馆时代已有的不同的用户需求。网络环境下,人们对信息载体的要求也不同了,有的要纸质文献,有的要光碟,有的要磁盘,有的要缩微胶片等。人们对信息时效的要求也更严格,既追求最新的信息,又要在最短的时间内得到。总之,人们对图书馆的要求已不再仅仅满足于文献借阅。在现代信息环境与科学技术条件下,用户迫切需要图书馆能够针对他们所承担的具体业务，提供内容全面、类型完整、形式多样和来源广泛的信息保障，满足他们多元化的信息需求。

（三）网络化

能够尽量满足用户的信息需求是图书馆的一贯愿望，但是在传统图书馆时代，由于财力、人力、时间和空间的关系，总有图书馆难以满足的需求，于是图书馆界寄希望于馆际互借。但由于交通（也就是邮政）的关系，馆际互借经常难以实现。计算机技术、数据库技术、网络通信技术和多媒体技术、超文本等现代化信息技术在图书馆领域的普及应用，为资源共享打下了现实基础，用户的需求也日趋电子化和网络化，这就要求建立和完善图书馆现代化信息服务体系。

（四）集成化

科学发展使得科学门类划分越来越细，但学科交叉、学科渗透也越来越普遍，换句话说，学科关联度加大了。虽然人类的社会生活趋于个性化、多样化，从事的工作更具专业化和创新性，但人们之间的互相联系紧密了，互相影响加大了。另外，信息时代人们的工作与生活节奏也加快了，人们有时重视过程，但更多的时候是愿意直趋结果。正因为如此，人们不再满足于图书馆为自己提供某专题文献资料这样一般性的服务方式，而要求通过对知识信息分析、归纳和综合，提供以解决问题、形成方案为目标的信息服务。

二、高校图书馆读者服务的变革

在信息资源共建共享的条件下，读者信息需求变化的新特点和信息服务的新变化要求图书馆加强服务创新。这种创新主要包括服务理念的创新、服务模式的创新、服务手段的创新和服务内容的创新等。这些方面的创新，将有力地推动图书馆事业的发展。

吴慰慈教授等在《当代图书馆学情报学前沿探寻》一书中，就提出新技术条件下图书馆读者服务具有以下十个转变。他认为，新技术革命对图书馆读者服务具有以下影响：①读者服务的模式，"以藏书为轴心"向"以读者为轴心"转化；②读者服务的对象，从"图书馆读者"向"社会读者"延伸；③读者服务的范围，从"图书馆服务"向"资源共享服务"拓展；④读者服务的内容，从"传统馆藏提供"向"电子信息资源存取"发展；⑤读者服务的重点，从"一般借阅咨询服务"向"电子信息咨询服务"转移；⑥读者服务的手段，从"传统手工操作方法"向"综合文献技术应用"发展；⑦读者服务的功能，从"单纯文献传递服务"向"多元文化信息服务"扩展；⑧读者服务的观念，从"无偿免费服务"向"有偿收费服务"转变；⑨图书馆的读者教育，从"图书馆利用教育"向"信息知识能力教育"发展；⑩读者服务人员的角色，从"文献资料的传播者"向"信息资源的导航者"转变。

这十个方面的变化，比较全面地概括了新的信息技术对图书馆信息服务的影响，指明了图书馆信息服务的变革方向。

第二节　高校图书馆信息服务类型和服务手段

高校图书馆要想在信息社会中获得发展，实现自己的社会价值，得到社会的承认，就必须为当地社会的经济发展、文化建设及地方形象的树立等提供直接支持，以期获得相应的回报。准确地讲，就是要向社会提供高质量的信息服务。

一、高校图书馆信息服务的类型

传统图书馆的服务方式主要为外借、阅览、信息咨询、定题、书目、编译、复印、音像和读者培训教育等，而当今高校图书馆要适应信息社会的发展，则必须根据读者的信息需求特点，突破传统的服务模式，开展新的服务项目，赋予传统服务方式新的内涵。

（一）外借、阅览

外借和阅览是图书馆信息服务中最基本、最传统的服务。有人认为，现代图书馆的服务重点是信息咨询和信息深层次开发，外借和阅览不是图书馆的主要服务项目。但实际上，社会上的大多数公众正是通过这种方式利用图书馆的，图书馆也正是通过这种方式对公众的信息需求提供支持。外借和阅览是图书馆最重要的基础性服务，是不能偏废的。然而，现代图书馆的外借和阅览与传统图书馆有很大不同，很多方面都要求进行改进。在文献新颖程度上，要求提高上架的速度。在传统图书馆，一本新书从进馆到上架，要经过查重、分类、编目和上架等多种工序，耽误了大量时间，新书与读者见面已经是几个月之后的事了，大大降低了信息的新颖度和时效性。而在现代图书馆中，采编合一，有关图书的到馆、查重、分类和编目等各种信息可以通过馆内的管理信息系统快速传递查询，各种信息的生成只要一次就可以保证多个环节的使用，能够节省大量的时间。

高校图书馆必须利用各种技术手段、采用现代管理制度，减少图书上架的时滞，保证文献信息的新颖程度。在文献范围上，外借、阅览要为读者开放全部馆藏，实行全开架管理。图书馆中的书是为了用，而不是为了藏，这一观点早在阮冈纳赞的"图书馆学五法则"中就已提出。可是，还是有很多图书馆为了保存及工作方便，对读者利用图书馆进行了种种限制。现代图书馆应促进读者最大限度地利用本馆文献，采取全部开架的方法。目前已有很多图书馆基本上做到了这一点，对基础的图书文献进行全部开放，允许读者进入书库查找文献，这不仅为读者利用图书馆提供了方便，而且提高了图书的利用率。虽然这样做加大了工作人员的劳动强度，但这不应成为拒绝开架的理由。

（二）信息咨询

传统的信息咨询是指图书馆工作人员利用专门知识，通过使用工具书来解答读者的提问，同时辅导读者检索文献、利用信息的一种活动。通过这种活动，图书馆可以提高文献信息的利用率，帮助读者寻找所需的信息。在现代社会，信息咨询工作将发挥更大的作用。所不同的是，现代信息咨询与传统相比有了很大的变化。

首先，物质基础发生了变化。传统参考咨询工作的物质基础是参考工具书、检索工具书，如各种百科全书、字典、年鉴、手册、名录、书目、索引和文摘等馆藏文献；而现代图书馆参考咨询工作的物质基础是电子出版物、数字信息资源和各种数据库等。与传统的参考咨询相比，现代数字信息资源有更为强大的检索功能，检索的深度、广度和角度可随用户需求的不同而改变，还允许为特定目的，对文本进行抽取、排序和重新组合，从而产生新的信息产品。传统参考咨询工作的信息来源主要是本馆的馆藏，而现代参考咨询工作的信息来源更为广泛，从理论上来说，网络环境中的所有信息都可为参考咨询服务工作所用。

其次，参考咨询服务不再受到时空的限制。由于现代图书馆采用了先进的计算机技术、网络技术和通信技术，凭借互联网可以直接回答来自任何地区、地域的咨询要求，而不像以往的参考咨询服务被局限在一定时间和空间范围内。这一方面方便了读者，读者无须亲自到图书馆，可在办公室、家里、实验室乃至公共场所进行信息咨询；另一方面也方便了工作人员，他们可利用电子邮件同时回复一位或多位读者，对于无法解决的问题，还可以通过电子公告或新闻组公布在网上，寻求帮助。

最后，中介式的检索服务减少，高层次的研究型咨询难度加大。传统参考咨询工作的主要任务是提供文献线索，而现代参考咨询工作的这一职能相对减弱。与传统的参考馆藏相比，现代参考馆藏如各种数据库检索刊物的界面更加友好，检索功能更加强大，使读者自我服务的意识增强，能力提高。图书馆的中介式检索服务减少，但高层次的研究型参考咨询任务却更加繁重。大型的科研项目、政府的决策、企业对市场的初步调研等，都要求图书馆直接提供相关信息，致使图书馆要加大信息提升力度。同时，专业化程度的提高，也要求必须由有相关专业背景的参考馆员来担当此项重任。

（三）读者培训教育

传统图书馆的读者培训工作主要是指为了提高读者利用文献获取知识的技能，图书馆面向读者开展有关信息基础理论、信息检索和信息利用等方面知识的教育培训。现代社会人们对知识越来越重视，知识更新的速度也越来越快，学校教育已无法满足人们的需求，终身教育、社会教育正在兴起。高校图书馆在这场教育热潮运动中应发挥更大的作用，在读者培训工作中明确学习的意义及作用，使图书馆成为终身教育中心。

（四）数字化信息服务

网络环境下，信息交流由间接交流再次回归到直接交流，人们不出门坐在家里就可以从网上直接选择所需的信息。信息的传播更加灵活快速，突破了时间和空间的限制。人们习惯了接收数字信息，对数字信息的利用也越来越广泛。读者对图书馆提出了数字化信息服务的要求,要求图书馆提供的信息及时准确,范围广,内容多,形式生动,专指度高,获取方便,检索方式符合自己的习惯等。数字化信息服务是现代图书馆今后的服务发展方向之一。

(五) 其他服务

除了以上几种类型的服务外,用户对图书馆还有一些其他要求。例如,提供文献复印、打印、缩微照相和翻译等服务,提供良好的可视性标识系统、整洁安静的借阅环境和高雅舒适的读书气氛,提供休息室、小卖店、咖啡厅和音乐茶座等休闲设施,要求工作人员的服务态度热情周到,对待用户真诚谦和,认真回答用户提出的每一个问题。

二、高校图书馆信息服务的手段

信息服务手段是实现服务目的的重要基础。高校图书馆采用的信息服务手段主要包括以下几方面。

(一) 条形码技术

条形码技术是图书馆中最早应用的信息技术之一,它是由不同宽度的明暗条相间组成的代码,通过条形码阅读器,可以将这种特殊代码所包含的特定信息转换成有序的符号传送给计算机。条形码有使用寿命长、输入方便快捷的优点,现在主要用于识别读者的借阅卡和图书、期刊。条形码技术应用在流通部门的工作中,不仅改变了传统流通工作的面貌,而且使借阅方式、借还书速度有了质的飞跃。

(二) 电子导引系统

图书馆传统的导引系统是手工标识牌,指引效果并不是很好,它不能与读者互动进行信息交流。读者产生疑问时无法得到及时回答,而且手工标识牌能够传递的信息很有限,图书馆不能利用它来更多地传递自身的信息。电子导引系统的建立改变了这一现象,它以电子显示或语音方式向读者宣传、揭示图书馆的服务宗旨、服务内容、服务方式、机构设置和资源布局等,读者可以得到更加生动、鲜明的信息。

(三) 新的信息传递手段

传统的图书馆与读者之间的信息交流主要是通过面对面的方式来进行的,读者要从图书馆获取所需文献,必须亲自到图书馆,向图书馆提出服务请求。现代通信技术为信息交流提供了新的方式,读者可以利用电子邮件向图书馆提出查询和借阅请求,图书馆通过传真、邮递等方式提供纸质全文服务或通过网络直接传递数字信息。

(四) 信息查询系统

传统图书馆的检索方式是查找各种目录卡片,通过目录卡片上的分类号在书架上寻找所需文献，查阅过程枯燥烦琐，而且信息化程度较低，读者无法从目录卡片中获取有关该文献借阅状态的信息，检索入口有限，读者利用起来很不方便。图书馆利用现代信息技术和设备建立起来的信息查询系统，克服了传统目录卡片的缺点，检索方便，响应速度快，界面友好，检索入口多，可以满足不同用户的需求；信息查询系统允许读者在不同的终端进行查询，不再受时间和空间的限制，为用户的查询提供了方便。现代图书馆的信息查询系统不仅能为读者提供传统卡片可以提供的书目信息，而且能让读者查询文献的借阅状态和个人的借阅信息，并通过查询系统提供网上图书预约和续借。

（五）电子文献信息资源浏览系统

图书馆直接为读者提供了数字信息的阅览环境。通过建立电子文献信息资源浏览系统，读者可以在图书馆设立的多媒体阅览室或利用个人终端进行光盘、数据库及网络浏览，包括本馆经数字化的印刷型馆藏和电子出版物，也包括通过图书馆主页链接而获取的国内外书目、索引、文摘类文献和各种在网上订购或免费查询的资料库、电子期刊、电子报纸以及多媒体电子出版物等。

（六）读者数据库

图书馆为读者建立有关读者信息的数据库，充分考虑读者的个人特征和信息需求。读者数据库是图书馆用来向读者提供高质量信息的有力工具。通过读者数据库，图书馆可以为读者提供定制化数字信息服务，即根据读者设定的所需信息的范围和特征，将定制信息源源不断地通过 Web 自动传递给用户，也可利用网络开展最新期刊目次通告服务，根据读者专题研究的需要，以电子邮件方式将信息发送到读者的电子信箱。

三、高校图书馆信息服务的内容

在信息时代，高校图书馆的信息服务一般包括以下四个方面的内容：

（1）传统的读者借阅服务，即通过向服务对象提供书籍、报刊等文献，被动地服务于读者。

（2）通过编制二、三次文献向读者提供以书目信息和题录信息为主题的信息开发服务，以科技信息咨询为主题的信息咨询服务等各种服务。

（3）利用计算机等先进技术，建立文献信息网络，提供以联机检索服务为主题的信息检索服务。

（4）面向大众信息需求市场，提供诸如股市信息、招生招聘、专利检索与开发、寻医问药等社会热点信息服务。

四、高校图书馆信息服务的管理模式

通过分析读者的信息需求特点、读者对信息服务的需求以及对信息服务手段的要求，图书馆今后的信息服务工作有了基本的指导方向，即根据读者的信息需求特点改进服务，提高服务质量。根据读者对信息服务的需求开展服务，确定服务项目，根据读者对信息服务手段的要求采用现代信息技术，提高工作效率。图书馆未来的发展方向是复合图书馆，复合图书馆要以满足未来读者的信息需求为己任。图书馆的服务要符合复合图书馆的发展战略，根据未来读者的信息需求特点——更快捷、更方便、更专深、更重视个性来确定今后的服务方向，即开展个性化服务和数字化服务。

（一）个性化服务

1. 个性化服务的内涵

图书馆开展个性化服务是"用户第一"观念最充分的体现。所谓的个性化服务，是指充分考虑读者的个人特点和独特的信息需求，为读者提供个性化的信息环境。

个性化的信息环境的要素包括个性化的检索方式、个性化的信息需求、个性化的用户界面以及个性化的信息处理方法。

（1）个性化的检索方式指的是用户根据图书馆提供的新式信息检索工具，建立符合自己使用习惯的检索语句，图书馆根据此检索语句对馆中的信息进行检索。这种检索方式是由用户构建的，用户不必再为由于不熟悉检索语言而造成的信息获取障碍感到苦恼。

（2）个性化的信息需求指的是读者提出符合自己特殊需要的信息需求，要求图书馆能够根据个人的请求，提供各种馆藏信息以及网上信息。

（3）个性化的用户界面指的是未来图书馆要为读者提供统一的、适合读者个人使用习惯的用户界面。现在，各个图书馆、各个网站的用户界面是不尽相同的，相互之间也并不兼容。读者要利用图书馆，必须学习、适应各种友好或不友好的界面，这给读者使用图书馆造成了困难。未来图书馆要改变这种情况，让界面不是由于信息机构的不同而不同，而是根据用户的不同而不同，要为读者建立自己的用户界面。

（4）个性化的信息处理方法是指图书馆将个性化信息传送给读者之后，读者可以自由选择信息处理的方法，读者也可以对这些信息进行自由的组织和操作。

2. 个性化服务实现的前提是读者需求和信息技术

（1）读者需求。在现代社会中，个人的自我意识有了提高，读者对图书馆的要求也不再千篇一律，人们希望得到最符合自己需求的信息，并以自己最喜爱的方式接受。长期以来，图书馆的各种标准都是一致的，给每一位读者提供的服务都是相同的。读者接触到的是完全一样的检索界面，收到的是完全一样的文献信息。图书馆在工作中很少考虑到读者的个性，或者说认为读者应该努力适应图书馆所提供的标准。结果使读者对检索界面不熟悉，不符合使用习惯，找不到所需信息，接触到的都是图书馆提供的相关文献，但并不一定满足读者的需求，读者还要在大量相关文献中查找自己所需的信息。现代读者对图书馆无差别的信息服务提出了质疑，读者第一的思想在现代图书馆中最明显的体现就是图书馆要考虑读者的个性化需求，并通过采用现代信息技术来实现。

（2）信息技术。信息技术的发展是个性化服务得以实现的前提条件。在传统的信息环境中，图书馆的文献只有统一的形态，无法对之进行分解、组合；图书馆的文献提供方式只有外借、阅览，不能多人同时使用；图书馆的信息检索方法也只有统一的形式，无法适应每个用户的检索习惯。现代信息技术的发展为图书馆的服务提供了良好的工具，信息的数字化形式使得图书馆可以对信息进行自由的加工、处理，同一条信息可以以不同的方式出现，信息传递快速，复制简单，同一条网上信息可以同时被多个用户所利用，理论上可以不再受人数的限制。印刷型文献经过数字化处理后，其中的信息可以被任意抽取出来，从为用户提供文献转变为为用户提供信息单元，电子图书、电子期刊、数据库和网络资源更具备这种特点。数字化信息的检索方式多样，处理方便，用户的个性化检索才有了实现的可能。

3. 图书馆开展个性化服务的措施

（1）开展读者调查，获取读者信息，建立读者数据库。读者数据库是图书馆用来为读者提供个性化服务的有力工具，通过读者数据库，图书馆可以充分了解读者的信息需求内容、信息检索要求，以及对服务界面的要求。根据用户的服务请求，将符合读者所设定的范围和特征的信息通过适当的途径提供给读者，也可利用网络开展最新期刊目次通告服务，并根据读者专题研究的需要，通过电子邮件方式将信息直接发送到读者的电子信箱。

（2）开发相关技术。个性化服务的前提条件是各种信息技术，包括信息搜集技术、信息加工处理技术、信息检索技术、信息传递技术和计算机网络技术的运用。现代图书馆个性化服务的开展，需要加强对各项相关技术的研究。个性化服务还只是一个发展方向，尤其是在我国还远远没有达到应用的阶段。如何加强各项技术的研究，如何将个性化服务变成现实，还需要不断地技术研究开发。

（3）组织数字资源。个性化服务开展的基础是数字化信息资源。图书馆加强数字信息资源的建设，一方面要做好传统馆藏数字化的工作，另一方面要加大数字资源的采购比例，有重点、有计划地进行数字资源体系的建设。

（4）及时传递各种数字资源。个性化服务要求及时性，图书馆要及时做好各种信息，尤其是网络信息的搜集、处理工作，并随时提供给用户。

（5）加强与读者之间的交流。个性化服务基于读者的需求，对读者需求的适应程度是个性化服务成败的关键。图书馆应经常与读者进行沟通，关注读者信息需求的变化，根据读者的反馈，改进自己的工作，使信息服务真正符合读者的需求。

（二）数字化服务

1. 数字化信息服务的必要性

数字化信息服务的必要性来源于两个方面：一是信息社会的需要；二是图书馆本身发展的需要。

（1）信息社会的需要。数字信息资源的增加是数字化服务开展的前提，随着现代计算机技术、网络技术和通信技术的迅猛发展，数字信息大量涌现。所谓数字信息，是指由"0""1"代码标识的、可由计算机终端进行处理的、通过网络设备传送的一系列信息元素或单元。数字信息改变了传统的信息交流方式，传统的信息交流由于受技术条件的限制，很难进行大规模的直接交流，信息传播需要借助于中介机构，而数字信息的传播突破了时间和空间的限制，凭借互联网络，可以进行大规模的相互传递。用户利用数字信息极为方便，足不出户就可获知最新的消息。互联网上信息大量传播，在给人们带来方便的同时，也出现了信息利用困难的问题。这是因为互联网上传播的信息极为庞杂，大量的庞杂信息导致了无序化，信息的质量参差不齐，给利用造成了极大的负担。虽有多种搜索引擎对网上信息资源加以整理，但这种整理方式大多缺乏科学性、严谨性，使得信息整理结果不成体系。高校图书馆作为促进社会信息交流的机构，长期以来积累了丰富的工作经验和科学、严谨的工作方法，因此，加强对数字信息的整理、建设，对高校图书馆来说是责无旁贷的。

（2）图书馆自身发展的需要。开展数字化信息服务是图书馆发展的必然要求。首先，数字化信息需求将会构成今后读者信息需求的主体。数字化信息由于其传播的快捷、获取的方便，很快就得到了公众的欢迎，读者可以在任何地方、任何时间随意选取信息。这种方式使得现代人越来越不能忍受图书馆传统的工作方法和效率，图书馆在不断利用现代技术改善其传统服务项目的同时，也应开展数字化信息服务，以适应现代读者信息需求及时化、个性化和快捷化的趋势。其次，数字化信息资源将会改变图书馆传统的服务方式，使图书馆的信息服务走上现代化之路。数字信息的检索速度快，可以很方便地实现全文检索，为读者提供多个检索入口；数字信息的异地传递，使图书馆扩展了服务范围，不仅可以对到馆用户提供服务，也可以对异地用户提供服务；数字信息扩展了图书馆的信息资源范围，使图书馆不仅可以利用自身馆藏为用户提供服务，还可以利用其他馆的馆藏和网络信息为读者提供服务；数字信息复制方便，同一条数字信息可以同时为多个用户所利用，不受复本的限制；数字信息的存储空间小，可为图书馆节省大量的空间。最后，数字化信息传递的特点使图书馆的资源共享成为可能。数字化信息的交流传递不再受时空的限制，使得馆与馆之间可以进行大规模的数据交换，为图书馆之间的合作提供了技术手段。高校图书馆开展数字化信息服务是未来的发展趋势，但在此之前，高校图书馆首先要进行数字化信息资源建设。

2. 高校图书馆数字化信息资源的管理与建设

（1）原始馆藏文献的数字化。原始馆藏数字化是指将传统图书馆的印刷型文献资源转化成可由计算机加工的数字化信息，经过整理和组织后，存储在计算机存储设备里。原始馆藏数字化是高校图书馆建设数字化信息资源的重要方法之一，它不仅可为图书馆提供数字化的信息资源，还可提高原始馆藏的利用率，有效地保管原始馆藏。这项工作的开展，需要图书馆制订一定的计划，因为该项工作需要大量的人力、物力和先进的设备，图书馆没有能力对所有的原始馆藏都做数字化处理，如何进行取舍是一个关键问题。一般来说，高校图书馆应以用户的需要为指引，首先将用户最需要的文献资源加以数字化处理，其次再选择价值高的图书馆特色文献。原始馆藏文献的数字化工作要注意版权问题，数字化处理之后可以在网上提供服务的文献是有限制的，高校图书馆作为学校学术性机构，应争取最大的权力，国家的数字信息版权法规也应考虑到图书馆的特殊性，为图书馆提供方便。

（2）加强对数字信息资源的采购工作。一方面要增加数字信息资源的入藏比例，另一方面要注意数字资源的多样性和不稳定性，不能盲目地一拥而上，要根据本馆的特点做好规划，选择重点进行采购。数字信息资源的采购与传统印刷型信息资源的采购存在着较大的区别：传统的文献采购一般都是购买所有权，购买方式是一次性付款；而数字信息资源的采购往往是购买使用权、上网权等，购买方式是多次连续付款。此外，根据购买协议的不同，有的数字信息用户只有浏览权，没有下载权；有的数字信息用户只能访问其目录或文摘，不能看到全文；还有的数字信息用户只能在图书馆的终端上才能访问，在其他地方就不是合法用户。高校图书馆在进行数字信息采购的时候，要注意为读者争取最大的权利。

数字化信息资源的形式包括电子期刊、光盘图书、网络图书、联机或网络数据库等。电子期刊是发展最快、数量最多、形式最复杂的数字化信息资源。与印刷型期刊相比，电子期刊在检索、复制、传送、收藏和信息深加工等方面有明显的优势，便于读者利用和图书馆管理，但由于数量过于庞大，高校图书馆要有重点地选择。光盘图书的主要内容是各种百科全书、词典、字典、大型的文艺丛书和古典文献等，数字化信息模式有利于加强这类文献的检索功能，提高利用效率。网络图书主要是通过网络发行或在网上提供的各类图书，得到这类书籍有免费和付费两种方式。高校图书馆应加强与有关网站的联系，建立良好的合作关系，争取以免费或少量付费的方式下载。联机或网络数据库是高校图书馆数字信息资源的另一种形式，这些数据库的开发商一般都是大型的商业组织，以获取利润为目的，因此，大型数据库的价格都较为昂贵。高校图书馆要根据自身情况，合理选购，注意数据库的数据质量是否有保证、检索功能是否完善、用户界面是否友好、反应速度是否快捷、检索效果是否符合多种需要，以及是否支持原文请求等。

（3）大力开发网络信息资源。网络信息是高校图书馆数字化信息服务的基础之一。高校图书馆要加强对网络信息的开发整理，并提供给用户使用。与一般的网络搜索引擎不同，高校图书馆的网络信息整理不再是简单的收集和分类，而是由专业图书馆员工利用自身的工作经验和科学的工作方法，对因特网上的信息资源反复鉴别、筛选，制定明确的选择标准，然后将之组织起来，设计多种检索入口，以方便用户的使用。高校图书馆对网络信息进行整理，最大的特点就是在信息选择上有明确的标准，它所处理的网站或网页必须是专业化的，提供的是高质量的信息，这就要求专业的图书馆员工充分熟练地应用各种搜索引擎，掌握网站和网页评估技术，长期跟踪、及时调整、归集高质量的、与主题相关的站点和数据库。在信息组织上，要求专业的图书馆员工采用元数据等数字信息标引技术和严格的分类、主题方法，以用户熟悉的语言抽取检索词，并为用户研究、开发相应的用户查询软件。在信息提供上要求对每个专业站点做内容简介，提供统一的、友好的检索界面，以及各种使用帮助和检索培训等。

（4）利用自身馆藏，加强各类型数据库的建设。高校图书馆自己开发数据库，有利于提高馆藏的利用率，扩大服务对象的范围，丰富服务手段。同时，高质量的、符合市场需要的数据库也可以为图书馆赢得经济效益。高校图书馆在开发数据库方面具有文献资源、人员、工作经验和信息加工方法等优势，但这项工作也不能盲目开展，必须注意与自身条件相符合，同时，也要与其他馆的工作相协调，避免重复建设。

3. 高校图书馆开展数字化信息服务的基本方式

高校图书馆数字化服务的含义包括服务内容数字化、服务手段现代化和服务范围全球化。内容数字化是指图书馆为用户提供的各种信息主要是数字化的形式；服务手段现代化是指图书馆通过利用现代信息技术和设备为用户提供方便快捷的服务；服务范围全球化是指图书馆的服务对象和图书馆的信息资源都不再局限于本馆之内，可以通过网络扩展到世界上的各个角落。在这里，我们主要探讨高校图书馆开展数字化信息服务的几种基本方式。

（1）网上信息管理。高校图书馆所提供的网上信息管理服务有别于一般的网络搜索引擎。经过搜集、筛选、组织工作，图书馆为用户提供的信息质量更高，组织方法更科学，检索效果更符合要求。用户可以很方便地找到最相关的、质量最好的信息，而不是像一般的搜索引擎只为用户列出无数个网站地址，用户还要花费大量的精力在其中作进一步的查找。网上信息管理对图书馆的要求较高，由于网络信息过于庞杂，图书馆没有能力管理所有的网络信息，因此，要做好取舍工作，挑选符合读者需要的、适合自己发展方向的信息作为工作重点。

（2）电子阅览室。电子阅览室是高校图书馆为读者提供数字化信息服务的特定场所。在电子阅览室中，图书馆利用计算机设备和内部网络为到馆读者提供各种数字化信息服务，包括电子期刊、电子图书、光盘或联机数据库、因特网、图书馆自建数据库的浏览、下载、打印和电子邮件传送，以及有关现代信息技术的读者培训。这种信息服务对于高校在校学生及教师使用图书馆内的数字资源，实行免费；而对于校外读者使用馆内的数字资源，则需要收取一定的费用。这是由图书馆统一根据各自学校的情况来确定的。

（3）信息检索平台。高校图书馆为读者提供的本馆馆藏资源包括传统馆藏和数字馆藏、资源共享系统内的信息资源以及网络信息资源的检索途径。这种检索方式可以让用户在任何一个地方查找所需信息，而不必像以前那样一定要去图书馆。检索到的信息内容丰富，不仅包括文献信息的存储地址，还包括文献的借阅状态、读者的借阅情况。

（4）数字信息的浏览和复制。未来的图书馆要为读者提供各种来源的、各种形式的数字化资源，包括自建的、采购的、取得使用权的、免费使用的文本或多媒体资料，并且允许读者浏览或下载。

（5）数字信息的远程传送。数字信息的传递特点使得文献远程传递能够快速实现。读者借阅数字化文献不必来图书馆，可以通过点击图书馆主页上的数据库图标链接各数据库的网址，然后根据自己的需求选择性地索取所需要的数字信息资源。这一过程突破了时空限制，方便了读者的信息获取，但在实施过程中要注意保护版权的问题。

（6）网络信息导航。与网络信息管理不同，网络信息导航的主要目的是引导读者在网上快速找到关于某一专题的网站或网页，了解网上信息资源和某一网站信息资源的分布，使上网者可从一个网站直接漫游到其他相关的各个网页，引导读者正确上网检索。相对于网络信息管理，这项工作的要求较为简单，并不要求对网络信息做过多的加工处理，因此，范围也可相应扩大，不必局限于重点领域。网络信息导航要根据读者对网络信息资源的需求状况，对网络信息加以评估和整理，建立链接，组织专题页面，为用户开展指导服务。

（7）数字信息咨询服务。高校图书馆的信息咨询服务是以数字信息为依托，向用户提供信息导引服务、联机实时帮助和高层次的研究型参考咨询服务。咨询服务的主要内容，一方面是帮助读者解决信息查找和信息利用中的问题，如帮助读者选择和使用数据库，了解数据库的结构、检索界面，掌握网络信息的检索方法-确定检索策略，进行复杂主题查询，及时排除检索过程中的设备技术障碍等；另一方面，咨询服务要面向高层次的研究型项目，如大型的科研项目、政府的决策、大型企业对市场的初步调研等，这一工作要求高校图书馆对信息做好深加工工作。

（8）公共关系服务。高校图书馆应利用现代信息技术为用户提供一个交流信息的场所，在这个场所中，用户可以提出问题和建议，也可以同其他的用户交流信息。高校图书馆可以利用这个场所介绍图书馆的收藏和服务，发布图书馆新闻，回答读者的提问，组织各种热门话题的讨论，介绍与评价最新的图书和其他信息资源。高校图书馆还应组织用户活动，通过开展座谈会、组织书友会等形式加强同读者的联系，与读者建立良好的关系。目前，网上讨论区可以部分实现这一功能，但图书馆在这方面的工作做得还很不够，今后应利用这种形式，继续加强对读者的引导和对图书馆的宣传。

第三节　高校图书馆信息服务创新

随着 Internet 的迅猛发展，信息资源网络以其丰富的资源和便捷的工具改变着图书馆的信息服务工作。在网络环境下，开展信息服务工作对图书馆员工的要求越来越高，图书馆员工的职责和社会地位也越来越受到重视。在不断变化的信息环境因素的冲击下，高校图书馆必须进行信息服务创新。

一、转变观念

观念更新是创新的前提。在网络环境下，图书馆应树立以人为本的观念、资源共建共享的观念、崇尚创新的观念。

要以人为本，建立人尽其才、才尽其用的激励机制和竞争机制。高素质的人才是搞好信息服务的保证。在知识经济时代，人才是一种资源，在 21 世纪发展中起着重要和决定性的作用。应该说,一个成功的图书馆馆长,应该懂得如何培养人才、集结人才,创造最佳团队,突出人才配置效益。

网络环境对传统的图书馆文献资源建设产生了积极影响,共建与共享成为图书馆文献资源建设的最主要特征。图书馆既要积极参与文献信息网络的共建,充分利用网络实现文献信息资源共享,又要掌握合理的资源共享尺度,加大整体文献资源建设的力度。只有在不断提高本馆馆藏文献信息资源保障程度的基础上,才能促进并形成本地区、本系统的文献信息资源保障体系,进而在更大范围内更合理地实现资源共享。

网络的飞速发展极大地改变了人类利用、传播和存储信息的方式。作为一个新时代的图书馆员工,不但要不断拓展知识面,还要加快知识更新的步伐,培养创新精神和创新能力,只有这样才能适应图书馆生存、发展的大环境,才不会被淘汰。当然,观念的创新必然是一个否定自我、超越自我的过程,可能是最痛苦和最艰难的事情。

二、技术创新

信息应用技术的开发与创新是推动信息服务业发展的重要手段 P 信息产品如电子出版物,多媒体,网络信息搜索、下载与传播及其相应的软件开发等,都是高技术开发与应用所创造的成果。技术发展日新月异,抓好技术创新的关键是开发和完善以互联网为中心的信息系统构筑,抓住信息技术的超前性和实用性,尤其是电子商务、数字化信息以及使用互联网中数据信息传播的安全保护等关键问题,致力于信息产品的领先开发,开展群体合作研究,使新技术尽快形成生产力。另外,还应依据新技术市场化、全球化和高级化的发展趋势,充分利用已有的技术创新体系,引进和吸收国外先进技术,积极开发实用的新型信息产品,满足用户日益增长的信息需求,不断地把技术创新推向前进。

三、加强网络信息资源的开发利用,拓宽服务内容

为了适应信息环境的新变化,高校图书馆应当通过完备的网络设施,为读者提供尽可能多的信息资源,使图书馆长期追求的资源共享成为现实。图书馆还应根据读者的需求,对网络信息资源进行系统挖掘并进行有序加工和整理,为读者提供有效利用服务。

(一)图书馆网上主页服务

图书馆网上主页服务是指图书馆利用网络环境作为技术条件,通过在互联网上建立自己的主页,把自己的服务快速地传递给广大读者和用户。主页要简洁大方,主页上除了介绍本馆概况、服务项目、馆藏书刊目录、光盘资源和网上资源等基本信息外,还要提供各种资源的使用方法以及网络导航等服务,将国内发达地区的高校图书馆和热门站点与网页链接起来,并针对本单位的重点专业系统地建立学科导航,帮助用户方便地利用网上丰富的资源。

（二）采用电子邮件开展网上服务

现代通信技术尤其是网络通信技术的应用，使信息传递更加方便、快捷，用电子邮件开展远程服务，用户可将信息需求通过电子邮件传给图书馆，图书馆再将找到的信息通过网络反馈给用户。

（三）网络信息资源检索服务

图书馆要做好网络信息的筛选、组织和整理等工作，尤其要做好网络数据库的导航工作，开发网上相关信息的指引库，指导和方便用户利用网络查询文献信息。图书馆专业人员应利用自己的专业特长，在网上搜集与本单位学科专业相近的信息，并按学科分类加以整理，建立指引库，方便用户查找所需信息，并为用户提供文献检索服务，包括网上定题跟踪、课题查新和专项咨询等。

（四）开展读者教育，培养读者信息素养

在网络环境下，信息用户倾向于自我服务，即用户直接上网查找自己想要的信息。而网络信息资源最大的特点是无限、无序，质量参差不齐。在大多数情况下，并不是每一位用户都能知道如何使用网络，或者能很顺利地在网上找到所需信息，因此对用户进行培训成了图书馆信息服务的一项重要内容。培训的目的主要是提高信息网络资源检索和辨别的能力、信息获取及处理的能力，帮助用户在浩如烟海的信息中搜集、筛选、分析和整合自己所需要的信息，提高他们的信息意识和检索能力。

（五）为贫困地区优化参与式扶贫模式服务

参与式扶贫是指扶贫主体通过投入一定的扶贫要素，用来扶持农村贫困地区和农民发展农业生产、改善生活条件和提高文化知识水平，以促使农村贫困地区和农民进行生产自救，逐步改变贫困状态，踏上致富道路的扶贫行为方式。"扶贫先扶智"，高校图书馆可以利用自身的特色文献信息资源等优势，配合学校对口帮扶点，提供贫困地区致富信息，分析贫困与返贫现状原因，唤醒农民主动参与"造血"主体意识，举办专题培训班优化扶贫开发管理机制，建立有效的监督机制和科学的评估体系，加强基层村民组织建设，切实做实贫困地区村民帮扶计划，用实际行动优化参与式扶贫工作。

四、增强服务意识，培养高素质的图书馆员工

在网络环境下，信息服务工作对图书馆员工提出了更高的要求。图书馆员工在工作中要充分认识到，图书馆是一个庞大的信息系统，是文献信息收集、存储、传播的中心。员工只有通过管理、开发、加工和传递信息才能使图书馆的文献资源在应用中实现其价值。因此，只有不断培养自身的信息素养，不断提高对信息进行深度加工的能力，才能适应网络环境下信息服务工作的要求。另外，还要不断培养敏锐的捕捉信息的能力，学会用信息

眼光，从信息角度去思考问题和开展工作，对信息价值要具有一定的洞察、判断和运用能力，并能科学地处理信息，运用现代信息技术为广大读者提供高效、优质的服务。

由于现代信息技术在图书馆的广泛应用，图书馆员工要努力学会运用电子计算机技术，实现工作自动化；运用光学技术，实现文献信息缩微化、光盘化；运用电脑多媒体技术，实现图、文、声、像信息一体化；运用现代通信技术，实现参考服务网络化及信息传递高速化。

我们知道在 Internet 上除了有中文信息外，还有很多是英文资料。因此，要及时跟踪、获取科学发达国家的最新信息资料，图书馆员工就必须突破语言障碍，熟练掌握外语特别是英语的应用能力。为此，图书馆员工还应不断提高文字表达能力，因为在网络环境下的信息服务过程中，文字工作仍占主体部分。员工除了要学会过滤、筛选网上信息外，还要学会用准确、清晰和简明的文字来撰写各种信息评价、摘要和专题报道等，为广大读者提供更优质、更高效的深层次服务。网络环境给图书馆信息服务工作带来了巨大冲击，也带来了更多的发展空间。图书馆只有抓住网络发展的大好契机，在全馆范围内大力倡导创新意识和创新精神，形成创新的共识和动力，才能开创信息服务工作的新局面。

第四节　高校图书馆信息服务质量与绩效评估

图书馆信息服务质量是指反映图书馆信息服务满足读者和社会明确或隐含需求能力的特征和特性的总和。它包括两个方面的内容：一是读者通过接受图书馆的信息服务究竟得到了什么，即服务的结果，通常称之为服务的技术质量；二是读者是如何得到信息服务的，即图书馆信息服务的过程，通常称之为服务的功能质量。技术质量可以通过某些指标来衡量，如读者到图书馆查阅资料，查到的结果专指度如何，是否符合自己所需；而功能质量往往只是读者在接受服务过程中的主观感受，如工作人员的态度如何，图书馆的环境、设施如何等。读者对信息服务的技术质量和功能质量都很重视，两者合在一起，形成了读者对图书馆信息服务质量的评价。

图书馆信息服务质量主要有以下特性：①功能性。指读者通过接受图书馆的信息服务，信息需求是否得到了满足。这是读者对图书馆信息服务最基本的要求。②经济性。指读者为了得到图书馆的信息服务所付代价的合理程度。这里所说的代价，不仅包括相关费用，还包括付出的时间、交通上的障碍、为了使用图书馆所必须忍受的种种不便等。③安全性。指读者在接受图书馆信息服务的过程中，人身、财物受保障的程度。图书馆对到馆读者有保证其人身不受伤害、财物不受损失的责任，要采取一定的措施，提高馆内的安全性。④时效性。指图书馆的信息服务能否及时满足读者的需求，这包括两个方面的含义，一是图书馆提供的信息是否及时，二是图书馆的服务效率是否令读者满意。⑤舒适性，指图书馆为读者提供环境的舒适程度，包括馆舍是否美观大方，馆内环境是否安静整洁，各种服务设施是否方便实用。⑥文明性。指图书馆在提供信息服务的过程中能否为读者创造一个和谐友好的氛围。

一、高校图书馆服务绩效测量的发展历程

早在 70 年前，阮冈纳赞就以其远见卓识指出了图书馆服务绩效测量的实质是以用户为中心，以满足用户需求作为评价图书馆服务绩效和服务质量的标准。在《图书馆学五法则》中，阮冈纳赞就有如下思想：①用户是图书馆的中心，图书馆的设计、评价、改进、调整、运作等都要围绕着用户展开；②有效满足用户的信息需求，首先必须界定用户并明确他们的需求，只有这样，才能保证服务有的放矢，真正以用户为导向；③图书馆在界定了自己的用户及其需求之后，就要想办法满足这种需求；④图书馆与用户之间保持良好的关系，要对用户待之以客、待之以友，要创造温馨的气氛，简化规章和程序；⑤图书馆员工要有胜任工作的能力。在今天越来越注重从用户角度对图书馆进行评价的情况下，应把"图书馆学五法则"作为评价的基础，因为五法则提出了反映图书馆服务水平的五个重要指标。

20 世纪 60 年代，图书馆开始有了服务绩效测量活动，开始系统调查如何对图书馆服务过程的效益进行评估。70 年代，服务绩效测量已成为图书馆领域的一个重要研究课题，如比勒格里姆、赫林、詹姆森、马丁、内勒、贝克、兰开斯特等就测量图书馆服务和图书馆服务质量都撰写了专著。80 年代，图书馆服务绩效测量研究达到一个小高潮，不但众多知名专家，如巴克兰、坎特、克罗宁、麦克卢尔、弗伦奇、冯·浩斯等纷纷从不同角度对图书馆服务绩效测量进行了研究，以专著和学术论文的形式为图书馆实施服务绩效测量提供指南和工具，而且一些图书馆协会和图书馆学会也把图书馆服务绩效测量提到日程上来。比如，美国图书馆管理协会和美国图书馆协会在 1980 年就针对图书馆服务绩效测量的问题进行了讨论。90 年代，图书馆服务绩效测量无论是在理论研究还是在实践方面都取得了很大进展，成为图书馆改进服务质量的重要手段。

众多图书馆学者、专家对服务绩效测量的发展做出了重要贡献，他们的研究对图书馆的服务绩效测量实践也产生了积极影响。迄今为止，关于图书馆服务绩效测量最有影响的著作主要有以下几部。

（一）兹韦齐格和罗杰的《公共图书馆产出评估》

1982 年，兹韦齐格和罗杰出版了《公共图书馆产出评估》一书。书中提出测量公共图书馆产出的四个指标，即图书馆利用测量、资料使用测量、资料存取测量和参考服务测量。除此之外，作者还建议图书馆根据具体情况增加其他一些指标。《公共图书馆产出评估》提供了测量公共图书馆绩效的一种非常实际的方法，包括如何设计调查表，如何收集、分析和显示数据等。

(二)P.B. 坎特的《学术和研究图书馆的绩效评估》

1984年,坎特出版了《学术和研究图书馆的绩效评估》一书。在该书中,坎特明确指出图书馆实施服务绩效测量的可行性和可重复性,并提出了学术图书馆服务绩效测量的两个指标——图书馆文献的可获得性和馆际互借的及时性。他还利用这两个指标对美国五个学术图书馆的服务绩效进行了测量。这种测量方法的要点在于通过评价一个图书馆的服务质量,帮助管理者进行决策。

(三)冯·浩斯、威尔和麦克卢尔的《评估学术图书馆绩效:一种实用方法》

1990年,冯·浩斯、威尔和麦克卢尔合作出版了《评估学术图书馆绩效:一种实用方法》一书。该书内容共分为两部分:第一部分主要对有关评估原则、评估方法的选择,调查样本的选取,数据收集与分析以及结果的应用等进行说明。第二部分提出了对图书馆的四个方面,即用户对图书馆总体满意程度、图书资料的可获得性和利用、图书馆的设施和利用、信息服务进行评价的15个指标。具体内容为:①图书馆使用者满意情况(使用者总体满意度);②藏书的提供与使用情况(外借图书资料流通量、馆内图书资料流通量、图书资料使用总数量、图书资料的可得性、无法及时提供的图书资料数量③图书馆及其设备的使用情况(使用者访问图书馆的次数、使用者在馆外使用图书馆的次数、使用者到馆内与馆外使用图书馆的总次数、图书馆设备使用率、流通及参考等服务使用人次、图书馆内总使用人次);④信息服务(参考咨询服务量、参考咨询服务满意情况、在线检索满意程度)。书中详细解释了测量方法的具体使用步骤,并对测量可能反映出的问题提出了相应的解决措施和建议。

二、高校图书馆信息服务绩效的测算

服务绩效测量是检验图书馆信息服务质量的重要方法。服务绩效是图书馆实际提供的服务质量,它包括功能质量(形成于服务过程)和技术质量(取决于服务产出或结果)两方面。服务绩效测量就是对上述两个方面进行评价。

图书馆的投入首先是经费和人员,然后以馆藏、设备和馆舍等形式表现出来。"过程"指服务提供过程;"产出"指图书馆为用户提供的各种信息产品和服务,如参考咨询服务、检索信息服务等;"结果"代表了服务产出对用户的影响,如通过检索所获得的信息(产出)对用户正在进行的研究有什么影响(结果)。事实上,我们也可以把"产出"看作图书馆服务的中间产出,而把"结果"看作图书馆服务的最终产出。

图书馆服务绩效测量通常通过对上述四种活动的评价,了解图书馆满足用户需求的程度。因为单纯地评价图书馆投入并没有太大意义,所以在实际的绩效测量操作中,往往将它作为产出的影响因素加以考虑,如根据满足用户文献需求的程度(产出)来评价图书馆的馆藏(投入)。图书馆服务绩效测量分为以下三种类型。

（一）过程测量

过程测量，即对图书馆工作过程和服务过程进行评价。这里所说的"过程"，包括为内部用户提供产品和服务的过程以及为外部用户提供产出的过程。过程的完善与否直接影响着产出结果的好坏，最终决定着图书馆为用户提供服务的质量。对图书馆工作过程和服务过程进行测量，旨在防患于未然，消除服务质量差的可能隐患。

（二）产出测量

产出测量，即对图书馆为外部用户和内部用户所生产、提供的信息产品或服务的数量及质量进行评估。产出测量通过把所提供的信息产品或服务的质量与用户的需求进行比较，找出问题和差距。

（三）结果测量

与前两者相比，结果测量有更大的难度，因为它要评价图书馆所提供的信息产品和服务对用户的影响程度。这种影响可以是现实的，如图书馆学专业的学生根据参考图书馆员工提供的书目信息，即时完成目录编制作业；也可能是潜在的，如用户从参考图书馆员工那里获得的某一条信息为日后的决策提供依据。正是由于图书馆的信息产品和服务对用户的影响是长期的，不一定在短期内就能够看到效果，或者由于信息产品和服务与其他因素共同发挥作用，难以从中区分出信息产品和服务的贡献大小，所以对结果进行评价非常困难。不过，结果测量的首要原则仍是用户满意。

三、高校图书馆服务绩效测量发展的特点

从上面的介绍可以看出，绩效测量作为评价图书馆服务质量、改进图书馆服务质量的重要手段，所包含的内容有一个不断丰富的过程。具体表现在以下几个方面：①从重藏到重用。最初，图书馆服务绩效测量停留在对图书馆"藏"的测量上，拥有多少书、多少珍本书成为衡量图书馆服务质量优劣的标准。随着社会的发展，人们认识到仅有收藏量是不够的，逐渐把评价标准从拥有量转向利用率，因此，图书资料流通量、图书馆设备使用率、参考咨询服务数量等成为评价图书馆服务的重要指标。②从重量到重质。在很多情况下，使用量或利用率只是说明了图书馆实际处理了多少问题，完成了多少工作，并不能反映图书馆的服务质量和用户对服务的满意程度，如参考咨询的数量与用户是否获得了满意的答案之间并没有必然关系。事实上，一项调查显示：参考咨询答案的平均正确率仅在50%～60%之间。正因为如此，在图书馆服务绩效测量工具中逐渐出现了对用户满意程度的评估。③从重定量分析到重定量分析和定性评价相结合。随着"用户满意"成为图书馆服务绩效测量的中心，绩效测量的方法也由单纯的对"拥有量""利用率"的定量统计向定量分析和定性评价相结合的方向发展，如《苏格兰成人大学绩效和资源标准》就将评

价指标分为定量和定性两个方面。评价用户对图书馆服务质量期望和满意程度的方法——SERVQUAL 的应用,更实现了定量分析与定性评价的有效结合。图书馆服务绩效测量的发展从一个侧面说明了图书馆对服务质量的认识有一个逐渐深化的过程,满足用户需求将最终成为图书馆服务的中心。

四、高校图书馆服务绩效测量的标准

经过多年来的努力,图书馆各专业协会已制定了多套关于图书馆服务绩效测量的标准和指导方针。这些标准和指导方针都曾对或正在对图书馆的服务绩效测量起到一定的指导作用,其中比较重要的有以下五个标准。

(一)美国"大学图书馆标准"

1968 年,美国大学研究图书馆协会与美国研究图书馆协会成立联合委员会,共同研究制定了有关大学图书馆标准。此联合会在 1978 年 4 月发表了有关"大学图书馆标准"的初稿,并于 1979 年正式公布。"大学图书馆标准"的内容共分为服务(Service)、馆藏(Collection)、人事(Personnel)、设备(Facilities)、行政管理(Administration and Governance)、经费(Finance)等六大项共 16 条标准。标准制定的主要目的在于协助图书馆员工、教职工、大学行政人员和其他相关人员评估与改进大学图书馆服务及其资源。

(二)IFLA 关于大学图书馆绩效测量的标准

该标准出版于 1988 年,是得到国际认可的指导性文件,目的是提供一种评估大学图书馆服务质量的手段,为提高服务质量提供指南。该标准包括大学图书馆进行服务绩效测量所涉及的十个方面:①目的;②组织和行政管理;③服务;④馆藏;⑤员工;⑥设施;⑦财政和预算;⑧技术;⑨保存和维护;⑩合作。

(三)苏格兰成人大学绩效和资源标准

1993 年,苏格兰图书情报委员会(Scottish Library&Information Council)和苏格兰图书馆协会(Scottish Library Association)联合制定了"苏格兰成人大学绩效和资源标准"。标准指出,要想成为一个高质量的图书馆,必须具备三个条件:①有明确的目的和使命。②不但满足大学和图书馆高层管理者的期望,而且首先应以服务为导向,进行用户调查,并根据调查结果做出改进;其次与大学的学术部门保持有效的联系;最后关注教育并积极做出反应。③由同仁进行评估,寻找差距,并能够正确判断存在差距的原因。标准推荐利用由 16 个指标构成的指标体系来测量大学图书馆绩效,但强调各个图书馆应根据自身需要,另行增加指标。指标分为定性和定量两类。定性指标包括馆藏差异、员工资历、服务范围和用户满意程度评价等。定量指标包括用户数量、馆藏规模、增加或剔除文献的比例、资金、员工数量、开馆时间和用户访问数量等。此外,标准还附有一份"质量审验问卷",

供图书馆进行外部评价时使用。

（四）关于图书馆绩效测量的ISOCD11620标准草案

1992年，在ISO/TC46/SC8的授权下，成立了一个专门负责制定图书馆绩效测量国际标准的特别小组。1994年12月，该标准以CD11620草案的形式出台，并于1995年通过了投票表决。该标准草案从用户满意程度、公共服务、服务可获得性、提供文献、检索文献、外借的文献、馆际互借的文献、参考工作、咨询设施、采购文献、处理文献和编目12个方面对图书馆绩效进行了测量，并在每个方面下设了若干具体评价指标。以检索文献为例，其下所设的指标包括从闭架中检索文献的速度和从开架中检索文献的速度两个。评价设施的指标也有两个：一是用户人均设施量；二是设施的平均利用率。

（五）测量质量：1FLA关于学术图书馆绩效测量的指导方针

1996年，国际图联出版的《测量质量：IFLA关于学术图书馆绩效测量的指导方针》给出了关于评价学术图书馆7个方面的16个绩效指标：①图书馆总体利用和设施。评价指标包括市场渗透率（图书馆现实用户与包括潜在用户在内的所有用户之比）和与需求相比的开馆时间。②馆藏。评价指标包括馆藏利用率、某一主题文献利用率和未利用文献率。③目录质量。评价指标有查找目录成功率、主题查找成功率。④馆藏的可获得性。包括采购速度、处理速度、可获得性、文献传递的时间和馆际互借速度等评价指标。⑤参考服务。评价指标是回答问题的准确率。⑥远程利用。评价指标是一年内主要用户利用远程服务的次数。⑦用户满意。包括用户对图书馆总体满意程度和对远程服务的满意程度两个评价指标。

第五节 高校图书馆的知识服务

图书馆作为社会文献信息中心，不仅要关注信息资源的搜集与获取和知识信息的组织与开发，而且要重视知识的需求与应用，开展基于高速信息网络的知识服务，这是新时期图书馆工作的出发点和归宿。图书馆传统的信息服务是指机构或有关部门将收集到的信息经过加工、处理，利用各种手段和方式为社会和本机构内部提供信息产品和服务，以满足信息需求的一种有组织的活动。它是为解决社会信息现象的复杂多样性和社会信息的无序性与人类需求的特定性之间的矛盾而产生的。它的目的就是使人们能够在特定时间获取所需要的特定信息。在现代社会，一切活动都离不开信息的开发与利用，都需要有相应的信息服务提供信息保障。知识服务首先是一种观念，一种认识和组织服务的观念。知识服务是指从各种显性和隐性信息资源中，针对人们的需要将知识提炼出来、传输出去的过程。它是通过采取多种途径与方法，从大量文献资源的宝库中开发、加工出有用的知识资源，包括那些能被沟通、共享的认识和经验，以及所组织起来的信息等，对事物本身及内在联系进行有序揭示，提高知识的可见度，以便用户的吸收、利用和从中获得启迪。它是以资源建设为基础的高级阶段的信息服务。从信息服务向知识服务转变不是偶然的，是社会需求变化的需要，是信息服务的延伸和发展方向，是信息社会发展的必然结果。

一、传统信息服务的局限性

信息内容限于素材性的显性信息与显性知识。在信息服务过程中采集、提供的信息，并不要求对所含的知识内容给予具体分析、提炼，只是作为素材化的材料直接提供给用户（如一次文献、二次文献等）。人们通过各种检索手段，获取的只是文献或数据信息本身，并不一定是知识。譬如人们看了题录摘要，从中未必可以看到知识；即使读完了一次文献，也许仍不能准确了解其中知识之所在。信息服务采集提供给人们的只是各种媒体明显呈现的信息，并不涉及对存在于人脑中的、具有创新活力的隐性知识的开发与管理，也不提供在大量显性信息中蕴涵的隐性知识。从信息学的角度来看，信息在图书馆的交汇、碰撞和传播过程中没有实现增值。

源信息的元数据加工限于结构化范畴。数据库的元数据主要用于对信息的结构化描述，它确定了一个信息结构空间，引导人们从中寻找所需要的信息和知识。实际上，元数据对信息内容的描述只是范畴性、框架性的，要根据它来准确找到所要的信息或知识是不可能的。

数据库产品难以针对性、系统性地满足个性化、专题化知识的需求。数据库作为一种资源，通常按信息载体形式和内容范畴进行分类加工。衡量它的内容质量，一般是从其信息采集范围的完备性、层次性，数据更新的及时性，数据可交换性等方面，考察它在内容服务上针对某一类读者群的普适性，很少也难以考察它对个性化的信息与知识需要的满足程度。

由此可见，信息服务虽有能提供快速服务的优势，但难以简捷并系统地提供知识和针对性地解决人们的问题，更无法挖掘各类隐性知识，难以实现信息源的增值开发利用。这一缺陷限制了信息服务的价值空间，也制约了图书馆自身资源和人才智力的充分发挥。

信息服务的价值定位是建立在图书馆资源优势上的，体现的是"资源"价值，由此价值观而形成的信息服务工作是以信息资源的结构化和有序化为目的，注重信息外部形态组织和整理，以信息资源的物理传递为业务流程的基本环节，以固化的体系提供被动和固定的服务为其特点，其核心资本是信息或信息载体。然而，由于信息网络的发展，传统的信息资源不均衡和信息获取困难的局面得到极大改善，信息检索和传递走向非中介化、非专业化和非智力化，用户关注的是如何从繁杂的信息环境中捕获和析取解决问题所需的信息内容和知识，这种需求的转变决定了今天图书馆的价值定位向"知识服务"转移已成为其发展的一种现实需要。在知识经济时代，直接支持用户知识应用和知识创新过程的知识和能力成了图书馆的核心能力,基于这种核心能力的知识服务是图书馆实现其服务价值和社会价值的有效手段。因此,图书馆的核心能力不在于所拥有的资源,而在于它利用广泛信息资源为用户创造价值的知识和能力。

二、图书馆实施知识服务的必要性

图书馆的服务由信息服务向知识服务发展的主要原因是基于知识化社会的需要、创新服务理念的需要以及数字图书馆发展和网络环境的需要。当今社会是知识经济特征日益明显的社会,知识成为社会发展、经济增长的关键因素。人们的思想观念也正发生巨大变化,由过去单纯追求物质资源的占有到现在追求拥有更多的知识资源,由崇拜信息到尊重知识。这些变化促使终身学习成为普遍行为,学习的意识更加强烈。这样一个全新的社会形态为图书馆的发展带来了前所未有的发展机遇。知识化社会呼唤知识服务,而具有教育职能的图书馆是社会公认的重要教育基地,承担着造就知识人的重任。知识人只有通过知识消费,汲取知识,积累知识,进而创新知识,才能实现知识的生产和再生产。图书馆的服务正是以满足用户的知识消费为目的,发挥自身丰富的文献信息资源和网络信息资源的优势,对知识信息单元进行组织和开发,形成有独特价值的知识产品,为用户提供知识服务,实现图书馆的社会价值,在知识化社会中发挥应有的作用。

知识经济社会的迅速发展以及社会和用户在网络环境中呈现出的对知识的迫切需求,都促使图书馆在知识的组织与管理、资源的提供与服务方面有所变革。图书馆传统的信息服务受到了严峻的挑战,这也迫使图书馆革新服务理念,从以信息组织、检索和传递为核心的信息服务向以用户目标驱动,面向解决方案的知识服务转移。知识服务的价值在于为用户提供服务的知识含量,而不是简单的服务时间或提供知识信息的数量。用户利用图书馆最关注的是能否从繁杂的知识信息资源中捕获到解决所面临问题的知识信息,将这些知识信息融化和重组为相应的知识或解决方案,并将这些知识固化在新的产品、服务或管理机制中。因此,图书馆要转变服务观念,牢固树立"以用户为中心,以需求为中心"的新的服务理念,将满足用户的知识需求作为自己一切工作的中心。所以,知识服务也是图书馆创新服务理念的需要。

随着多媒体技术和网络技术在图书馆的普遍应用,图书馆向虚拟化、电子化和数字化方向发展,未来图书馆将是传统图书馆和数字图书馆的复合体。而数字图书馆本质上是一种面向用户的网络化数字资源体系,它不再是向用户提供零散、杂乱的信息或知识,而是向用户提供系统化的有序的知识或者说知识体系,工作重心也由原来的文献采编与流通阅览转向深层次的知识服务。随着虚拟信息系统的发展,信息交流体系的重组,信息检索和传递的非中介化、非专业化和非智力化,图书馆服务需要直接融入用户解决问题的全过程,并针对具体问题和个性化环境更加直接地帮助用户解决问题。网络环境的出现和数字图书馆的发展也迫切需要图书馆开展知识服务。

知识服务是图书情报机构在知识经济逐步发展，信息获取环境有了极大改善，用户对图书情报机构的信息传递和检索的简单服务的需求降低，而对解决具体问题的方案和专业化、个性化服务提出更高要求的条件下采取的一种新的更高层次的服务模式。所以说，知识服务是图书馆在网络环境下保障对用户的服务能力，提高知识创新能力和服务的知识含量所必需的。

三、图书馆实施知识服务的可行性

随着计算机技术、通信技术和网络技术的迅速发展，现代信息技术已在图书情报服务领域得到了广泛应用，利用智能化、自动化和网络化的技术设施开展工作已成为现代图书馆开展服务的重要手段。从知识服务的实际过程与手段来看，传统的数据挖掘技术与网络的结合所形成的面向因特网的数据挖掘技术，为图书馆知识服务的开展提供了重要的技术支持。

开展知识服务的主要障碍是图书馆知识资源拥有量低和知识的获取渠道不畅，这在过去几乎是无法解决的难题。但随着信息资源数字化建设的深入实施而得到彻底解决，包括多媒体在内的各类信息资源，越来越多地被数字化并提供到各类网上。网上资源正以每年50%的速度递增，内容涉及政治、经济、科技和文化等各个方面，覆盖了社会生活的每一个领域。丰富的网络资源，对开展知识服务极为有利。尤其是数字图书馆的建设，更为知识服务的开展提供了强有力的支持，信息资源数字化建设为知识服务提供了根本保障。

四、图书馆知识服务的方式

（一）参考咨询服务

传统的图书馆参考咨询服务主要是以馆藏文献为基础，针对用户提出的咨询问题，利用手工或半自动化方式，通过个别解答提问，向用户提供具体的文献、文献知识和文献线索。随着知识经济和现代化技术的发展，网络技术应用于图书馆，参考咨询服务的功能不再局限于原有的范围。过去常规的咨询服务，除解答读者提出的事实性咨询服务问题外，还开展书目咨询服务、专题咨询服务等。网络咨询服务启动后，除原有的咨询服务内容外，还可以为用户提供范围更广、层次更高的咨询服务。为适应知识经济发展的要求，图书馆应开展网络咨询服务，其内容主要包括以下几方面：

（1）常规性图书馆知识方面的咨询服务。

（2）目录查询服务。在高校的图书馆内都开辟有"联机检索"栏目。一般有本馆联机公共书目系统，可以从分类、主题书名和著者等多种途径查馆藏文献，还可通过远程登录查询其他信息中心的文献等。

（3）网上站点导航。网上站点导航帮助用户查找各个服务器在网上的地址，并通过该地址去访问服务器提供的知识信息，它相当于传统图书馆信息部门的目录索引。虽然世界上有著名的、评价较高的搜索引擎进行搜集、分类、归纳和介绍，但由于分类的广泛，让人们在查询较专业的网站时感觉不能很快满足需要。图书馆咨询人员应根据本专业的特点和读者需求，编制专题性的、研究性的站点导航，以方便读者，发挥补充的功效。

（4）编制数据库。根据社会需求和业务实际，编制特色数据库，提供给用户使用的是网络环境下参考咨询工作的新内容。

（二）检索服务

文献检索是利用特定的工具书，通过一定的途径和方法为用户提供检索结果的服务。为了提供文献检索服务，图书馆工作人员应熟知各种工具书的内容，了解其检索途径和方法，才能顺利地检索到读者需要的文献信息，但由于文献一般利用手工检索，检索速度慢，有时由于主观方面的原因，效果也不理想。随着知识经济的到来，人们对知识信息、时间观念的强调，手工检索已不能适应实际需要，人们希望图书馆能针对其特定需求提供直接明确的信息，如数据、图像和动画等，开展网上检索服务。网络检索的发展方向是超文本、多媒体和智能化。检索内容除传统文献外，还包括各种专题论文、商业信息、政府报告、研究进展和专利产品等。要达到满意的检索效果，检索人员不仅要经常上网浏览，熟悉各种检索技术和检索工具，更要注意研究网络知识资源的特点，随时通过各种媒介和途径收集有关知识资源，以提高查全率，同时注意提高检索速度，注重检索结果的分析和评价，提高检索结果的准确性，针对用户需要提供"适量"的知识。只有在实践中不断摸索和积累，才能做好这项工作。

（三）双向交流服务

图书馆是根据需要来采购文献的。这种需要就是读者需要，如在大学图书馆，图书馆采购人员先将预订书目发放给各学科具有代表性的老师，由老师选购本专业所需要的，然后根据所选购的再结合本馆情况进行选择。在知识经济时代，网上图书馆已成为现实，图书馆在新书预订及声像资料、电子文献等订购方面，可在网上充分征求读者意见，并将到馆的书刊资料进行分时信息发布，使校内读者从书刊订购开始就参与图书馆的知识资源建设工作，同时随着信息的不断发布，吸引更多读者关心知识资源的开发利用，使图书馆与读者之间建立起更加亲密的伙伴关系。在网上服务中，图书馆向读者提供和发布的信息主要有图书馆（网站）及图书馆信息情况介绍，图书馆（网站）知识服务内容介绍，图书馆（网站）读书活动与信息宣传等。

当然，图书馆知识服务方式不仅仅是上面介绍的这些方式，还有借阅流通服务、专题服务、定题跟踪服务等方面的内容，但不管服务方式怎样多样化，其最重要的就是如何适应知识经济发展的要求，不断探索新的知识服务方式。

第六节　高校图书馆的人本服务

读者作为图书馆的服务对象，是图书馆活动中最活跃、最重要的因素之一。读者的存在和需求，体现了图书馆存在的社会价值。读者服务工作开展得如何，最能衡量图书馆工作的质量。读者对图书馆的依赖程度反映了读者服务工作的水准和发展动向。

但是长期以来，囿于传统图书馆的观念束缚，图书馆主要是进行馆藏文献的收藏与管理，而在读者教育及读者服务工作方面的研究几乎是空白的。虽然图书馆长期奉行"读者第一，服务至上"的宗旨，但却一味地从管理者的角度，从专业角度习惯模式出发进行读者服务，忽视读者的真正作用，忽视培养和提高读者利用图书馆的能力，忽视挖掘、开发读者利用图书馆的潜在意识，激活读者的主体活动，刺激读者主体性的发挥，很难变被动服务为主动服务。随着社会的发展进步，图书馆自我生存观念的逐步树立，图书馆应确立以读者需求为工作中心，更好地开展读者服务工作，以真正体现图书馆的价值。

服务功能是图书馆最本质的功能，为社会服务是图书馆工作的宗旨，而为社会服务是通过为人服务体现出来的。服务以人为本就是要以到馆的所有读者（包括通过网络访问图书馆的读者）为根本，尊重读者的地位，维护读者的权益，以充分、优质的服务满足读者的需求，让图书馆信息资源能通过用户为社会做贡献。如果我们把图书馆能提供给读者的东西称作"产品"的话，那么它应该包括一切能满足读者需求和欲望的物质和非物质因素的总和。因此，服务以人为本不仅应该体现在图书馆员工（含领导者）的思想里，而且要在环境设计、资源建设和服务方式中得到充分体现。

图书馆的人本服务最重要的就是要体现在以人为本的服务方式上。

一、便利快捷的借阅方式

信息时代下，图书馆的发展趋势是取消各种烦琐的手续，向读者敞开大门，从读者的角度出发，一切以节约时间、方便读者为目的。例如，在当前的大多数高校，进图书馆不需要读者出示任何证件或签名登记，读者计数器可以自动统计进馆人数。几乎所有的高校图书馆都实行全部馆藏开架阅览，最大限度地发挥了馆藏资源的利用价值。馆舍内设置无线互联网，给数字化图书馆的发展带来了新的机遇。未来图书馆的借阅方法将是读者可以在路上、家里通过手机或掌上电脑查询是否有自己所需的图书，该书是否被借出；读者还可以发出预约请求，到达图书馆后，只要向管理员出示自己的用户码，就可以得到自己预约借阅的图书。真正做到实行"一道关卡"的便捷借阅方式，使读者一证在手，就可以借阅所有馆藏，包括上网浏览图书馆开办的全部服务。图书馆以开放式的管理、自主式的服务方式，为读者提供了诸多方便：读者可以自己复印资料，付费既可以刷卡亦可以投币，自由取阅、检索、上网等。这种便捷高效的服务，不仅节省了读者的时间，还充分体现了图书馆的人文关怀和亲和力。

二、多样化的服务方式

服务方式的灵活多变，是图书馆以人为本的重要体现。

目前，各个高校图书馆内开展的服务方式多种多样，其根本目的就是更加重视以读者为中心，更好地为读者提供服务。例如，笔者所在的西昌学院图书馆，为了发挥图书馆"以人为本"的服务功能，为读者提供了自主的学习环境和需求，专门设立了考研自习室和新书阅览区。

考研自习室是专门为在校学生考研复习提供的一个安静的学习空间，以方便他们复习备考。新书阅览区专门为读者提供最新到馆的书。该区域在设置时首先要考虑的就是新书必须放置在图书馆最显眼的地方，这样读者一进馆便可看到，便于读者在最短的时间内读到新书。西昌学院图书馆的新书阅览区就设在图书馆一楼大厅内，这样读者一眼便可发现。

图书馆讲座是图书馆服务方式的进一步拓展，体现了图书馆服务多功能的优势。当今学生学习、生活的脚步越来越匆忙，压力越来越大，健康、就业成为人们日益关切的话题，有的图书馆举办的"相约健康"系列讲座吸引了众多。在高校学生毕业时，有的图书馆举办了就业方面的讲座，深深地吸引了听众，这都充分体现了以人为本，以人的需要为出发点的图书馆服务理念。

尽可能延长读者利用图书馆的时间。欧美等发达国家不仅能实现全年天天开馆，而且读者可以在任何时间、任何地点通过国际网络向图书馆专业人员咨询并得到解答。目前，许多高校图书馆都在尝试实现服务的开放时间延长，做到节假日、公休日不闭馆，保证开馆时间的完整性和连续性。

三、加强与读者的交流

信任是沟通的桥梁，是图书馆员工与读者沟通的纽带。绝大多数读者是能够自觉遵守图书馆规章制度的，但偶尔也有违规的现象，如偷书、撕页。对于偷书、撕页的读者，应以教育为主，用宽容的心对待他们，使他们明白读者在享受权利的时候，也应该遵守图书馆的规章制度，遵守社会道德规范。信任重于监督，教育重于惩罚。人与环境的文明是一种互动，文明的环境造就文明的人，文明的人可以营造出文明的环境。

图书馆是面向社会，没有围墙的大学。以人为本的服务理念体现了图书馆的服务宗旨，是图书馆和图书馆事业发展不可缺少的精髓，是高校图书馆发展的新方向。

第七章 高校图书馆管理系统创新

第一节 高校图书馆管理系统创新相关问题概述

一、高校图书馆管理系统创新的现状

高校图书馆作为高校重要的信息资源中心,承担着为高校广大师生员工提供优质高效信息资源的重要重担。为了确保自身职能的充分发挥、有效便捷高效地为广大读者提供信息资源服务,高校图书馆必须提高系统管理效能,运用信息技术手段和现代化的管理理念帮助广大读者充分利用馆藏资源和文献信息。

从全球范围来看,高校图书馆系统的建设开始于20世纪60年代的美国。以高校图书馆日常管理业务中运用自动化管理系统为标志,开启了高校图书馆系统管理提升发展的序幕。自20世纪90年代中期以来,以互联网技术的广泛传播和应用为标志,实现了高校图书馆OPAC,即"联机公共目录查询系统"的完全网络化服务,真正实现了高校图书馆冲破围墙的束缚,远程检索、文献业务办理、资源预约服务等不用在图书馆现场就可以实现。借助于互联网技术,高校图书馆全面实现了远程化为广大读者提供文献信息服务的目标,极大提升了高校图书馆的工作效率和服务质量,有效满足了不同用户在不同时间、不同地点对图书馆文献资源的需求。从当前来看,我国国内绝大部分高校图书馆已经建立自己的管理系统,有效地促进了高校图书馆各个子系统、各个业务环节的全面自动化,使传统意义上的图书馆自动化更加全面、更加深刻,已经不再局限于图书资料的日常加工领域和流通领域。

图书馆管理系统是典型的信息管理系统,主要是开发前端应用程序和建立维护后台数据库两个方面。对于前者要求易操作和功能完备,对于后者要求建立完整性和安全性好的数据库。近年来国内图书馆软件研究开发及应用也非常快,特别是20世纪90年代以后,我国图书馆信息网络建设取得了较大发展,图书馆信息化建设迈上了一个新台阶。随着互联网的普及与发展,图书馆信息管理系统迫切需要加快网络化建设。一方面加速现有图书馆信息管理系统的更新换代,向网络化拓展;另一方面有条件的大馆加速引进国外大型图书馆信息管理系统,借鉴其先进的网络化功能。从总体上看,国内图书馆管理系统则起步

比较晚，开发时间比较短，在系统稳定性、安全性和网络集成化方面，国内外图书馆管理系统存在着一定的差距。

二、高校图书馆管理系统创新的现实必要性

（一）高校图书馆管理系统创新是信息技术时代对其提出的新要求

信息时代条件下，高校图书馆管理实现现代化、信息化是必然趋势。对于高校图书馆而言，其管理水平高低主要是通过图书及文献资料等资源利用效率和图书馆自身管理效率来体现的。高校图书馆作为高校重要的信息储备仓库，信息时代条件下在服务高校教学科学和高校长远发展中的地位和作用愈加明显，而自身在信息技术条件推动下文献资源储备数量和规模史无前例。伴随着高校图书馆规模的迅速扩大和馆藏资源的日益丰富，有效实现其管理、发挥其功用、提高其价值就显得尤为重要。实现对规模如此之大、资源如此之多的高校图书馆进行有效管理，其难度可想而知。因此，必须对高校图书馆管理系统进行创新，通过运用现代化的管理理论，结合高校图书馆发展规律，对其实施动态化管理。

信息时代条件下，互联网技术和计算机技术的飞速发展为实现高校图书馆管理系统的优化、更加全面发挥高校图书馆的功能提供了现实途径。当前，我国以计算机与通信技术为基础的信息系统正处于蓬勃发展的时期。在高校图书馆管理系统中充分运用计算机技术，将能够有效提高系统管理效率，将图书馆馆员从繁重的工作中解脱出来，不仅提高了向读者提供服务的效率，而且实现了管理的精确化、无误化。高校图书馆管理系统创新在很大程度上讲，就是实现高校图书馆管理的自动化。在全球信息化大发展的浪潮下，世界范围内以计算机为代表的现代技术有了长足发展和进步；然而我国图书馆领域真正引入现代化管理理念、实施信息化自动管理的步伐较晚，与世界一些先进国家的图书馆管理还存在较大差距。高校图书馆管理创新，必须要从当前我国高校图书馆管理现代化，尤其是自动化的现状出发，认识不足，积极引进先进理念和管理理论，实现高校图书馆管理系统更加深入、全面的确立计算机技术的核心地位，实现高校图书馆在其他设备控制、连接和转换的全面自动化，"提高图书流通率，浓厚高校校园学习环境氛围，提高大学生整体素质，而且对推动社会文化进步具有重大意义。"

（二）高校图书馆管理系统创新是高校图书馆更好发挥其职能的内在要求

经过数年的发展，我国高校图书馆建设从整体上讲，已经形成了一套相对比较成熟的系统管理体系，在馆藏规模、馆藏质量方面也走在了世界的前列；尤其是国内一些具有条件的高校图书馆根据高校专业设置和高校教学科研实际需求，形成了较具特色的、完整的馆藏体系和管理体系，不仅在国内，而且在国际上都具有一定的影响力。在信息技术条件下，伴随着网络技术在高校图书馆的广泛应用，高校图书馆传统的管理系统已经远远不能紧跟时代发展要求、不能适应高校发展的要求和广大读者对文献资源的需求。信息时代条

件的网络技术大量应用，更是将高校图书馆建立在先进的硬件和软件技术基础之上、实现馆藏的数字化管理，充分利用网上资源将文献载体形态由印刷型向数字化电子化方向发展，建立自己的馆藏书目数据库，专题数据库和网上信息资源导航数据库，使高校图书馆馆藏保持自己的完整性、连续性和使用性，以确保在高校中职能的有效发挥。

高校教学科研活动离不开图书馆，广大教师及学生日常工作和学习离不开图书馆。高校图书馆管理系统问题直接关乎高校长远发展和竞争力的强弱，关系到能否以高效优质的状态服务广大师生员工，真正体现在高校中的重要职能。未来高校图书馆发展趋势必将朝着资源化、网络化和小型化、个性化、数字化的趋势演变，这样演变趋势也必将为高校图书馆职能的发挥提出更新的要求和挑战。高校图书馆要想适应未来这种发展趋势、更好的发挥应有职能，就必须不断与时俱进的开展系统管理创新。

（三）高校图书馆管理系统创新是高校图书馆转变传统管理模式的内在要求

实现高校图书馆管理系统创新能够有效减轻传统条件下的管理模式所带来的弊端。传统条件下，高校图书馆管理系统往往采用手工管理或半自动化管理的方式进行的；在传统这种管理模式下，不仅带来了大量的数据处理工作，而且管理效率低下、容易出现管理漏洞，在向读者提供服务方面也呈现出一定的滞后性。面对高校图书馆现有的内外部环境已经发生深刻变化，实现管理系统创新，不断完善其系统组织结构、功能结构、技术要素，以逐步消除高校图书馆传统系统管理模式所带来的种种弊端。

三、高校图书馆系统管理创新的现实重要性

面对高校图书馆所面临的内外部环境发生的深刻变化以及读者全体呈现的新要求，不断加快高校图书馆系统创新已经势不可挡。

高校图书馆系统管理创新将为高校图书馆管理带来前所未有的质的变化，带来意想不到的良好效果。高校图书馆管理系统已经成为高校图书馆是否具备现代化特征、是否科学化和规范化的重要标志，必将引起高校图书馆质的飞跃，其重要性主要体现在以下几个方面：

（一）实现高校图书馆管理创新，将有效提高高校图书馆管理效率，大大减轻图书馆馆员的工作量，减少传统模式下纷繁错乱的烦琐事务，克服馆藏资源出存流程烦琐、杂乱和周期长的弊端。

（二）高校图书馆管理系统创新最本质的表现在于它的全面自动化。高校图书馆在管理系统方面的份额全面自动化，能够有效提高管理的精准度，减少传统模式下在入库管理和出库管理以及库存管理各个环节和流程的漏洞，提高文献资源管理精准度和高效化。

（三）高校图书馆管理系统创新将极大地提升高校图书馆整体管理水平。管理系统创新将无疑提升管理流程规范化、管理环节标准化、管理依据制度化、管理措施具体化、读者服务优质化，从整体上提升高校图书馆服务水平和管理水平，更好的服务高校教学科研

和广大师生，推动高校各项事业全面发展。

伴随着我国高等教育事业的深入发展以及信息时代发展的千变万化，高校在生产发展过程中没有图书馆的支持将会寸步难行；而高校图书馆面对高等教育发展新形势以及自身内部外部环境发的深刻变化，要想更好地发挥职能、紧跟高校发展步伐，就必须要全面加快推进改革创新步伐。

四、高校图书馆管理系统创新的典型特征

（一）基于互联网技术，能够有效实现不同地点、多个图书馆之间的链接，实现异地多个高校图书馆之间的资源共享。

（二）高校图书馆管理系统创新将极大扩大用户服务适用范围。无论在任何地点、任何时间，只要借助互联网技术都可以使用图书馆管理系统为用户提供便捷、及时的文献资源服务。

（三）提供服务的便捷性。高校图书馆管理系统创新基于浏览器/服务器（B/S）结构，在对服务器进行有效管理的前提下，客户端只采用 Internet 浏览器，无须安装任何软件、无须任何维护，无论用户的规模有多大、有多少分支机构都不会增加任何维护升级的工作量，所有的操作只需要针对服务器进行。只需要把服务器连接到 Internet，就可实现远程维护、升级和数据共享。

五、高校图书馆管理系统所面临的现实挑战

伴随着信息化浪潮的迅猛推进，互联网技术广泛而深刻的运用，数字图书馆发展方兴未艾，已成高校图书馆未来发展的必然趋势。在这样的现实背景下，高校图书馆管理系统在享受信息技术带来便利的同时，也面临着巨大的现实挑战。当前和今后一段时期内，高校图书馆管理系统所面临的挑战和冲击主要来自于以下几方面：

一是当前高校图书馆管理系统中采用的 C/S 结构，依然存在一定局限，这就是：该系统运行环境下，当客户在应用某种文献资源和信息服务的时候，必须要下载专门的客户端软件才能够享受服务。仅仅是这一点就极大地限制了软件的扩展性能；伴随着未来互联网应用领域和使用范围的扩大，其维护和升级将会为客户带来诸多现实困难。

二是高校图书馆管理系统创新依然任重而道远，当前高校图书馆仅仅实施了业务主线的管理自动化，还没有完全覆盖到全部领域和所有业务环节。伴随着高校教学科研活动的日益活跃和广大读者对信息文献资源需求的不断提高，高校图书馆管理系统现状难以满足其现代化需求。

三是未来数字图书馆建设的趋势下，高校图书馆现有的管理系统无法实现未来数字图书馆所需求的业务管理；数字图书馆运行必将需要大量的业务系统和数字资源系统做支持和保障，一旦高校图书馆管理系统建设落后，其数字图书馆运行中的业务系统和数字资源

无疑变成"信息孤岛"。

四是高校图书馆管理系统一定程度上难以体现管理理念和管理策略。由于高校图书馆管理系统在本质上是一种自动化、是以图书馆管理为中心的过程，在其过程中难以将高校图书馆管理者的管理政策和管理理念深入，无法给馆长提供有效的决策支持，很难体现他们的管理思路。

伴随着高校图书馆管理系统的 Web 深入和全面使用，未来以 Web 为平台，以服务作为软件营运模式的时代即将到来。为此，看到 Web 在推进图书馆的各项工作中有着非常大的发展空间，在合理配置图书馆的文献资源、提高资源的利用率、改进图书服务质量、促进图书管理等方面都具有十分积极的作用。只有建立以信息技术、计算机技术、网络技术支持的、人机结合的图书馆管理信息系统，将信息、管理与系统有机地结合起来，才能使图书馆功能最大化、服务最优化、管理最规范化。

第二节 高校图书馆管理系统创新相关技术介绍

一、B/S 结构简介

B/S 是英文 Browser/Server 的简称，即浏览器和服务器结构。B/S 结构的前身是 C/S 结构，是在互联网技术不断进步的条件下对 C/S 结构的改良和升级。在高校图书馆管理系统中，B/S 结构是其运用的较为关键的一项技术支撑；在该种结构下，有效实现了高校图书馆工作界面通过浏览器来实现的目标，在前段通过 Browser 实现也仅仅是一些极少的部分逻辑性事务工作。这样一来，用户电脑端的工作负荷量大为减少，极大减轻了客户端电脑系统维护和升级的负担，节约了用户总体成本。在高校图书馆管理系统中使用 B/S 结构具有显著的优势：一是成本较低。以现有的技术条件来看，通过局域网建立 B/S 结构，并通过 Internet/Intranet 模式进行数据库应用，能够有效降低日常运行成本，减轻高校图书馆经费负担。二是 B/S 结构是一次性到位的开发模式，能够有效实现多种方式接人，满足不同人群在不同地点对高校图书馆数据库进行访问和操作。三是在安全性方面。由于 B/S 结构有效实现了图书馆数据平台在管理权限方面的限制，因此服务器中数据库处于比较安全的运行状态。四是维护和升级相对较为容易。B/S 架构的软件只需要管理服务器就可以了，所有的客户端只是浏览器，根本不需要做任何的维护。无论用户的规模有多大，有多少分支机构都不会增加任何维护升级的工作量，所有的操作只需要针对服务器进行；如果是异地，只需要把服务器连接专网即可，实现远程维护、升级和共享。所以客户机越来越"瘦"，而服务器越来越"胖"是将来信息化发展的主流方向，这对用户人力、物力、时间、费用的节省是显而易见的。

B/S 结构的工作流程和工作原理介绍。在 B/S 体系结构中，用户借助于浏览器向分布在网络上的服务器发出请求，服务器对发出的请求予以处理，并将用户所需的信息及时的返还到浏览器。在前面介绍 B/S 体结构优势的时候，已经提到，B/S 体系结构能够有效减轻用户端电脑的工作量，用户端电脑仅仅是承担请求发送的任务，而额外多余的工作量则会通过服务器来完成，例如数据请求服务、数据加工以及结果返还、动态网页生成等都是通过 Web Server 来完成的。从本质上讲，B/S 结构中以上职能的实现是通过将二层 C/S 结构的事务处理逻辑模块从客户机的任务中分离出来，由 Web 服务器单独组成一层来分担其任务，对数据库的访问和应用程序的执行均在服务器上完成。

B/S 结构的功能层划分及相关功能介绍。我们把 B/S 结构划分为三个层次，分别是功能层、表示层和数据层。B/S 结构以上三个层次在逻辑关系上是出于绝对独立的，在分区上具有明确的分割。B/S 结构之所以能够有效克服 C/S 二层结构负荷不均的弊端，其根本原因在于 B/S 结构将原来的数据层作为数据库服务器进行了独立，在客户端仅仅配置了表示层，将功能层配置在 Web 服务器上。

B/S 结构三个独立层次功能介绍：

一是功能层。功能层的功能主要有两方面，其一是对来自表示层的数据输入予以接收，在接收之后对相关信息数据进行处理分析，并将处理和整合之后的有效数据转入到 Web 数据库中予以保存；其二是对来自表示层的数据请求予以接收，将接收的数据请求转化成 Web 数据库能够识别的语言，随后向 Web 数据库进行数据查询，并将查询的结果通过表示层能够识别的格式返回给客户。

二是表示层。表示层的主要功能主要承担用户输入数据情况检查校对并显示应用输出数据情况；在结构上看，是对应用户的接口部分。

三是数据层。数据层的最重要功能是负责数据库的读写任务，在较短时间内对大量、冗繁的信息数据予以及时更新和检索。

B/S 结构三个独立层次的主要优势：B/S 结构采用以上层次结构，一方面实现了客户机工作量的大幅度减少的目标、提高了客户机工作性能；另一方面极大地减轻了技术维护人员的工作压力。B/S 结构最大优势在于将客户机中的逻辑处理任务交由功能服务器去完成，也不用负责复杂的计算和数据访问，极大降低客户机工作压力，维护工作人员不用为程序维护和升级而奔波。B/S 结构三个独立层次彼此之间相互独立，即使其中的任何一个层次发生改变，均不会影响其他层次的功能。

二、JSP 技术

JSP 技术是于 1999 年 Sun 公司倡导下，多家公司参与建立的一种全新动态化的网页技术标准，已经成为当前因特网上主流的开发工具。JSP 技术最大的特点在于实现了动态页面与静态页面的分离，有效的摆脱了传统条件下硬件平台的种种束缚，有效的改变了编译后台的运行方式，执行效率呈现出极高的较强优势。当前国内高校图书馆管理系统中大量采用 JSP 技术作为其创新开发的重要工具。

JSP 技术概况。在 JSP 技术条件下，能够将网页内容生成和内容显示予以分离使用，通过 JSP 标识或小脚本来实现页面动态内容的生成目标。JSP 技术条件下生成的内容逻辑被封装在标识和 JavaBeans 组件中，并且所有的小脚本都在服务器端运行。

JSP 技术的主要功能。

一是采用 JSP 技术能够生成可重复使用的组件。当前由于 JSP 页面都依赖于 Java Beans 或 Enterprise Java Beans 这些重复使用的，跨平台的组件去执行应用程序所要求的较为复杂的处理，实现了开发人员将普通组件之间予以共享或交换，这些方法都有效推动开发的总体过程，在现有技术条件和结果优化中提高其应用性。二是采用 JSP 技术能够开发定制化的标识库，并能够将标识库的扩展性能发挥到最大。在采用 JSP 技术后，一旦开发定制标签库，其第三方开发人员能够为一些常用功能去创建自己的标识库，有效提高开发效率和开发质量。三是 JSP 技术平台适应功能。JSP 页面的内置脚本是建立在 JAVA 语言基础之上，且 JSP 页面最终被编译成 JavaServlet，所以 JSP 页面继承了 JAVA 技术所有优势，具备了"一次编写，随处运行"的特点。这就使得所有平台都支持 JAVA，JSP+Java Beans 在所有平台下都可以确保有效运行，实现从一个平台到另一个平台的准换移植目标，不用在 SP 和 Java Beans 之间予以重新编译。四是数据库连接功能。由于 Sun 公司开发了 JDBC-ODBC Bridge 技术，并且借助该项技术能够有效访问诸多类型的数据库，由此实现了在继承具备 JAVA 连接数据库的能力基础之上，运用 JAVA 连接数据库的能力，能够轻松实现连接各种数据库的操作。

三、JAVABean 组件

从一定程度上讲，JAVABean 组件作为描述 Java 软件组件的模型，与 Microsoft 的 COM 组件概念非常相似。利用 JAVABean 组件能够在 Java 模型中将其程序功能无限扩充，并生成新的应用程序。JAVABean 组件最大的优势在于能够实现代码的重复性利用，实现程序维护的简便易行，极大地减轻计算机程序员的工作负担。下面以"购物车"程序的设计为例。在电子商务购物过程中，往往会使用到一种叫作"购物车"的网购助手。要想完成在购物车中添加一件商品这样的功能，就可以通过写一个购物车操作的 JAVABean 建立 public 的 Addltem 成员方法，在前台 Jsp 文件里可以直接调用这个方法去实现。JAVABean 组件是高校图书馆管理系统创新所运用到的一个重要技术。

四、数据库技术

数据库在高校图书馆管理系统创新中具有至关重要的地位，数据库技术运用和结构设计对图书馆应用系统的效率应用效果会产生直接影响。因此，在高校图书馆管理系统创新中在采用数据库技术时，必须要高度重视数据库设计工作，确保数据库结构设计的合理性，以提高数据库储存效率和完整性。高校图书馆管理系统设计中采用到的数据库技术中，SQL 是专门为其建立的操作命令集。SQL 是一种功能比较齐全的数据库语言，是 Structured Query Language 的缩写。SQL 具有非常明显的优势，具体体现在功能强大、易学易操作，已经成为数据库技术的重要基础：

管理容易简便：SQL 作为一个企业数据管理平台，能够实现数据管理者在系统组织内的任何地点和任何时间对数据库相关状况和服务予以监测管理；在编程方面，由于 SQL 提供了一个可以扩展的管理架构、采用 SQL 管理对象（SMO）来编程，能够实现用户对其管理环境予以定制或扩展。

应用操作性能佳：SQL 之所有具有应用操作性能佳的优势，是因为实现了在可用方面的几大块创新，例如在数据镜像方面的创新，故障转移集群方面的创新以及数据快照等功能创新。在以上诸多方面创新下，实现了 SQL 在可用技术、额外备份以及数据恢复等功能的强化，使用户能够构建其高可用的应用系统。

具有加强的伸缩性：SQL 能够构建和部署管理系统中最关键环节的应用，实现在表分区、快照隔离、64 位支持等方面的高级可伸缩性功能。

五、面向服务的体系结构（SOA）

（一）面向服务的体系结构的含义和本质

SOA 是 Services-Oriented Architecture 的简称，当前学术界对面向服务的体系结构依然没有形成一个较为统一、一致的概念。对于面向服务的体系结构，大家对其认定为一种组件模型，通过接口和契约将应用程序不同功能单元进行联系。在 SOA 中，实现对应用程序不同功能单元建立联系的接口，是独立于硬件平台、操作系统和编程语言之外的，该种特征有效实现了各种系统中服务以一致性的方式予以互通。从本质特征上看，接口具有一定的中立特性，该种特性也被称之为服务之间的松耦合。松耦合的主要优势体现在：一是松耦合具有很强的灵活性；二是松耦合在整个应用程序所有服务内部结构出现改变的前提下仍然会继续存在；三是与紧耦合不同，由于松耦合不具有紧耦合应用程序不同组件之间接口在其功能和结构的紧密连接性，即使出现部分调整、甚至是整个应用程序调整的时候都不会出现任何的变化。

基于上面的描述可以看出，面向服务的体系结构在其本质上是作为面向应用服务的解决方案框架而出现的，既不是一种语言，也不是一门具体化的技术措施。面向服务的体系结构实现的核心在于它的服务；服务作为代码模块，一个服务代表一个代码模块；作为模块的服务，是可以被调用的且被赋予特定的功能。"每个服务表示一部分功能，它明确地映射到业务流程中的一个步骤。另外，服务时无状态的独立体，它在实现时不需要从一个请求到另一个请求的信息，也不需要依赖于其他服务的上下文和状态，以一种松耦合的模式来促进系统的灵活性和敏捷性。"

（二）面向服务的体系结构的特征分析

"SOA是一种粗粒度、松耦合服务架构，服务之间通过简单、精确定义接口进行通讯，不涉及底层编程接口和通讯模型"。其特征具体体现在以下几方面：

一是面向服务的体系具有松散耦合的特征。通过上面分析面向服务的体系的概念和本质特性可以看出，松耦合是面向服务的体系的一个非常显著的优势，该优势也是其重要的一个特征。在面向服务的体系中，松耦合要实现三方面的目标：一是提高重用模块利用效率，降低模块之间的耦合程度；二是提高操作性能，实现平台与基础设施之间的耦合程度；三是提高灵活性能，降低所提供服务的客户端与特定服务之间的耦合程度。在确保消息模式不被改变的前提下，面向服务的体系的松耦合特征能够在不影响服务使用者状态下实现服务使用者消息响应效果。

二是面向服务的体系具有粗粒度服务的特征。所谓的服务粒度其实质就是服务所公开功能的范围和程度；服务粒度有粗粒度和细粒度之分。细粒度服务是指那些能够提供少量业务流程可用性的服务，粗粒度服务是那些能够提供高层业务逻辑的可用性服务。粗粒度服务和细粒度服务的本质区别在于，粗粒度服务接口在某种程度上是一个特定服务的完整执行，但是细粒度服务接口则是在粗粒度服务接口内的具体内部操作。

粗粒度与细粒度的优劣势。细粒度服务的最大优势体现在灵活性方面，细粒度接口能够为服务使用者提供较为灵活多样的多方面服务。其劣势在于，一旦引入较为难以控制的交互模式的情况下，细粒度服务往往会呈现出易变性和不稳定的特征，会因服务请求者的具体需求呈现多变和不稳定。细粒度服务一旦将这些容易变化的服务接口暴露于系统之外的用户，就可能造成外部服务请求者难于支持不断变化的服务提供者所暴露的细粒度服务接口。粗粒度服务接口的最大优势在于能够以一致的、较为稳定的方式向服务请求者提供使用系统中所暴露的服务。细粒度服务是供粗粒度服务或组合服务使用的，而不是由终端应用直接使用的。如果应用是使用细粒度服务建立的，则应用将不得不调用网络上的多个服务，并且发生在每个服务上的数据量较少，因而会对系统整体性能带来影响。所以粗粒度服务的用户不能直接调用它所使用的细粒度服务。然而，由于粗粒度服务可能使用多个细粒度服务，因此它们不能提供粒度级的安全和访问控制。虽然面向服务的体系结构并不强制要求一定要使用粗粒度的服务接口，但是建议将它们作为外部集成的接口。

三是面向服务的体系接口的标准化特征。在面向服务的体系架构中，无须对开发语言和软件平台予以过多考虑，完全通过标准化服务接口进行连接，实现跨平台交互。伴随着互联网技术的进一步发展，在XML和Web两项重要标准推动下，实现了SOA的重大转型，提升了应用价值。以往条件下，SOA产品都是专有的、并且在其特定环境中开发所有应用，但XML和Web服务标准化的开放性使用户能够在所部署的所有技术和应用中采用SOA。服务使应用功能通过标准化接口（WSDL）提供，并可基于标准化传输方式（HTTP

和 JMS），并采用标准化协议进行调用。

第三节 高校图书馆管理系统主要功能

一、传统条件下高校图书馆管理系统的主要功能

我国高校图书馆系统管理受我国高校管理体制影响非常大。尽管自改革开放以来我国加快了高等教育改革力度、高校图书馆建设发展有了巨大进步，无论是高校图书馆馆舍建设、藏书资源数量与质量、管理技术与手段的现代化等硬件、软件方面有了巨大提升与改善，但是从总体上看，高校图书馆内涵建设却相对较为滞后，尤其是管理系统创新力度不足，影响到高校图书馆职能的发挥、影响到管理系统现代化建设进程。

传统条件下高校图书馆管理系统的主要功能：

一是传统条件下高校图书馆管理系统功能以"以书管理"为核心。以往信息技术不是非常发达的条件下，高校图书馆在管理和经营上突出建筑资源、文献资源和人才资源，在系统管理上尤其突出以书为本。高校图书馆无论是在扩大馆藏面积、提升馆藏数量、扩充读者阅读座次、发展现代化的计算机网络技术都以"书"的管理为核心。

二是传统条件下高校图书馆管理系统功能发挥中对馆员的重要性认识程度不够深。由于传统条件下高校图书馆管理系统坚持以书为本的管理思想，在系统建设、维护等方面的出发点和落脚点都放在"读者为本，方便读者，用户至上"上，对馆员在管理系统管理过程中发挥的重要作用认识不足，例如，系统管理中往往忽略提升馆员素质、业务能力、促进图书馆人性化管理。由此一来，高校图书馆系统管理过程中往往出现了人才难尽其用、系统管理创新滞后的尴尬境地，馆员服务的能动性未能被充分地调动，甚至因各种原因被抑制。

三是传统条件下高校图书馆系统管理功能中现场管理功能缺失。高校图书馆现场管理是确保整个系统管理的重要前提和基础，传统条件下高校图书馆系统管理功能中存在着明显的现场管理缺失问题。现场管理功能缺失导致了传统条件下高校图书馆系统管理效率低下、问题频现。例如，不按库位摆放图书，或移动图书后，不及时把新库位的图书交给录单员录入系统，造成无法找到相关图书；仓管员不及时将新购图书录入系统，结果造成系统数据与实际脱节，影响 ERP 系统数据的准确性，最终影响到整个高校图书管理的运行。不统一、不规范，不是没有图书编码，就是图书名称不对，以致无法追查该图书的历史状况；新旧图书仓管员交接不清，没有真正的交接手续。

纵观传统条件下高校图书馆功能以及影响其功能发挥的现场管理问题，在现代化信息技术条件推动下、在广大读者需求不断增加的条件下，推动高校图书馆系统管理全面信息

化是必然之路。高校图书馆信息系统创新是我国高等教育改革发展的必然要求,是更好地适应信息时代对高校图书馆现代化建设的需要,是更好地发挥职能、满足高校教学科研活动的必然需要。

二、创新高校图书馆管理系统条件下的主要功能分析

1. 当前高校图书馆系统管理创新的基本情况

新的历史条件下,高校图书馆存在的内外部环境已经发了深刻的变化。信息科学技术迅猛发展、计算机科学技术应用全面推广、广大读者文献资源信息需求与日俱增。高校图书馆为了确保自身职能的充分发挥、有效便捷高效地为广大读者提供信息资源服务,高校图书馆必须提高系统管理效能,运用信息技术手段和现代化的管理理念帮助广大读者充分利用馆藏资源和文献信息,不断完善信息技术条件下高校图书馆的主要功能。

从当前来看,我国国内绝大部分高校图书馆已经建立自己的管理系统,实现了系统管理的有效创新,有效地促进了高校图书馆各个子系统、各个业务环节的全面自动化,使传统意义上的图书馆自动化更加全面、更加深刻,已经不再局限于图书资料的日常加工领域和流通领域。信息时代条件互联网技术和计算机技术的飞速发展为实现我国高校图书馆系统管理的全面创新奠定了坚实的物质和条件基础。目前来看,我国高校图书馆系统管理功能已经发生了巨大变化,正处于蓬勃发展的时期。在高校图书馆管理系统中充分运用计算机技术,将能够有效提高系统管理效率,将图书馆馆员从繁重的工作中解脱出来,不仅提高了向读者提供服务的效率,而且实现了管理的精确化、无误化。高校图书馆管理系统创新在很大程度上讲,就是实现高校图书馆管理的自动化。高校图书馆管理创新、更好实现功能的发挥,必须要从当前我国高校图书馆管理现代化,尤其是自动化的现状出发,认识不足,积极引进先进理念和管理理论,实现高校图书馆管理系统更加深入、全面的确立计算机技术的核心地位,实现高校图书馆在其他设备控制、连接和转换的全面自动化。

2. 创新高校图书馆系统管理条件下的主要功能介绍

一是在图书订购功能。包括图书订购申请、图书订购管理员;审核、图书订购领导批准。

二是图书采购人库存管理功能。包括图书采购登记、图书采购审核、采购、图书入库(包括购买和盘点)。

三是图书借阅归还管理功能。包括图书借阅与续借处理、图书催还处理、图书归还处理、图书损坏与遗失处理等。

四是图书日常管理功能。包括图书盘点、图书维护、旧书作废(包括了旧书预生成、管理员初审、领导批准、管理员复审、作废操作)和读者报失等。

五是读者管理功能。包括读者基本信息管理、读者权限管理等。

六是客户管理功能。包括出版社信息管理、图书商信息管理等。

七是统计查询功能。包括查询统计已超期读者及相应图书、按图书类别查询统计、按

图书其他基本信息查询统计（出版社，作者，图书名）、按图书入库时间查询统计、借阅图书查询、遗失图书查询（全部及时段）、报废图书查询（全部及时段）、读者信息查询统计、罚款查询统计等。

第四节 高校图书馆管理系统的设计

一、用户信息管理模块设计

在高校图书馆系统管理的用户信息管理模块设计中，对用户信息管理主要包括用户添加功能、浏览用户、修改用户和删除用户等。

二、出版社信息管理模块设计

高校图书馆系统管理创立中出版社信息管理模块，其主要功能同用户信息管理模块一样，也包括添加、浏览、修改、删除等模块。

三、图书类型管理模块设计

图书馆系统中图书类型管理模块中主要包含添加、修改和删除几个方面。

四、图书数目管理模块设计

高校图书馆系统管理中的图书数码管理模块设计中，当管理员进入图书书目管理页面后对图书书目管理的操作包括添加、修改、打印、删除。

五、用户登录系统设计

用户登录系统的操作包括注册、登录、查看、修改密码。

六、系统类图设计

在面向对象的系统模型中，系统类图设计是最为普遍的一种图；系统类图设计的主要内容包括一组类、接口、协作，以及兰者之间的关系状况。类图的主要作用体现在，它是一些相关图的重要基础，能够为系统建立可视化、文档化的结构模型，利用正向和反向工程建立执行系统。创建设计类图一般分为以下几个步骤：第一步为识别设计阶段出现的类，并为此添加属性和方法；第二步为建立类之间的关系，完成对属性和方法的细节描述。例如，图书类之间与图书借出类之间为一对一的关系，每一本图书有且只有一个唯一的条码，在同一时刻只能借出一次；而对于读者类与图书借出类之间则是一对多的关系，每一个读者可以同时借出多本图书。书目类与图书类之间也为一对多的关系，每一种数目至少对应一本图书，一般是对应多本图书。

七、数据库设计

数据库设计分为数据库概念设计和数据库逻辑性设计。

（一）数据库概念设计介绍

高校图书馆图书从采购到入库所涉及的实体要素有，图书管理员、图书供应商、图书馆、图书。几种实体要素之间的关系如下：一是图书供应商与图书之间的关系。二者之间为多对多的关系，一个图书供应商可以同时供给若干种不同类型、不同类别的图书。二是图书管理员与图书之间为一对多的关系。图书管理员一次可以验收多本图书，而一本图书只被一个图书管理员验收。三是在图书借阅环节涉及的读者与图书之间的实体关系。一个读者可以借阅该读者相应数量的图书数量，一本图书可以在不同的时候被不同的读者借阅。四是图书归还涉及的读者与图书之间实体关系为，一个读者可以一次性归还多本图书，而一本图书在不同的时间段内可以被多个读者归还到图书馆。五是图书盘点涉及的实体主要有图书馆员和图书，二者之间的关系为，在不同时间段内，一本图书可以被多个不同的图书馆管理员管理盘点；而一个图书馆管理员在一个特定的时间段内可以盘点在库的所有图书。六是图书维护所涉及的实体主要有图书馆员和图书，二者之间的实体关系诸如图书盘点所涉及的实体关系一样，一个图书管理员可以一次维护多本图书，一本图书可以在不同的时候被不同的图书管理员维护。七是图书作废所涉及的实体主要有图书管理员和图书，二者之间的关系有，一个图书管理员在一个特定时间内可以一次作废多本图书，但是一本图书只能被一个图书馆管理员作废。

（二）数据库逻辑设计

根据高校图书馆实体类别，在数据库逻辑设计中，各实体设计具体如下：

1.图书：包含财产号、中图分类号、ISBN、种子号、图书名、作者、出版社、出版日期、页码、图书标价、图书类别、入库时间、录入管理员、图书购买价、图书状态、图书来源等。

2.图书管理员：管理员ID、管理员姓名、管理员密码、性别、权限、联系方式等。

3.图书商：图书商ID、图书商名、联系地址、电话、传真、EMAIL等。

4.借阅：读者ID、财产号、借出日期、应还日期、借出类型、管理员ID等。

5.归还：财产号、读者ID、还书日期、管理员ID等。

6.维护：财产号、维护时间、维护类别、维护费用、管理员ID等。

7.作废：财产号、作废时间、管理员ID等。

8.供应：图书商 ID、中图分类号、ISBN、供应量等。

八、界面设计

高校图书馆管理系统中的界面设计涵盖多方面内容，依据业务层次和管理需要不同，不同高校图书馆可以从满足自身管理需要实际出发、因地制宜的开发设计具有针对性的界面。下面以登录界面设计、新书入库模块界面设计、图书借阅模块界面设计和读者管理模块界面设计为例进行介绍。

一是高校图书馆登录界面设计。图书馆登录界面的管理系统设计主要利用 JSP 的相关函数对用户名及登录密码进行判断，以此实现用户的合法性、保密性和图书馆管理系统的安全性。在登录界面设计中，应当本着简单、易操作的原则，完全实现用户相关信息实现键盘的完全操作、避免传统条件下键盘与鼠标之间的切换。登录界面设计中重点突出用户登录密码忘记情况下的"密码取回"功能，点击"密码取回"按键、通过密码保护程序取回。

二是高校图书馆新书入库模块界面设计。对新书入库模块界面设计，主要目标是实现对已经采购图书进行入库的管理，有效节约人力、节约时间、最大限度减少图书入库时间投入运转。伴随着近年来高校教学科研活动的日益活跃，高校广大读者对图书馆的文献资源信息需求量呈现出与日俱增的趋势。高校图书馆需要根据高校读者不断增加的需求实际经常购买新书。高校图书馆购书已经表现出以下特点，即在时间上呈现出日益频繁、规模上日益扩大的趋势。加快图书入库系统的管理创新、提高图书入库的效率已经迫在眉睫。在该界面的设计过程中，可以采用批量设计的思路，将多本具有同一信息的多本图书一次录入，图书馆管理员只要输入书籍编号、书名以及出版社等相关信息，就可简便、快捷的实现新购入图书的入库操作。

三是高校图书馆图书借阅模块界面设计。当图书用户需要向图书馆申请图书服务需要的时候，首先要在用户登录界面登录时候，才能实现相关借阅功能、完成图书借阅操作。在进入到图书馆图书借阅模块，用户可以根据自己需求图书的相关关键信息进行查阅，例如，可以输入图书的书名、图书编号、作者等相关信息，在输入关键信息后，系统完成快速匹配，将用户输入相关信息的图书信息及时呈现。在这里需要说明的一点，用户通过图书借阅板块办理图书申请业务、输入关键查询条件，其实现的重要前提是高校图书馆必须有与之相关馆藏的时候才能完成借阅。在系统将用户需要图书信息呈现之后，用户只需要点击"确认"按键就可以完成相关操作；图书馆系统将把相关操作情况、图书馆库存变化、用户借阅记录等详细信息等具体信息一一予以呈现。

四是高校图书馆读者管理模块的界面设计。高校图书馆管理员对读者的管理是通过该管理模块实现的。在这个模块中，高校图书馆可以根据自身业务需要实现对读者管理的基础上，附加上对出版社和图书馆运营商的信息管理功能。高校图书馆图书管理员，进入到读者管理模块之后，对读者信息管理的功能主要有：添加读者信息、删除读者信息、修改读者信息等三方面的功能。同样，对出版社和图书运营商的管理功能也主要包含以上三个方面。高校图书馆如果想同时实现对读者、出版社和图书运营商三个层面的管理功能，其系统设计的实现方法与仅仅对读者单一管理模块的设计方法和实现功能大致相同，可以通过3种功能中的其中一种功能界面对其他两种实现方式予以全面了解，将每一种功能界面划分为读者、出版社和图书商三类。

第八章 高校图书馆管理信息系统创新

第一节 高校图书馆管理信息系统相关问题概述

一、高校图书馆信息管理系统创新的历史背景和现实必要性

21世纪,伴随着信息技术的大爆发、广应用,信息资源已经作为一种重要资源左右着全球范围内各个国家和地区的经济与社会发展,信息化趋势已经成为一股势不可挡的强势潮流,成为实现经济和社会发展的重要因素和直接生产力。在信息化技术条件下,高校图书馆存在的宏观环境和微观环境都已经发生了深刻的变化,如何根据信息化时代发展对高校图书馆提出的新要求、新挑战,更好的发挥图书馆作为高校"三大支柱之一"的重要功能,已经成为一道现实历史课题摆在广大图书馆工作者面前。新的历史时期,我国高等教育改革方兴未艾,高等教育事业呈现出前所未有的强劲发展势头;面对信息化时代提供的难得历史机遇,高校图书馆必须要加强自身建设,逐步实现管理自动化、信息化,更好地承担起服务高校教学科研的重任。当前,在很大程度上讲,我国高校图书馆受特定体制性因素限制、受自身办馆水平限制,在管理模式上依然没有完全摆脱传统条件下的管理与做法,传统条件下的高校图书馆自动化管理系统已经难以满足知识经济时代条件下信息技术对其长远发展的要求,不利于高校图书馆信息化管理和自动化服务。

当前,以计算机技术和网络信息技术为代表的信息时代已经成为人类社会发展的一个显著特点,人类社会已经迈入到经济社会进步发展越来越多的依赖于信息及信息开发利用的时代。无论是一个国家、一个经济实体还是其他任何一个组织,要想在经济全球化范围内的信息时代条件下得以生存发展、保持长久活力和强盛的竞争优势,就必须要顺应时代发展潮流,对信息时代的迅猛发展所带来的各领域的深刻改革做出灵活、敏感而迅速的反应。而信息量急剧增加,信息时效性不断增强,信息来源日益多样,信息传递更加复杂,导致信息处理的传统手段已不能适应时代的需要。为了更好地进行信息的收集、加工和分析,更好地支持企业或组织的运行、管理和决策,提高运行效率和经营效益,以计算机为代表的信息技术被广泛采用,并与管理科学、系统科学等结合起来,构建了全新的管理信息系统学科。面对信息化的浪潮,人类社会产生了以知识和信息的生产、分配和使用为基

础的新的经济形态——知识经济。

　　高校作为人才培养的重要基地，作为人才和知识的重要宝库，在推动知识经济发展中承担着至关重要的历史作用；尤其是高校自身所具有的其他行业和组织不具备的科技创新优势和创新能力，更是推动知识经济迅速发展的强大动力。知识经济条件下，把高校喻为知识经济发展的"动力源泉"丝毫不为过；如果说知识信息是新的世界经济的电流，那么大学就是产生这种电流的发电机。从这一点讲，高校在知识经济中所处的地位和具有的无可比拟的巨大优势已经日益得到人们的认可和赞同。但是从另外一个层面讲，高校作为知识经济的重要组织，其强大的经济社会功能的实现必须建立在信息化、网络化的基础之上；而高校图书馆作为高校大支柱之一"则在很大程度上承担了高校的信息化和网络化建设，图书馆已经成为高校重要的信息来源，在高校中作为"文献信息中心"的重要地位源源不断地为高校教学、科研、管理提供信息资源支持；而高校图书馆自身的重要职责之一也是建立在对信息进行收集、加工、整理、存储和传递基础之上的。

　　以计算机技术和互联网技术为重要支撑的信息时代，要求高校图书馆必须实现自动化的信息管理，以更好的顺应信息时代发展，发挥在知识经济中得天独厚的巨大优势。以计算机广泛使用为代表的高校图书馆信息系统创新为标志，越来越多的高校图书馆在采购、著录、流通等工作环节都正在或已经实现了信息化管理，使图书馆管理员从传统条件下繁重工作中解放出来，提高了工作效率、节省了人力成本。信息技术条件下，如何借助计算机强大的功能，在实现对采购、著录、流通等工作环节进行信息化管理的基础上，更好地利用其强大的信息统计和信息分析功能，实现高校图书馆管理的科学化、高效化和规范化，建立以信息技术、计算机技术、网络技术支持的、人机结合的图书馆管理信息系统，将信息、管理与系统有机地结合起来，是当前和今后一个历史时期内高校图书馆信息管理创新的一个重要课题和主要方向。

　　在这样的条件下，高校图书馆如何从当前自身信息化、自动化管理中存在的现实挑战入手，根据知识经济时代条件下信息技术对高校图书馆提出的新要求、新挑战，已经迫在眉睫；建立起以信息技术、计算机技术、网络技术支持的、人机结合的图书馆管理信息系统，将信息、管理与系统有机地结合在一起，使图书馆功能最大化、服务最优化、管理规范化，已刻不容缓。创新高校图书馆信息管理系统，必须要根据高校图书馆自身发展规律、从更好的遵循高等教育改革规律和高校发展规律，从适应信息条件下的知识管理需要出发，结合自身在信息化管理过程中存在的现状，尤其要客观面对存在的主要问题、技术水平及图书馆管理实际，对高校图书馆管理信息系统进行设计和开发。

二、相关概念

（一）信息的概念

　　众所周知，人类社会已经迈入信息时代，信息同材料与能源三者并重，成为人类社会赖以生存发展的重要资源；在人类社会赖以存在发展的三种资源中，其中信息资源更加具有基础性、关键性。我们时时刻刻讲信息、处处谈信息，到底什么是信息呢？当前关于信息的含义，无论是学术界还是理论界，比较认可这种说法，即"信息是使人们对事物不确定性减少或消除的东西。"按照以上说法，信息是无时无刻处于变化发展中，尤其是当前信息量激增的时代，必须要对信息进行加工处理，以提高信息的有效性、防止信息的有害性。从这个角度讲，必须要充分利用好信息这一宝贵资源，对其进行有效的加工、处理和应用，使之成为知识经济条件下推动经济社会发展的重要引擎和动力。

信息具有以下几方面的主要特征："一是信息的存储性：信息是可以存储的。正是通过对信息的存储，才保存了人类的文化遗产，保证了人类文明的延续，使人类在前人智慧的基础上去发展和创造新的文明。二是信息的传递性：信息是可以传递的，包括时间传递和空间传递，也可以进行单向传递和双向传递。共享性：信息与物质不同，不会因为一个人得到了，另一个人就失去了，它是可以共享的。三是信息的开发性：信息是一种可开发的宝贵资源，可以通过对信息资源的开发，促进科学技术的进步和经济社会的发展。四是信息价值的不定性：信息的价值就在于将一人、一事、一时、一地的信息传递给需要者，从而创造新的物质财富和精神财富。但是，信息的价值又因人、因地、因时而不同，且随着时间的改变而改变。"

（二）信息系统的概念

对信息系统的概念，可以从系统论角度、技术角度和经营管理角度分别进行分析。从系统论角度看，信息系统是建立在系统论基础上，依托电子计算机技术和通信技术、运用数学方法为组织管理与决策提供高效服务的人机系统；通常情况下，信息系统是作为某种组织的子系统出现的。从技术角度看，信息系统是收集、处理、储存和传递来自组织环境和内部经营信息，通过输入、处理、输出、反馈等基本活动以支持组织决策和管理的一组相互关联的组成部分。如果从经营和管理的角度来看，信息系统是组织和管理环节对出现的各种问题和现实挑战建立在基于信息科技基础之上的解决对策和路径选择。

可以根据信息系统处理对象以及在组织管理中所发挥的作用，将信息系统划分为四种类型：批量数据处理系统、查询检索系统、计算机辅助系统和管理信息系统。

（三）管理信息系统的概念

高校图书馆管理信息系统从宏观类别上看，属于管理信息系统的一个重要分支，也是管理信息系统在现实应用中一个重要体现。实施高校图书馆管理信息系统创新，必须要全面掌握什么是管理信息系统，在了解了管理信息系统基础之上，才能对高校图书馆管理信息系统建设与创新进行更加具有针对性的设计。

当然，在全球范围内对管理信息系统的概念并没有形成统一的意见，比较有代表性的观点有，我国学者常晋义等人在《管理信息系统》一书中从学科门类的角度指出了管理信息系统的含义,"管理信息系统是一门新学科,它综合运用管理科学、系统科学、运筹学、统计学以及计算机科学等学科知识,面向管理,利用系统的观点,数学的方法和计算机应用三大要素,形成自己独特的内涵,从而形成系统型、交叉型、边缘型的学科。而瓦尔特·肯尼万从管理学的角度认为管理信息系统是以口头或书面的形式,在合适的时间向经理、职员以及外界人员提供过去的、现在的、预测未来的有关企业内部及其环境的信息,以帮助他们进行决策。按照瓦尔特·肯尼万对管理信息系统的定义来看,依然具有一定的偏颇性,对计算机以及计算机模型的应用方面没有予以涉及,而管理信息系统最主要的实现手段和方法是建立在庞大的计算机及计算机模型基础之上的。高登·戴维斯结合管理学理论,从管理信息系统目标、功能和组成等角度给出了管理信息系统的定义,即:它是一个利用计算机硬件和软件,手工作业、分析、计划、控制和决策模型以及数据库的用户机器系统。它能提供信息支持企业或组织的运行、管理和决策功能。伴随着管理学的不断发展以及信息科学技术的不断进步,人们对管理信息系统含义的认识也在不断深化,尤其是进入到 21 世纪以来,信息科学技术飞速发展,其应用的广度和深度不断扩大,普遍认为管理信息技术"是一个以人为主导,利用计算机硬件、软件、网络通信设备以及其他办公设备,进行信息的收集、传输、加工、储存、更新和维护,以企业战略竞优、提高效益和效率为目的,支持企业高层决策、中层控制、基层运作的集成化的人机系统。这说明,管理信息系统绝不仅仅是一个技术系统,而是把人包括在内的人机系统、管理系统、社会技术系统、集成系统,它常常要利用数学模型来分析数据,辅助决策。通过管理信息系统的含义,我们可以看出,管理信息系统主要包含三方面的要素,即:管理、信息和系统。

接下来介绍一下管理信息系统在我国的发展历程。管理信息系统在我国主要经历了三个发展阶段,即初步发展阶段、单项子系统的应用阶段和整体系统的综合应用阶段:

第一阶段,管理信息技术的初步发展阶段。在时间跨度上,管理信息系统的初步发展阶段涵盖了我国改革开放伊始至 20 世纪 80 年代末期。在这一历史阶段,管理信息系统最主要的特征主要集中在统计报表方面,其应用领域非常有限,仅仅是实现某一单项业务的数据录入、计算以及汇总;这种应用层面是基于面向功能的解决方案。

第二阶段,管理信息系统的单项子系统应用阶段。在时间跨度上,涵盖了 20 世纪 90 年代初期至计算机技术在传入我国并飞速发展的 20 世纪 90 年代中期。在这一历史阶段,管理信息系统的应用除了传统条件下的数据报表业务处理之外,还能够完成数据的分析、分类、存储等功能,管理信息系统的子系统已经具备了较完善的功能且达到了一定的规模;在应用领域也逐步宽泛,涉及生产管理系统、电费营业系统、计划统计系统、财务记账系统等。

第三阶段,管理信息系统整体系统的综合应用阶段。在时间跨度上涵盖了 20 世纪 90 年代中期至今;这一阶段管理信息系统的应用是伴随着 Internet 和 Intranet 的广泛传播以及计算机技术、现代网络信息技术、数据库技术的广泛应用而出现的。"在这一阶段,高速交换式计算机网络实现了数据、设备、计算能力的共享,C/S、B/S、B/S/S 结构的应用大大提高了系统执行效率和使用方便性。大型关系型数据库、业务流程控制处理平台、全文检索系统、多媒体处理等技术开始广泛应用。随着电子邮件、WWW 技术的普及,用户界面有了很大改善,计算机开始走进寻常百姓家,利用计算机办公已成为机关工作人员不可缺少的工具。"

三、管理信息系统的类型

管理信息系统的类型可以分为三类:一是面向基层运作的系统;二是面向中层控制系统;三是面向高层决策的系统。下面分别对以上三种类型的管理信息系统进行详细介绍。

(一)管理信息系统中的面向基层运作的管理信息系统

面向基层运作的管理信息系统又可以具体细化为事务处理系统和办公自动化系统。面向基层运作管理信息系统中的事务处理系统,是 Transaction Processing Systems 的中文翻译,可以简化为 TPS;该层在整个业务操作系统中处于最基础、最基本的位置,其功能主要是支持整个组织中一些基本的、简单的业务处理。在日常应用中具体体现为车票预售系统、学校学籍管理系统等。与事务处理系统不同,办公自动化系统(即 Office Automation Systems,简称为 OAS)的业务范围主要面向一些组织管理中的业务管理层,重点对多种类型、不同种类的文案工作提供服务,其出发点和目标在于提高管理事务的效率。

(二)管理信息系统中的面向中层运作的管理信息系统

面向中层运作的管理信息系统又具体分为知识工作支持系统和管理报告系统。知识工作支持系统是英文 Knowledge Work Support Systems 的汉语翻译,可以简称为 KWSS。在面向中层的管理信息系统中,知识工作支持系统的工作范围主要集中在组织体系中业务管理以及管理控制层面,为组织决策者、实施者提供必要的协助。面向中层运作的管理信息系统中管理报告系统(即 Management Reporting Systems,简称为 MRS),其工作范围主要集中在组织中管理控制层面,可以向组织实施计划、决策、执行等职能提供较为规范化的综合信息报告支持;通过管理报告系统,组织管理层还能实时对组织运转状况、历史记录等相关信息进行查询。

(三)管理信息系统中的面向高层运作的管理信息系统

面向高层运作的管理信息系统由决策支持系统和主管信息系统组成。决策支持系统(即 Decision Support Systems,简称为 DSS),该系统服务范围主要指向为组织的管理控制层面、决策层面,通过模型化的数量分析方法进行数据处理,以支持管理者就半结构化或非结构化的问题进行决策。主管信息系统(即 Executive Information Systems,简称为 EIS),其服务范围主要指向组织的战略决策层。与其他各个类型的管理信息系统不同,主管信息系统打破了其他类型管理信息服务只是单纯指向某个特定问题的束缚,重点为组织体系中处于高层管理者提供一个统一、通用的信息应用平台，借助于强大的数据通信能力和综合性的信息检索和处理能力，为高级行政主管人员提供一个面向随机性、非规范性、非结构化信息需求和决策问题的支持手段。

四、管理信息系统的主要特征

在上面分析了信息系统的特征；管理信息系统作为信息系统的一个重要分支，其自身除了具有信息系统的所具有的特征之外，还体现在以下几方面的特征：

一是管理信息系统的核心和关键点在于如何确立其管理模式、选择管理方法；技术和管理是构成管理信息系统的主要架构。在整个管理信息系统中，管理较技术处于更为重要的地位。

二是管理信息系统又具体细分为面向基层运作的系统、面向中层控制系统、面向高层决策的系统三种类型，其服务层面分别指向操作层、管理层和领导层，有助于整个组织实现管理的更加科学化和规范化，确保在任何时间、任何地点为整个组织系统提供所必需的信息资源支持，以更好地提高组织管理效率和管理质量。

三是管理信息系统主要建立在利用数学模型分析数据上去辅助组织决策，并且有效实现了数据管理的统一化、实现信息共享。

五、管理信息系统的结构、功能

管理信息系统的结构与功能在划分依据上可以重点从组成类型、信息处理过程和处理技术等角度进行。管理信息系统的结构从组成类型上看可以划分为七个部分，分别是计算机硬件系统、软件系统、数据及其存储介质、通信系统、非计算机系统的信息收集与处理设备、规章制度和工作人员。从信息处理过程和处理技术上看，管理信息系统包括信息收集、信息存储、问题处理、会话和信息输出、信息管理机构等几大功能模块，即管理信息系统可以实现信息收集、信息存储、信息处理与加工、信息传输和信息输出及人机交互等功能。

六、管理信息系统在高校图书馆中的具体应用

在高校图书馆管理创新中，其管理信息创新作为重要的组成部分，其重要性和现实迫切性已经在前文予以详细介绍，在这里不再赘述。管理信息系统具有较为广泛的应用范围，不仅能够应用在经济领域，为国家层面或地区层面提供相关的经济信息，及时、准确地掌握国民经济运行情况，为国家经济部门、各级决策部门及企业提供经济信息和辅助决策手段；而且还广泛应用在机关及企事业单位管理领域，搜集、处理大量数据，帮助提高管理效率和经验效益。

同样，高校图书馆管理过程中也适用管理信息系统。在高校图书馆管理创新中运用管

理信息系统相关理论，能够有效满足广大读者对高校图书馆日益增长的图书文献信息服务需求，满足高校图书馆自身在信息技术条件下通过建立综合管理信息系统提高管理效果和服务质量。在本文中，以某高校为例，对该校图书馆管理信息系统创新主要结合计算机技术、网络技术、多媒体技术、管理科学、统计学等建立综合性、多方位的管理信息平台，将管理信息相关理论应用到该高校图书馆管理信息系统各项业务和管理环节。

从当前全国范围来看，不同地区、不同层次高校图书馆管理信息系统建设与创新呈现出非常不均衡的发展态势，一些办学层次较高的高校在图书馆管理信息建设方面已经取得骄人成绩，并能够有信息时代发展同步，积极利用最先进的管理理论，不断创新管理手段，紧跟信息时代发展步伐；而一些办学层次较低、经济较为欠发达地区的高校图书馆管理信息系统建设则相对较为滞后。

甚至有的高校到目前为止仍未启动信息化的计算机管理，依旧停留在传统模式的手工与半自动相结合的水平上；或者是有的高校图书馆管理信息系统建设起步较晚，其创新能力较弱，仅完成其中的一两个子系统，或单机运行，不能实现数据共享。就目前一些高校图书馆管理信息系统建设较为先进、已经全面完成业务自动化管理的高校，其管理信息系统建设过程中采用的主要计算机信息技术手段为 FoxPro、Visual Basic 等语言，并基于 Novell、Wmdows NT 等平台开发的管理软件。尽管这些高校图书馆管理信息系统建设走在了较为前列的位置，但是从整体上看，其创新性依然值得商榷：例如，系统的通用性方面，用户界面友好方面，与外部数据联通方面等等，依然具有较为广阔的创新空间。

自进入新世纪以来，伴随着我国高等教育事业的不断发展进步，高校管理体制改革加快了步伐，高校合并、高校扩招、高校新建等新的办学现象在相对较短的时间内家喻户晓。以高校合校为例，在这种状态下，合校后的图书馆会同时存在多个，而如何将不同图书馆之间实现管理信息的统一化，以更好的服务合校后教学科研发展的新形势，或许这个问题一直是成为困扰诸多高校图书馆管理创新的一个顽疾。因此，加快引人管理信息系统的全新观念和模式，开发高校图书馆综合管理信息系统，采用最新的技术和管理理念，已经刻不容缓。高校图书馆管理信息系统的创新应当本着可靠性、操作性、交互性、规范性、科学可视化原则，实现图书馆管理的自动化、资源建设的网络化、统计报表的智能化、管理决策的科学化。

七、某高校图书馆管理信息系统创新过程中所做的主要工作

该高校图书馆在管理信息系统的有关概念及技术基础之上，采用"自上而下"的开发策略和"瀑布模型"，运用结构化系统开发方法、生命周期法和原型法相结合的系统开发方法，全面而详细地创新设计出适合高校图书馆现行管理系统的组织结构、组织业务流程、组织需求及组织数据流程等，得到了新系统的逻辑模型。在此基础上，选用了合乎高校图书馆实际的关系数据库理论与设计方法，进行了高校图书馆管理信息系统数据库的概念结

构和逻辑结构设计。最后，利用结构化设计方法进行了系统设计，提出了系统的物理模型，并在本系统采用的 Windows NT 网络环境中，选用 Microsoft SQL Server2000 作为数据库管理系统，以 Power Builder 8.0 作为系统开发工具进行了程序设计和系统实现，开发出了界面友好、功能强大、通用性好的高校图书馆管理信息系统。

该高校图书馆管理信息系统创新本着可靠性、操作性、交互性、规范性、科学可视化原则，以实现图书馆管理信息系统的一体化，将图书馆内部管理与外部管理实施统一考量，将图书馆内部管理和提供信息服务统一考虑，将图书馆物质型载体文献资源的建设和数字化图书馆建设统一考虑，以实现管理信息系统的功能齐全、数据共享、操作简便、可靠性好为主要目标。该高校图书馆信息管理系统在体系结构中采用当前全球较为先进的 Browser/Webserver/DBServer 三层或 Client/Server 双层体系结构，以更好地适应 Internet 环境。后台选用大型关系数据库 Sql Server 2000 作为系统平台，前端采用 Power Builder 8.0 作为开发工具，可在 Wmdows 等平台上运行。该高校图书馆管理信息系统创新中，力求实现以下几方面的主要功能：一是实现数据的输入与输出：能够实现图书馆所有业务数据的输入与输出。二是实现数据存储与传递：能够实现图书馆所有业务数据安全存储和流动，实现数据管理的高度集中与共享。三是对数据进行有效处理：能够对图书馆所有业务数据进行处理，得到各种统计报表，提供决策参考资料。

第二节 高校图书馆管理信息系统经历的主要阶段

在当前信息技术时代条件下，计算机技术和信息网络技术飞速发展，在国内外高等学校图书馆业务及管理过程中可以时时刻刻看到信息化的身影；管理信息化也越来越多地被国内外诸多高校所采用。纵观国内外高校图书馆，无论在采购、著录，还是流通、管理等各个工作环节，无不体现着信息化的影子。管理信息化，使高校图书管理员从繁重的手工劳动中逐步解脱出来，而且工作效率也有了明显提高。

纵观国内外高校图书馆管理信息化系统发展历程，我们可以将其概括归纳为以下几个方面：

第一阶段，高校图书馆管理信息系统在单项业务中运用的阶段。在这一阶段，高校图书馆管理信息系统呈现出的主要特点在于研究和开发图书馆单项业务的计算机管理系统，如编目系统、流通系统。在这些系统中，硬件一般采用一台或多台计算机，软件大多使用 d BASE 和 Fox BASE 数据库管理系统。

第二阶段，高校图书馆管理信息系统迈向集成化的阶段。集成化阶段是在第一阶段基础上，将高校图书馆各个分开来的单项业务信息化进行融合，突出各单个业务系统的集成。在这一阶段，国内外高校图书馆管理信息化系统运用呈现出来的显著特点在于，不同高校加快推进自动化集成系统，实现图书馆在诸多业务领域，诸如采购、编目、典藏、流通、期刊等业务领域中的自动化。高校图书馆管理信息系统集成化阶段是伴随着全球范围内互联网技术和计算机技术较快发展为重要前提和基础保障的；在这一阶段，高校图书馆管理信息系统主要是采用计算机局域网结构。

第三阶段，信息化时代条件下国内外高校图书馆管理信息系统迈向全面网络化建设的阶段。在20世纪90年代全球互联网技术飞速发展的带动下，在全球高校图书馆管理信息系统建设领域兴起了全面网络化建设的高潮，尤其是在因特网技术的带动下，一些发达国家高校图书馆管理信息系统实现了网络系统阶段、客户机/服务器阶段和因特网阶段的相结合。

第四阶段，未来发展阶段，新的历史时期，尽管高校图书馆管理信息系统第三阶段已经实现了高校图书馆管理、业务等各个领域翻天覆地的巨大变化，但是这种应用主要集中在计算机技术下对图书馆在信息统计、信息分析方面的功能，而忽视了管理的科学化，"人"、"机"分离，从而极大地限制了计算机在图书馆工作中的深入使用，影响了图书馆信息管理与服务功能的发挥，难以适应和满足知识经济对高校图书馆的要求。因此讲，随着社会进步、科技创新和经济发展，全社会的信息需求不断增长，高校图书馆管理信息系统必须要与时俱进，不断开拓创新：

1. 信息化时代背景下高校图书馆管理信息化面临着系列重大挑战

高校图书馆在高校中所处的重要地位和发挥的重要功能已不言而喻。伴随着高等教育改革的深入和高校发展步伐的加快，高校图书馆作为全校重要的信息收集、发散中心，其现代化、自动化不仅直接影响到高校图书馆功能的发挥，而且还直接影响到人才培养质量，进而间接地影响到经济社会发展。从宏观领域看，纵观全球图书情报机构发生的深刻变化：当前全球范围内已经有近40个国家的1000家图书馆实现了联机目录，数以万计的杂志和日报、时事通讯、百科全书词典等都实现了资源贡献；这一速度在经济全球化日益深入的背景下必将会呈现出继续增加的趋势，而且很多商业数据库依托互联网技术在因特网上都实现了资源共享。与此同时，一些具有公益性或非营利性的组织以及商业运营公司在网络上建立其虚拟图书馆，面向用户提供信息服务。随着用户对网络的依赖程度越来越高，网络已经影响到用户使用、选择信息的行为方式。作为我国高校图书馆来讲，必须要加快管理信息系统创新步伐，紧跟全球图书情报发展最新形势，不能仅仅停留在"体制内"传统模式下的一次文献流通和简单参考咨询的水平上。

2. 高校图书馆面临着一系列新情况、新问题

从另一个角度讲，随着社会进步、科技创新和经济发展，全社会的信息需求不断增长，高校图书馆面临着一系列新情况、新问题，存在身份与角色转型的巨大考验：一是高校图书馆应当适应社会主义市场经济发展的要求，适应高等教育改革的要求，从传统体制内的图书保管者角色向以服务为本的信息提供者的角色转变；二是信息技术飞速发展和互联网技术的广泛应用，已经迫切需要高校图书馆实现从单一媒体向复合型多媒体角色转变；三是在互联网技术推动下，虚拟数字图书馆建设方兴未艾，高校图书馆面临着如何实现从本

馆收藏到无边界图书馆的转变；四是高校教学科研载体形式以及读者群体需求发生了翻天覆地的变化，高校图书馆面临着读者主动去图书馆到图书馆主动走向读者中的转变；五是高校图书馆面临着定时、定点开放到及时、随地开放的转变；六是在高校管理体制改革深入推进以及高校办学形式的多元化，高校图书馆面临着由"体制内"财政处理到市场化外包处理的转变；七是如何从区域服务到国际服务的转变。高校图书馆面临着这些客观存在的一系列新情况、新问题，要求高校图书馆必须从当前和未来图书馆发展趋势考虑，不断加快管理信息系统创新，以更好地适应这些新挑战、新要求。

3. 网络化、数字化信息技术为高校图书馆加快管理信息系统创新提供了契机和可能

随着网络化、数字化信息环境的建设，文献信息的传播和利用更加广泛、便利、快捷。借助新技术革命带来的契机，图书馆间的合作不断加强，文献信息资源共建共享有了新的进展，例如，全国联合编目中心目前已发展了800余家成员馆，加强了文献联合采购工作；2000年北京"中文文献资源共建共享合作会议"，确定了包括"中文元数据"在内的多个国际合作项目，使全球中文文献资源共建共享取得了重大突破。同时，伴随着我国高等教育体制改革的深入，我国全国范围内形成了新的高校办学大局，近百所高校都参与了合并，这就为高校图书馆运用现代化信息技术和网络数字技术将原来不同高校分散的图书馆联系起来提供了难得的历史契机，以实现联合采购、分工协作等，使读者真正感到"多馆如一馆"。

通过以上几点分析可以看出，新的历史条件下，高校图书馆加快管理信息系统创新、对传统条件下的高校图书馆自动化系统进行升级完善，挑战与机遇并存。如何用管理信息系统的理念加快高校图书馆管理信息系统的创新、以适应高校图书馆发展新形式和满足读者新要求，已经迫在眉睫。为此，只有建立以信息技术、计算机技术、网络技术支持的，人机结合的高校图书馆管理信息系统，将信息、管理与系统有机地结合起来，才能使图书馆功能最大化、服务最优化、管理规范化。例如，"未来适应高校图书馆发展的新形势，新系统应具有合理的数据结构，方便管理人员和读者进行图书/期刊数据和读者数据的输入、输出、修改、删除、存储等；为了保证有关数据的完整性和安全性，新系统应具有身份验证功能，针对不同用户授予不同权限从而执行相应操作；图书馆管理信息系统的重要目的是为读者提供服务；具备完备的检索功能，能方便地满足各种检索要求、具备完善的统计功能，方便管理人员进行各种统计，以提供决策参考；新系统的用户界面应相当友好，易用性及可操作性好，具有良好的人机交互功能等等。

第三节　高校图书馆管理信息系统的主要技术

管理信息系统是建立在计算机技术、网络技术、多媒体技术、数据库技术和软件开发技术基础之上的综合信息系统；总的来讲，管理信息系统设计技术主要包含硬件技术和软

件技术两种类型。

一、软件技术基础

（一）高校图书馆管理信息系统中软件技术开发设计的主要策略

软件技术基础作为管理信息系统开发设计的重要基础，在整体管理信息系统设计中必须要确定开发策略；只有确定了开发策略，才能确保软件技术基础的正确方向，开发设计出更加科学、有效的管理信息系统。

以某高校图书馆为例：该高校图书馆管理信息系统设计中其软件技术主要采用了"自上而下"和"自下而上"以及两者相结合的综合方法。

下面对该高校图书馆管理信息系统设计中采用的软件技术中的三种方法进行一一介绍：

"自上而下"的开发策略：该种开发策略是基于组织目标和组织对象实际、主要面向组织高层管理者的一种开发策略。在确定组织目标的基础上，再次划分为相应的业务子系统，以确保组织相应功能的顺利实现。该种开发策略从本质上讲是一种应用模块分解的方法，将一个综合的整体逐步的、层层的分解为具体的子系统。运用这种方法能够最大限度地保障组织各个子系统功能的实现，具有较强的逻辑性和整体性。以上是该种开发策略的主要优势。而该种设计策略也存在一定的不足，其适用范围主要应用在较小的系统之内；如果对于一个大型系统来讲，再使用该种策略就会因为产生较大工作量而导致一些细节方面照顾不到，相应的影响到系统的整体功能和开发成本。

"自下而上"的开发策略：该种开发策略的主要对象以组织中的基本业务和数据处理为主，重点从组织中各个层中的子系统日常业务管理与处理人手而进行的分析与设计。该种开发策略的主要优势在于，开发过程简单，容易调整，易识别，非常容易确定数据流以及实现对数据的储存。从本质上讲，该种开发策略是从子系统中的具体业务层面开始，逐步上升综合到整体层面的管理信息系统的分析和设计，是一种模块组合的方法。如果说"自上而下"的开发策略是一种模块分解的方法，那么"自下而上"的开发策略则与之相反，强调和突出模块组合的方法。该种开发策略的主要不足体现在，在一些具体子系统的分析设计和开发过程中，由于往往重视子系统的功能与业务处理，不能很好地从整体范围上考虑到系统的全局总体目标和总体功能；因此，在进行管理信息系统设计采用该策略对子系统分析和设计中，必须要对各个子系统功能和数据做出较大范围的修改和调整，将会带来诸多不便。该种开发策略由于缺乏整体性和协调性，其功能和数据往往会造成冗余，甚至矛盾，影响开发效果和质量。

"自上而下"与"自下而上"的综合开发策略：通过上面的分析我们可以看到，以上两种开发策略各具有优缺点，为了在管理信息系统开发设计中更好的发挥以上两种开发策略的优势，可以将以上两种开发策略综合起来运用。"自上而下"的开发策略最大的优势能够较好的适应一个组织的总体方案的制定，而"自下而上"的开发策略最大的优势在于能够较好的适应于一些具体业务层面的设计；如果实现两种策略结合，既能够做到从整体范围上照顾到各个子系统的开发设计，又能在各个具体子系统开发设计的同时确保整个组织系统的完整性和整体性。

（二）高校图书馆管理信息系统软件技术基础开发设计中所涉及的主要模型介绍

高校图书馆管理信息系统设计中所依赖的软件技术基础中，具有多种模型结构。软件过程模型是高校图书馆管理信息系统开发设计所运用的最重要的软件技术模型之一；该种模型也称之为软件生存周期模型或软件加工模型，在软件生命周期中按照预定的模式或步骤，使用某些特定的规则和方法，配以适当的软件工具，进行软件产品的开发、作用和维护。具体到高校图书馆管理信息系统的创新层面，能够涉及的软件技术模型有瀑布模型、增量模型、喷泉模型、进化模型、螺旋模型、渐增式模型、重用模型、自动变换模型、快速原型模型等。

下面就几种主要的软件模型结构进行详细介绍。

一是瀑布模型。瀑布模型作为管理信息系统开发设计中软件技术模型的一种常见型和经典型模型，由于自身特点和使用过程类似于瀑布，故得名为瀑布型模型。瀑布型模型是在管理信息系统软件开发中将整个过程按照严格的定义划分为若干个顺序阶段，并将划分出的若干顺序阶段以自上而下且彼此紧密衔接方式予以排列，在执行中也以严格的固定次序进行。瀑布型软件技术开发模型其操作和执行具有严格的次序性，只有在前一阶段的工作完成以后，才能开始下一阶段的工作。每个阶段的结束都要经过严格的定量或定性复审和确认。

二是增量模型。增量模型的实质是在管理信息系统软件技术的开发过程中，在开发工作伊始或者相关需求分析完成之后，将一个相关较大的软件组织划分为若干个较小的软件组织再进行——开发设计；其过程强调逐步性、累加性，而不是一刀切的齐头并进开发设计模式。增量模型的最大优势在于能够实现边开发边出结果，较早的获取软件开发设计的相关经验，对其他步骤和接下来的开发提供必要的借鉴和经验支持。根据增量方式和形式的不同，又可以将增量模型划分为两种：即渐增模型和原型模型。

三是喷泉模型。喷泉模型，顾名思义，由于在管理信息系统软件技术开发过程中呈现出不断向上"喷射"状，在形状上与喷泉非常相像，故得名为喷泉模型。喷泉模型最早是由 B.Henderson 等人随着面向对象的软件方法的研究和进展而提出的。喷泉模型的主要特点在于强调了开发设计不同阶段之间的重复性和反复性，在不同阶段之间的界限概念已不明显，不同于瀑布模型的阶段性的特点。根据这一特点，在软件技术开发中能够最大限度地保障了簇/类/模块的开发可与系统的开发并行且相互影响。

四是进化模型。进化模型与增量模型具有一定的相似之处，及进化模型也是按照构件方式而进行的开发系统。进化模型与增量模型最大的区别在于，进化模型在开始时用户要求可以是不完全清楚的，而且在开始时不必定义所的需求。第一次开发过程的结果就是系统的一个原型。这些原型随着对用户要求的理解及出现问题的解决而进化。

五是螺旋模型。螺旋模型最大的特征在于，它在管理信息系统软件开发设计中将其整个过程分为四个部分，即：计划、风险分析、开发工程、用户评价，并由决策轴线将其分开成四个象限。第一象限：风险分析，也就是对可选方案的分析，确定风险并解决风险。第二象限：计划，也就是确定目标和可选方案。第三象限：用户评价，即用户对工程结果的评价。包括设计目标和使用效果的评价。第四象限：工程，即下一级软件产品的开发，可采用原型法和生命周期法的逐步求精、细化得到软件产品。

该高校图书馆管理信息系统的创新设计中，从当前业务现状和用户实际需求出发，主要采用了"自上而下"的开发策略和"瀑布模型"的设计模型。对该校图书馆管理信息系统创新设计在下面章节将会详细展开论述。

（三）高校图书馆管理信息系统软件技术基础开发设计中所涉及的主要方法介绍

管理信息系统的开发设计离不开正确的开发策略和恰当的开发模型；具备了科学、正确和合适的开发策略和开发模型，仅仅是完成了整个开发设计过程中前期铺垫阶段，后续其他开发进程还需要规范、科学和正确的开发方法。只有当开发策略、开发模型、开发方法都同时具备的前提下，整个管理信息系统的开发才能顺利完成。具体到高校图书馆管理信息系统的软件技术开发方法，主要能够涉及生命周期法、原型法、结构化系统开发方法、面向对象的开发方法、计算机辅助软件工程方法等。下面就以上几种高校图书馆管理信息系软件开发方法进行详细介绍。

一是管理信息系统软件开发中的生命周期法。该种方法是管理信息系统软件开发设计常用的一种方法，将整个管理信息系统的全部过程划分为不同的阶段，并对每一个不同的具体阶段实现设定好开发任务，借助于一定的开发准则、按照事先制定好的时间表进行开发设计。运用生命周期法，其前提是必须要对组织及用户的设计使用要求有明确的了解，在对组织及客户需求的基础上按照从上而下的规划设计思路进行设计。生命周期法在不同的阶段都会呈现出显著的顺序性和阶段性，利用文档的标准化与规范化确保不同阶段的有效衔接。采用生命周期法进行管理信息系统的开发设计，也存在一定的不足，例如，对系统需求方面难以较为准确的把握，其开发周期相对较长等。

二是管理信息系统软件开发中的结构化系统开发方法。当前管理信息系统软件技术的开发方法中，结构化系统开发方法的本质是从多种开发方法的综合，是自顶向下结构化方法、工程化的系统开发方法和生命周期法的结合，也是当前整个管理信息系统软件开发技术中应用最为广泛、最为成熟的方法。结构化系统开发方法的具体思路为：采用结构化思想、系统工程的观点和工程化的方法，按照用户至上的原则，先将整个管理信息系统作为一个大模块，自顶向下，以模块化结构设计技术进行模块分解，然后，再自底向上按照系统的结构将各模块进行组合，最终实现系统的开发。结构化系统开发方法最大的特点是对系统开发的阶段性进行严格的区分，自顶向下的整体性开发与设计和自底向上的由局部到整体的模块化设计与实施相结合；遵循用户至上的原则，深入调查研究；系统开发过程工程化，文档资料标准化。存在的主要缺点是系统开发时间相对较长，对全面认识系统需求方面也较为困难。

三是原型法。该种开发方法也被称之为渐进法或迭代法，是管理信息系统所有开发方法中较为前期的设计方法，是对整个系统部分功能和部分特征的反映；该种设计方法是在关系数据库系统和第四代程序生成工具和各种系统开发生成环境诞生的基础上，逐步形成的一种设计思想、过程和方法全新的系统开发方法。原型法的主要内容包含了系统的程序、数据文件、用户界面、主要输出信息及其他系统的接口。原型法开发设计的基本思路是：对用户提出的初步需求进行总结的基础上，构造出一个合适的原型并运行，随后再通过系统开发人员与用户对原型的运行情况的不断分析、修改和研讨，不断扩充和完善系统的结构和功能，直至得到符合用户要求的系统为止。原型法的基本特征是：不要求系统开发之初就完全掌握系统的所有需求；构造原型必须依赖快速的原型构造工具；原型构造工具必须能够提供目标系统的动态模型；原型的反复修改是必然的和不可避免的。但是，原型法对于构造大型或复杂系统的原型较困难，必须依赖于强力的支撑环境，对用户和开发人员要求较高。

四是面向对象的开发方法。该种设计方法主要包含了四个阶段：一是系统分析阶段；二是系统设计阶段；三是系统实现阶段；四是系统测试阶段。下面对以上四个阶段进行详细分析：

第一，系统分析阶段，利用信息模型技术识别问题域中的对象实体，标识对象之间的关系，确定对象的属性和方法，利用属性描述对象及其关系，并按照属性的变化规律定义对象及其关系的处理流程。

第二阶段，系统设计阶段，对系统发现的结果进一步抽象、归类、整理，以范式（物理模型）的形式确定。

第三阶段，系统实现阶段，利用面向对象的程序设计语言进行编程。

第四阶段，系统测试阶段，运用面向对象的技术进行软件测试。面向对象的开发方法是建立在全新的面向对象思想基础之上，开发设计出更加符合人类思维习惯的模式，最大的优势在于有效缩短了开发时间，系统开发的正确性得以提升，并且系统中软件的一致性、模块的独立性以及程序的共享和可重用性大大提高，加快了系统开发的进程。

五是组合开发方法。通过对以上各种开发方法的介绍分析可以看出，无论是采用哪种开发方法，都具有一定的优势和劣势；每一种方法都不是万能的，都难以达到整个管理系统软件开发的完美效果。在开发设计中，可以结合不同的开发方法的优势，在开发实践中，可以实现不同的方法相结合。常见的组合形式有：结构化系统开发方法与原型法的组合；结构化系统开发方法与面向对象的开发方法的组合；结构化系统开发方法与 CASE 方法的组合；原型法与面向对象的开发方法的组合；原型法与生命周期法的组合；原型法与 CASE 方法的组合等。根据本系统的要求和特点，在开发过程中采用了结构化系统开发方法、生命周期法和原型法相结合的方法。

二、硬件技术基础

硬件技术是管理信息系统开发设计的重要物理载体，依托计算机体系结构实现软件开发相关技术的正常运转，确保管理信息系统各项功能。管理信息系统的硬件技术主要包括计算机系体系结构、浏览器/服务器系统结构、计算机网络技术、数据库技术、多媒体技术和条形码技术。

计算机体系结构。计算机体系结构是管理信息系统的重要物质载体。当前计算机体系结构中主要使用的是客户机/服务器结构和浏览器/服务器系统结构。

1. 客户机/服务器结构

该种体系结构简称为 C/S，已经成为当前管理信息系统所采用的最为主流的方式，是计算机体系组网的标准模型。客户机/服务器结构对数据处理分为前台处理和后台处理两种；在前台，由客户机完成屏幕的交互和输入、输出业务，完成前台操作任务。而服务器则通过对大量数据进行处理和存储实现后台操作任务，服务器在后台对数据处理有效解决了文件服务器/工作站结构的"传输瓶颈"问题，避免了后台处理数据在前台与后台之间进行频繁的传输。

2. 浏览器/服务器系统结构

从本质上讲，该种系统结构是建立在客户机/服务器结构基础之上、并对客户机/服务器系统的扩展。浏览器/服务器系统结构在客户机/服务器结构基础之上将其延伸为 3 层及以上结构，如服务器层、中间层和客户层。在浏览器/服务器系统结构中，WebServer 承担双重的角色，它作为浏览服务器出现，又承担了应用服务器的功能，有效地提高了应用程序的运行数量，让客户端的运作变得简便易操作。浏览器/服务器系统结构具有显著的优势，能够有效提高管理信息系统性能、提高系统可重复性，同时管理方面也简单易操作。该高校图书馆结合当前管理信息系统实际和服务教学科研实际，在系统开发设计中采用了 C/S 与 B/S 相结合的系统结构。

3. 计算机网络技术

计算机网络技术是实现管理信息系统功能实现的重要硬件技术，缺乏了网络技术的保障，即使再完善、再先进的管理信息系统也将变成无本之木、无源之水。计算机网络通过传输介质将分布在不同位置的计算机与其他通信设备相连接，实现数据通信与资源贡献。从功能上看，计算机网络技术分为两种，一种是通信子网，另一种是资源子网；从网络范围上看，计算机网络技术又可以分为广域网和局域网。在管理信息系统中，所有组织一般采用的是局域网形式。

4. 数据库技术

数据库技术作为管理信息系统的重要硬件技术保障条件，具有至关重要的作用。管理信息系统功能的实现、运行效果如何在很大程度上都取决于数据库的管理。

5. 多媒体技术

多媒体技术在整个管理信息系统中同样处于十分重要的地位，它是管理信息系统重要的数据资源，承担了管理信息系统的呈现方式和表现方法，有效提高人们对信息的接受量、增强记忆效果。

6. 条形码技术

条形码技术作为一门比较综合的技术，是按照预先设定好的条形码编码规则和技术标准，通过条和空的组合而形成的，用来表示一组数据的特殊符号。条形码技术在管理信息系统中得以广泛采用的主要原因在于它具有 g 大的优势：成本低、准确性高、输入速度快、错误率低、识别速度高、保密性强、使用方便，因此成为很多高校管理信息系统开发设计的重要选择。该高校管理信息系统中采用的条形码技术中，使用的码制为 39 码、Codabar 码和二五码。条形码制作往往通过计算机、激光打印机配合条形码软件制作条形码而行，条形码阅读器大多采用光笔式扫描器、卡式扫描器、激光枪式扫描器以及 CCD 扫描器等几种。

第四节　高校图书馆管理信息系统的开发工具及开发平台

一、管理信息系统的开发工具

现代信息技术条件下，计算机技术和网络信息技术已经在各行各业得以广泛运用，一些领域内的软件开发设计研究异常活跃，各种各样的软件及程序的自动设计、生成工具日新月异，为各种信息系统的开发提供了强有力的技术支持和方便的实用手段。在高校图书馆管理信息系统创新设计中，可以充分利用这些先进的软件理论和成熟的软件开发技术，提高高校图书馆管理信息系统自动化程度、提高高校图书馆管理效果和服务质量。高校图书馆管理信息系统的创新从本质上讲，就是在信息技术条件下，充分运用现代化的计算机手段，运用一定的计算机软件开发技术和开发手段，尽可能地减少手工编程的环节，开发设计出更加适合高校图书馆管理现、满足未来高校图书馆发展需求的信息系统。通常情况下，高校图书馆管理信息系统创新设计所利用到的开发工具主要有以下几种：一般编程语言工具、数据库系统工具、程序生成工具、专用系统生成工具、客户/服务器型工具及面向对象编程工具等。通常情况下，很多高校图书馆在管理信息系统开发设计中往往会采用客户/服务器型工具，而该种开发工具也是完全符合管理信息系统发展趋势和要求的新型系统开发工具，Power Builder 是其中比较优秀的一个，是目前比较流行的数据库前端开发工具之一。

该高校图书馆在管理信息系统创新设计中所采用的开发工具主要是 Power Builder。下面以该高校为例，对图书馆管理信息创新设计中采用的 Power Builder 工具进行详细的介绍。

Power Builder 作为基于客户机/服务器体系结构的面向对象的数据库开发工具，其面向对象和基于事件的编程方式为开发人员提供了极大的便利性，也提高了应用开发的效率。Power Builder 开发工作采用了先进的面向对象的可视化技术，在整个管理信息系统开发设计中的整个过程都可以提供一种可视化的开发环境，为开发设计人员提供非常便利的条件；在这种技术的帮助下，在进行管理信息系统开发设计中能够非常便捷迅速的对后台服务器中数据以及数据管理系统应用程序进行开发利用。

一是 Power Builder 具有相对完善的 Web 开发环境。与其他开发工具不同，在 Web 开发环境方面，Power Builder 具有其他工具无可比拟的巨大优势。比如，power Builder 8.0 中专门集成了 Power Site 技术，为一些组织应用服务器能够提供专业、完善的开发环境。从这个条件出发，对于一个组织来讲，无论是想开发建立基于单机的 Web 应用也好，还是把数据窗口与其他组件相结合开发出复杂的 Web 应用也好，都可以根据组织实际需求在开发设计过程中有开发人员充分的发挥运用。

二是 Power Builder 所提供的系统树功能。Power Builder 由于提供了 System Tree，即系统树，这项非常方便的功能，能够有效提升 Web 应用的开发速度和开发效率，优化组织程序结构。

三是在开发设计专业的客户机/服务器体系结构方面。Power Builder 8.0 中具备了增强版的 AutoScript 功能，增加了国际化的、扩展的数据库支持，具备了例外处理功能及对定制版本数的支持。

四是 Power Builder 能够支持多种开发平台及跨平台的开发。Power Builder 一个最大的优势在于打破了传统条件下其他开发工具仅仅局限在单个平台上进行开发、难以实现不同平台之间跨域开发的局限，在整个开发设计中具备了优越的跨平台性能。例如，运用 Power Builder 开发工具跨平台性能，可以实现 Windows 平台开发的各种对象应用到 UNIX 平台中，而且 Power Builder 也可以在 Windows 9X、Windows NT 以及 UNIX Motif 上运行，而且在不同的操作系统中可以使用相同的开发环境。

五是能够实现对多种关系数据库系统的支持。Power Builder 所支持的多关系数据库系统样式非常多，比如常见的 Oracle、Sybase、SQL Server、Informix paradox、Xbase 等系统样式，在 Power Builder 开发工具下都可以得到支持，这是以往条件下其他任何开发工具所无法同时具备的功能。

六是具有面向对象编程功能。Power Builder 提供了面向对象方法中的各种技术的全面支持，在 Power Builder 中创建的窗体、菜单、数据窗口等都是对象，用户可以自己定义对象，可以利用面向对象方法中的对象的封装性、继承性、多态性等特点，使应用程序具有可扩展性和重用性。

七是具备了灵魂应用数据管道技术的特征。通过 Power Builder 数据管道技术，为管理信息系统开发设计人员提供了简洁高效的数据复制功能。比如，在 Power Builder 数据管道技术下，开发设计人员能够非常方便地把数据库表中的数据从一个表中复制到另一个表中，或者从一个数据库复制到另外一个数据库中，也可以很方便地从一个 DBMS 复制到另一个 DBMS 中，复制的过程中可以复制表中数据、表结构以及与表相对应的扩展属性。

二、管理信息系统的开发平台

在选择了前档的管理信息系统开发工具之后，接下来的工作就是如何选择系统开发平台了。在管理信息开发平台选择中，首先要予以高度重视的问题是网络操作系统的选择；在管理信息系统平台选择中，网络操作系统的主要功能是使网络上各计算机能方便而有效地共享网络资源，为网络用户提供所需的各种服务的软件和有关规程的集合。当前在管理信息系统中比较常见的网络操作系统主要 UNIX、Windows NT、Novel lNet Ware 等几种。我们讲 . 管理信息系统平台选择的成功与否，在很大程度上取决于网络操作系统。我们仍然以该高校图书馆为例，对该校图书馆管理信息系统创新设计中所采用的平台为蓝本进行详细介绍。该高校选择了客户机／服务器模式和浏览器／服务器模式相结合的模式作为系统开发平台；所采用的网络操作系统是 Windows NT。该高校选择 Windows NT 网络操作系统，其主要考虑点在于：一是 Windows NT 具有强大的优势。主要体现在，它不仅是一种强健的、多用途的网络操作系统，而且具有很强的稳定性、可移植性、兼容性、安全性及升级性能。二是 Windows NT 能够很好地为客户机／服务器提供有效服务。Windows NT 不仅能够运行强有力的客户机／服务器应用，还可以提供可靠的文件与打印服务。三是 Windows NT 具有内置的通信与 Internet/Intranet；服务功能，及安装、使用、管理和维护的方便性，使其成为一种主流操作系统。四是 Windows NT 界面采用方面。Windows NT 所采用的界面主要是与 Windows95/98 相同的用户界面，使熟悉 Windows 95/98 的用户减少学习的时间，使用起来更加方便。

参考文献

[1] 蔡丽萍. 图书馆管理新论 [M]. 北京：中国科学文化音像出版社，2008.

[2] 李松妹. 现代图书馆管理概论 [M]. 北京：北京图书馆出版社，2007.

[3] 罗曼. 图书馆全面质量管理 [M]. 合肥：安徽大学出版社，2003.

[4] 熊丽. 数字时代的图书馆管理 [M]. 北京：北京图书馆出版社，2006.

[5] 易忠，姚倩. 高校图书馆服务理论与实践 [M]. 桂林：广西师范大学出版社，2012.

[6] 谢薛芬. 浅谈高校图书馆工作 [M]. 杭州：浙江工商大学出版社，2018.

[7] 陈陶平，赵宇，蔡英. 现代高校图书馆管理与服务探究 [M]. 北京：九州出版社，2018.

[8] 严潮斌，李泰峰. 高校图书馆资源与服务体系建设研究 [M]. 北京：北京邮电大学出版社，2015.

[9] 李万梅. 民族高校图书馆文献管理与服务研究 [M]. 兰州：甘肃民族出版社，2011.

[10] 何立民. 高校图书馆建设与发展 [M]. 北京：中国科学技术出版社，2003.

[11] 滕立新. 图书馆建设与管理研究 [M]. 北京：军事谊文出版社，2010.

[12] 高凡，赵颖海. 大学图书馆服务创新与理念创新 [M]. 成都：西南交通大学出版社，2008.

[13] 万群华，胡银仿. 图书馆创新服务与可持续发展 [M]. 武汉：湖北科学技术出版社，2010.

[14] 王运堂. 图书馆管理与自动化建设 [M]. 北京：中国文联出版社，2005.

[15] 安月英，金建军. 数字图书馆理论与实践 [M]. 西安：西安地图出版社，2010.